PAGES D'ORIENT

PARIS. — TYP. E. PLON, NOURRIT ET Cie, 8, RUE GARANCIÈRE. — 147.

MICHEL NOË

PAGES D'ORIENT

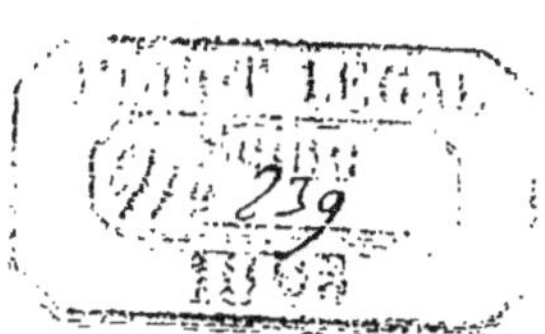

PARIS

LIBRAIRIE PLON

E. PLON, NOURRIT et Cie, IMPRIMEURS-ÉDITEURS

RUE GARANCIÈRE, 10

1895

Tous droits réservés

AVANT-PROPOS

J'ai vécu ce livre.

Et pour conserver à chaque sensation sa vivacité, sa fraîcheur, sa sincérité, j'ai tout noté, tous les jours, attentif, veillant sur moi, comme sur les autres, arrêtant, d'un trait précis, l'impression fugitive.

C'est une série d'instantanés.

J'avais pris au départ l'engagement de tout dire à un cœur ami, confident discret, mais jaloux de tout savoir. Je n'ai eu au retour qu'à revivre, dans les feuillets recueillis et qu'à peine séchés j'avais jetés à la poste, pour n'avoir pas la tentation de les relire et de les retoucher.

J'ai châtié à peine, de quelques coups de plume, les hardiesses, ou les défaillances, d'une composition qui devait être hâtive pour être tenue au courant de ma vie rapide.

Les lecteurs corrigeront à leur tour. Je n'ai qu'une prétention : leur montrer naïvement ce que le contact des hommes et des choses, sur ma route, a éveillé en moi de réflexions, de jouissances, de gaietés ou de tristesses.

Homme moyen, ni trop haut, ni trop bas, je ne peux prétendre qu'à un mérite : la sincérité.

M. N.

PAGES D'ORIENT

I

ARRIVÉE A VIENNE.

Nous voici à Vienne : le mois de mai est beau partout ; la route, sauf dans cette plaine maussade et stérile où Munich fabrique sa bière déplaisante, n'a pas cessé d'être parée et fleurie. J'avais suivi cette même route en janvier dernier ; tout était couvert de neige. Vienne m'apparaît cette fois sous un aspèct tout nouveau : j'étais arrivé dans la nuit, qui nous avait, dès Linz, dérobé les beautés d'un paysage plein de charmes. Cette fois, il est encore jour, quand nous sommes rendus à l'hôtel : nous avions conservé un excellent souvenir de l'hôtel Bristol, il ne peut nous recevoir, tout est pris. Nous nous installons au Grand-Hôtel, qui est à quelques pas.

J'ai renouvelé hier, dans les embrassades du départ, sur le marchepied de l'express-Orient, la promesse de tout noter, de tout écrire : je suis à Vienne depuis une heure, et j'écris déjà ! Est-ce assez méritant ? Me Marbaux fait rage dans la chambre à côté : il se lave à grande eau, et certainement le parquet en fait autant :

j'entends tomber l'eau par petits paquets. Nous étions noirs à faire peur. J'ai fait ma toilette promptement, et je me recueille. J'ai vécu quelques heures dans l'intimité d'une femme charmante, dont nous ne soupçonnions pas l'existence au moment du départ. Je me tâte : je ne suis pas sûr d'en être amoureux, mais il y à quelque chose. M° Marbaux, qui voit clair, est loin de partager mon engouement. Il paraît qu'il est fâcheux que cette inconnue ait été charmante pour nous : nous valons mieux que ça. Simple prévention : M° Marbaux n'a encore aucune raison positive pour proscrire comme dangereuse une si jolie femme : la reverrons-nous jamais?

Je n'entends plus le bruit de l'eau; nous allons dormir. Mon papier, mon buvard, mon encrier, toute ma petite installation est en place. A demain, mon premier récit : je fais ma Shéérazade. Comme on sent déjà l'influence de l'Orient!

II

TROP LAID POUR RÉGNER.

J'ai consciencieusement rempli ce matin mes fonctions de vicaire général. Un homme de la valeur de M° Marbaux ne doit apparaître que flanqué de son secrétaire. Nous avons fait quelques courses, et nous avons ri comme des fous, — à nos dépens, — quand nous aurions dû mourir de honte. Nous ne savons à nous deux que quarante-deux mots d'allemand : nous les avons comptés. Et nous voilà en Autriche, vaguant dans les rues de Vienne! Nous interpellons, en français, et pour cause, les passants qui nous paraissent pouvoir nous comprendre et nous répondre. Les bons bourgeois que nous dévisageons ne se doutent pas que nous les examinons à un unique point de vue : la vraisemblance de leur connaissance des langues étrangères. Nous nous trompons souvent, pour ne pas dire toujours. C'est fâcheux : les gens qui parlent le français devraient porter une marque particulière, ce serait plus utile que les décorations académiques qui doivent fleurir en Autriche comme en France. Les Français, qui cultivent trop peu les langues étrangères et qui raffolent de décorations, trouveraient dans une institution analogue le plus heureux stimulant. Que de décorations à distribuer! Quelle joie parmi les électeurs! Nous aimerions tant à aller au hasard et à découvrir successivement, et au petit pas, toutes les beautés de Vienne! Nous sommes obligés de prendre une voiture, et de nous en rapporter aux lumières de notre cocher : il lit mal la liste des adresses où il doit nous conduire. Dieu sait pourtant si je me suis appliqué à la bien écrire. Il se trompe souvent : mais je songe que certainement à sa place je ne m'en tirerais pas mieux, et je me sens plein d'indulgence.

De retour à l'hôtel, Mᵉ Marbaux met de l'ordre dans ses papiers : je profite de ma liberté pour griffonner mes premières impressions depuis le départ.

Nous nous mettons à table au sortir de Paris; le wagon-restaurant nous retient jusqu'à près de neuf heures. On ne dit pas un mot. Pas une seule dame. Quand nous retournons à notre coupé, après une courte station au fumoir, nous ne trouvons plus notre banquette de tout à l'heure : le dossier, accroché en haut, forme la couchette du secrétaire, tandis que Mᵉ Marbaux va se coucher au-dessous de moi. Je grimpe en m'aidant des trois degrés sur lesquels s'entassent nos petites affaires. J'achève de me déshabiller, en tapant un peu à droite et à gauche, comme un hanneton prisonnier. Je ne tarde pas à m'endormir. Je me réveille en terre allemande.

Il faut se lever, et se tenir prêts à ouvrir nos sacs et nos valises. Les malheureux qui ont des malles ou des chapelières auront à passer, à moitié endormis, la visite au fourgon des bagages. Nous étions renseignés : les bagages se payent à part en Allemagne, la franchise des trente kilogrammes n'existe pas ; donc, pas de bagages. Nous faisons mine d'ouvrir nos valises : c'est inutile, nous dit-on, et nous nous recouchons. Nous entendons successivement claquer les portes qu'on referme ; la douane, si exigeante, puisqu'il faut absolument se lever, et si débonnaire, puisqu'on n'ouvre jamais les sacs et les valises, va passer au wagon suivant : trois douaniers, dont deux portent lunettes ; les garçons de service, polyglottes ; les voyageurs, sur leurs portes, furieux d'être dérangés, mais calmes, dans l'attitude qui doit les faire dispenser d'ouvrir leurs valises ; beaucoup de remue-ménage et d'encombrement pour rien ; des éclats de voix, dès qu'on est sûr de n'être plus entendu, comme font les enfants, quand le maître d'étude n'est plus là ; voilà le tableau, qui se renouvelle à chaque frontière.

Je me réveille, un peu avant d'arriver à Stuttgard.

J'aperçois, sur le Neckar, un pont avec des statues ; des maisons, bâties en briques, filent rapidement, sous leurs pignons pointus. Et c'est tout. Je vois ce qui se présente devant la moitié supérieure de la vitre qui m'est dévolue : on dort encore au premier étage, et je n'ose bouger.

Béni soit Dieu! Le premier étage se réveille, s'habille, et sort. J'entends, dans le corridor : « Garçon, une serviette ». Je m'empresse, pour avoir la suite de cette serviette, là-bas au bout du corridor, et, quand le patron sort du réduit aux multiples usages, c'est moi qui prends sa place : le secrétaire! Le lieutenant-colonel fait tout comme le colonel : j'emboîte.

Tandis que le garçon fait notre cabine et rend à la banquette la forme qu'elle a du lever au coucher du soleil, *a solis ortu usque ad occasum*, nous traversons le fumoir, pour aller, au restaurant, prendre quelques gorgées de chicorée (café, pour le service). Deux dames, fleurs écloses dans la nuit, sont assises, l'une au fumoir, l'autre au restaurant : la première, d'âge mûr, vêtue de noir, fume, et, faisant de sa lèvre inférieure une sorte de projecteur, envoie la fumée dans ses narines, d'où elle redescend en deux colonnes pour faire un voile bleuâtre au visage. M⁰ Marbaux a dû noter d'un trait sévère ce dilettantisme : il fume rarement, jamais du nez.

L'autre fleur, c'est une jeune fille, dont je n'aperçois d'abord que le profil : et quel profil !

Celui de l'impératrice Eugénie.

Les cheveux sont blond châtain, légèrement ondulés autour du front. Une petite mèche volontaire, tout en haut, se détache en boucle, et joue comme un médaillon volant : signe d'orage, comme la nuée aux flancs élevés des montagnes. Le nez, admirablement dessiné, se rattache par une courbe heureuse à la lèvre supérieure. L'autre lèvre, charnue, a un petit tic à peine perceptible : elle tire, par les coins, la lèvre supérieure qui cède et s'amincit; la bouche alors prend un caractère boudeur : cette jolie bouche serait-elle une enjôleuse, et faite, semble-t-il, pour le plaisir, tiendra-t-elle ce qu'elle promet tout d'abord?

Le menton est rond, fortement accentué : sous le satin de la peau, on devine une puissante armature.

M⁰ Marbaux fait de son côté l'analyse : il paraît médiocrement satisfait : que faut-il donc à ce cher maître? La poitrine bien tendue, la taille fine, des hanches bien dessinées, de petites mains sortant blanches et effilées des manches flottantes qui par moments les recouvrent, que de promesses! Que de jeunesse!

Notre curiosité ne paraît gêner en rien la jeune fille; quand elle a fini la tasse de thé, elle se lève, et nous dévisage. Il ne semble pas que l'effet que je produis soit mauvais. M⁰ Marbaux sourit : il a bien vu qu'il déplaisait autant que je paraissais plaire. La jeune fille veut, avant de nous quitter, se définir d'un mot : « Maman », dit-elle; et sa mère apparaît, voilée de fumée.

Un monsieur entre, salue ces dames : quelques mots échangés nous renseignent; c'est un médecin français, fixé à Constantinople. Encore jeune, sec, maigre, empressé, il est trop aimable pour la mère : c'est évidemment la fille qu'il vise. Il abuse de la myopie de la mère, pour témoigner, en ne parlant que des yeux, toutes ses espérances.

Nous nous retirons sans mot dire : quelques instants après, le docteur Perrin, qui nous rencontre comme par hasard dans ce corridor qu'on parcourt en titubant suivant les changements dans le mouvement, devient notre ami, me ramène doucement au salon, et me présente à la fille, puis à la mère, extraite du fumoir par un nouveau « Maman » sec comme un commandement. Le fumoir nous la reprend peu après; et nous voilà seuls, le docteur Perrin, moi et mademoiselle de Novichef. Celle-ci est Russe, un léger accent trahit à peine sa nationalité. Elle retourne à Odessa; elle s'embarquera à Constantinople, où sa mère et elle se proposent de se reposer quelques jours.

— Quel âge me donnez-vous? me demande brusquement mademoiselle de Novichef.

Le docteur Perrin me tire d'embarras : « Mademoiselle de Novichef, dit-il, a dix-neuf ans. — Et demi, ajoute-t-elle. Et vous, quel est votre âge? — Je lui tends mon passeport. — L'écart entre votre âge et le mien est suffisant, continue-t-elle; vous me paraissez étonné? Me trouvez-vous trop sans façon? Si nous nous retrouvons à Constantinople, vous vous ferez à mon éducation. Vous verrez que les Russes ont du bon. Voyez le docteur : c'est un camarade pour moi. Si je le laissais faire, il soupirerait; c'est la rage des Français. Mais je l'ai arrêté net dès les premières manifestations, et le voilà souple comme un gant : j'en fais ce que je veux. Vous plairait-il vous enrôler? J'aime avoir du monde, beaucoup de monde autour de moi : je ne parais aux Petits-Champs, à Constantinople, qu'avec un cortège d'amis. Vous en serez, n'est-ce pas? Nous avons quelques heures à passer sur ce plancher mouvant : vous serez mis au point, quand nous nous quitterons à Vienne. »

Quand je la quittai à Vienne, j'étais ensorcelé.

Heureusement, un mot, le mot de la fin, m'a dessillé les yeux : cette femme n'a pas de cœur.

A Munich, était monté un vieux monsieur, suivi de trois ou quatre « larbins » mieux vêtus que lui. A chaque arrêt du train, des officiers superbes venaient se camper devant nous, et, comme plantés dans l'asphalte du trottoir, saluaient respectueusement, quand le train se remettait en marche. Ces saluts s'adressaient sans doute à l'inconnu, qui était quelqu'un évidemment, ou l'avait été : ce vieillard courbé, maigre, rapetissé, avait deux petits yeux fuyant le regard, des lèvres minces, et des joues probablement : mais tout cela ne comptait pas quand on le regardait. La vue était attirée par un nez proéminent et accapareur dont elle ne pouvait se détacher, et qui semblait demander pardon de l'envahissement. Au bout de ce nez, mais sur le versant de droite seulement, s'étendait, sous l'épiderme tendu et luisant, une sorte d'enflure qui brillait ; le versant de gauche était terreux, raviné, plein d'ombre. A la gare de Vienne, un service de police est fait sur le quai. Un aide de camp de l'Empereur se détache d'un groupe chamarré d'or et de décorations ; il est lui-même constellé comme une belle nuit d'hiver, et salue notre pauvre vieillard qui descend péniblement, serre la main de l'aide de camp, se glisse timidement dans le bras qu'on arrondit pour le soutenir, salue gauchement les personnes qui sont là, découvertes et respectueuses. Autour de lui, tout est flambant, astiqué, cravaté haut : ses domestiques, en grande tenue, font l'effet de personnages d'importance. Lui seul glisse, a la pudeur de sa déchéance et porte sur ses traits l'ombre douloureuse de ce qui n'est plus. L'incognito cesse, on murmure autour de nous : c'est le roi de Naples, détrôné par ces bons Italiens, si chatouilleux sur le respect des biens qu'ils se sont adjugés, ou qu'ils daignent s'attribuer.

Le triste palais des Habsbourg est bien fait pour cette ombre errante de royauté.

Ce même homme, remis sur le trône, se redresserait ;

les tambours battraient aux champs ; les clairons éclateraient à son approche en joyeuses fanfares ; les
canons tonneraient. Et les domestiques qui défilent là
sous nos yeux seraient remplacés par d'autres domestiques, chambellans, ministres, généraux, plus raides
encore et plus obséquieux pour le maître. Et si le
hasard me faisait encore spectateur, le dernier sentiment qui me viendrait au cœur serait la pitié — le seul
que j'éprouve devant cette misère royale, titubant à la
descente du wagon, et fuyant comme une humiliation
de plus le respect qui l'entoure : l'hôte impérial sentait
bien que ce respect était mouillé des larmes de la commisération.

La voix claire de mademoiselle de Novichef s'éleva
dans ce silence :

— C'est bien fait, dit-elle, il était trop laid pour
régner.

Et la mère appuya d'un petit rire saccadé.

Nous baissons la tête, le docteur Perrin et moi : nous
tremblons que d'autres n'aient entendu.

III

CHEZ UN CONFRÈRE, A VIENNE.

Nous allons faire à Vienne un séjour plus long que ne
l'avait prévu notre programme. M⁰ Marbaux doit voir
un ami avec lequel il est en relation de vieille date et
qu'il voulait surprendre ; or l'ami est à Trieste et ne
sera de retour qu'à la fin de la semaine.

J'écris au docteur Perrin : Mademoiselle de Novichef va-t-elle quitter Constantinople avant notre arrivée ? Maudite absence du docteur Tullius ! Que peut-il faire si longtemps à Trieste ? Ce n'est pas qu'il ne soit remplacé par un personnage bien amusant, le docteur Schütze, son secrétaire, Juif comme lui, et comme presque tous les avocats de Vienne. Le secrétaire est aussi loquace et diffus que le patron, au dire de M⁶ Marbaux, est lent et pondéré. Il parle fort peu le français, il parle beaucoup trop l'allemand. L'ami qui nous accompagne, et qui sert de traducteur, sue sang et eau pour happer au passage quelque chose de saisissable : les explications du docteur Schütze font des ronds et des tourbillons comme le Danube. Quand on pose au docteur une question précise, il se lève et va à la hâte à une étagère, en rapporte un livre et lit un passage que personne n'écoute. Il saute sur une idée, l'enfourche, l'abandonne, y revient, remonte à cheval, tombe et se remet en selle : c'est le clown du droit. Il a le profil et la barbe mentonnière du bouc. Quand le docteur Schütze cherche une réponse qui se fait attendre, il rejette sa tête en arrière, fixe les yeux au plafond, et tend horizontalement sa barbe, sur laquelle, du plafond, l'inspiration viendra se poser dans une chute amortie.

Je profite de l'absence de M. le docteur Tullius et du verbiage de son succédané pour noter l'installation.

La porte d'entrée est percée d'un trou circulaire qui permet, au coup de sonnette, de dévisager le nouveau venu, avant d'ouvrir. Dans un premier bureau, carillonne le téléphone, et griffonnent deux copistes ; le cabinet du docteur Tullius fait suite ; un énorme coffre-fort avertit que c'est ici qu'on paye. Le docteur Tullius facilite d'ailleurs les libérations, et sur ses en-têtes de lettre est gravée, faisant pendant au « téléphone n° 5148 », la mention suivante : « Le docteur a un compte à la caisse d'épargne postale. » Quand on a doublé le cap du coffre-fort qui s'avance dans les terres, je veux dire dans le cabinet du docteur, on pénètre dans ce qu'on pourrait appeler les communs. C'est là qu'est la machine à écrire : le sténographe, qui reçoit les confidences de premier jet du docteur Tullius, en est le machiniste ; il traduit les inspirations du patron. A chaque fenêtre écrivent, courbés sur leur bureau, les divers employés, comptables, copistes, traducteurs, qui labourent, sèment, sarclent et fauchent le champ, pour le maître.

Quoi ! une machine à écrire, un sténographe, un coffre-fort, un téléphone, une petite armée d'employés, mais c'est une installation commerciale ! Pouah ! Nous autres, avocats parisiens, nous traitons dédaigneusement d'agents d'affaires les avocats de nos grands ports ne craignant pas de surveiller eux-mêmes les conflits commerciaux. Faire imprimer son nom et son adresse sur les lettres, c'est un crime à Paris : on en rit à Vienne. Je ne sais pas si l'on pousse l'irrévérence envers la haute dignité professionnelle jusqu'à monter en bicyclette !

Nous allions prendre congé : nous supplions le docteur Schütze de hâter le retour du patron. Il appuie sur un bouton et, comme dans un conte oriental, apparaît un génie : c'est le génie de la machine à écrire ; il sténographie, sans mot dire, l'objurgation à Tullius. Trois lignes ont suffi ; sténographiquement, c'était l'affaire d'une ligne. Le docteur Schütze avait joui du sténographe, — à peine, — mais il nous avait montré qu'il pouvait, le maître absent, disposer de tous les appareils. Un instant après, nous entendions, derrière nous, tapoter sur la machine à écrire l'objurgation à Tullius.

IV

CE QU'ON VOIT DANS LES RUES.

On n'attend pas de moi les descriptions des Joanne et des Bœdeker, mais bien des impressions personnelles, sincères, notées au moment même où elles sont vécues, — c'est bien ainsi qu'on dit? — Si c'est changé depuis mon départ, on voudra bien m'aviser. Des musées, qui sont magnifiques, pas un mot : tout a été dit; des monuments, nombreux et fort comme il faut, pas un mot, nous nous contenterons d'un album au retour; des théâtres, d'où l'on sort à l'heure où, à Paris, la représentation commence, pas un mot. Nous avons essuyé la *Cavalleria rusticana* en allemand : il nous a semblé que les cris en étaient moins supportables que dans la langue de l'auteur. Ignorants comme de vrais Français, nous ne savons pas ce qu'on dit. Nous voyons des agitations, et nous entendons des bruits. Notre quasi-surdité bien constatée, nous allons nous coucher. Vienne alors se met à table. A vrai dire, Vienne ne sort pas de table : on mange et on boit à toute heure et partout. On doit nous mener au Gartenbau et à Ronacher, si M° Marbaux y laisse conduire sa vertu. Bah! en voyage! quoi qu'il arrive, je le consignerai; mais je ne révélerai pas tout : il y va de l'honneur de la profession.

Nous nous chamaillons sur les monnaies, sur la

langue, sur les enseignes, sur la prononciation. Nous goûtons à tout et nous buvons, d'essai en essai, toutes les bières connues. J'adore la blonde Piltzner. Mᵉ Marbaux n'adore rien, mais aime tout : c'est un estomac de premier ordre.

Nous nous renseignons : il y a quatre-vingt-dix mille Juifs, paraît-il, à Vienne, et soixante-douze archiducs seulement, moins d'un archiduc par mille israélites. Dans cent ans d'ici que seront devenus ces chiffres ? L'archiduc est la monnaie de poche de l'Empereur ; le Juif est l'argent de la monarchie. Argent est exagéré ; nous n'en avons guère vu depuis que nous sommes à Vienne. Le Juif, financièrement tout-puissant, devrait bien débarrasser les affaires de ce répugnant papier, sali de main en main, qui remplace les diverses pièces d'or et d'argent. Au-dessous du goulden ou florin (deux francs), le métal reparaît ; mais quel métal ! De vieilles pièces sur lesquelles on ne peut retrouver ni les traits de l'image souveraine, ni les lettres, ni les chiffres ; disques jaunâtres laissant aux doigts l'encrassement des générations successives. Au-dessous encore, viennent les monnaies de nickel, sortes de boutons, et des monnaies rougeâtres plus petites. Les garçons de café, les maîtres d'hôtel, — tous en habit noir, — ont la poche droite de leur habit gonflée, comme le bas des économies françaises ; les pauvres monnaies sonnent dans les basques, non comme du métal, mais comme de l'os tourné et percé. Messieurs nos serviteurs plongent et ramènent une pleine poignée de ces disques piteux, qu'ils alignent avec une rapidité merveilleuse sur les tables. Au début, nous donnions des pourboires très maigres, comptant donner beaucoup, vu la quantité. Nous avons appris à donner ce qu'il faut ; et c'est encore là une manière de parler français, comme dirait Montaigne. Ici le pourboire est sorti des mœurs, si jamais il y est entré.

V

ITALIAM ! ITALIAM !

Nous nous heurtons, ce matin, à une affiche énorme qui couvre le panneau de gauche d'une devanture de marchand de vin : c'est une Italienne, au costume traditionnel, offrant le vin d'Italie sous la garantie du gouvernement *galanthuomo*. A-t-on créé à Rome un ministère des lettres de voiture, des futailles et des dégustations ? Le garde des sceaux met-il la cire sur les barriques ? La grossière image, de quelque Épinal italien, est digne de la manœuvre de cette caisse royale écoulant les vins des contribuables. Je me procurerai l'affiche : elle ferait bien, exposée rue Drouot.

Un peu en retard, nous prenons, sur le Ring, le tramway qui nous rendra à la porte de l'hôtel ; nous nous tenons, faute de place, sur la plate-forme, debout, la main passée dans les courroies qui, pendant verticalement, prêtent aide et assistance aux changements de voie ou aux brusques arrêts. En face de nous, assis dans un coin, un Italien suit avec la plus vive attention notre conversation. L'Italien est coiffé d'un chapeau vert, une sorte de pot à fleur renversé, orné dans le bas d'ailes larges d'un à deux centimètres, et, sur le derrière, d'une plume de basse-cour passée verticalement dans le cordon et formant panache terminus au sommet de la colonne vertébrale. L'Italien, qui se croit très avenant sous ce pot vert et cette ornementation

de derrière la tête, baragouine à notre adresse quelque
chose de sympathique ; ses bons yeux et son rire large
nous le disaient mieux que son patois. Je lui ai répondu,
en italien, cela va sans dire ; nous l'apprenons au lycée,
sous le nom de latin. « Vous êtes Français, nous
répond l'Italien surpris, mais alors vous êtes Corses ?
— Non, Français du Nord, ai-je répliqué, toujours
dans la langue de M. Crispi. — C'est dommage, reprend
le brave homme ; mais ça fait toujours plaisir d'entendre
une langue sœur de la mienne ; *tutti Romani !* ne
sommes-nous pas tous fils de Rome ? » Et quand nous
sommes descendus, il nous a dit adieu dans un bon et
sincère sourire. Je ne lui ai pas tendu la main, mais
j'ai failli rebrousser chemin pour le faire.

Tutti Romani ! Entendez-vous ce pauvre paysan,
vous tous forgerons impies qui avez soudé au métal
allemand, dur et cassant, ce métal sonore, artistique et
pur que nous avons fondu dans l'ardente fournaise de
Solférino ? *Tutti Romani !* ce mot d'un pauvre, affranchi
de toute honte parce qu'il entendait presque sa langue,
a brusquement, et comme dans un éclair, fait se dresser
devant moi l'Italie, jeune et belle, que la France maternelle serait si heureuse de presser dans ses bras. Nous
nous heurtons encore, avant de rentrer dans l'hôtel, à
l'image vulgaire de l'Italie cuisinière qui étale ses
grâces à la devanture des marchands de vin et qui,
sous la garantie du Roi, ne vend que des vins naturels,
et à des prix de faveur, des prix de Triplice.

Les armes d'Italie écartelées d'un broc !

Qu'eût fait Voltaire, à l'auberge de Venise, de ce roi,
et de son paladin des revues d'Alsace et de Lorraine ?

Ces messieurs, chez eux, auraient sans doute servi
les autres.

VI

DÉSŒUVREMENT.

Les journaux annoncent une conférence qui serait faite par un Français, en français, en faveur du désarmement général : c'est de la politique de sucre d'orge. Je ne serais certes pas allé à Paris entendre les sornettes qu'un tel sujet comporte : à Vienne, ce sera un régal.

Braves gens, les Viennois ! Mais, les désœuvrés, où vont-ils pour se distraire ?

Leur ville est magnifique : c'est la Belle au bois dormant ; qui la réveillera ?

Je ne me sens pas dans une population hostile. Il faut bien convenir d'une chose, il eût été difficile de répudier les présents intéressés des rudes amis du Nord, *et dona ferentes*. Il ne faudrait pas qu'un Samson vînt ébranler les colonnes du temple : le temple jeté bas, on s'apercevrait peut-être que c'était une sorte de château de cartes. Ce n'est pas d'ici que partira le signal de la guerre, et s'il faut boiter pour arriver en retard sur le champ de bataille, on boitera. Ce sera le meilleur moyen de tirer parti des coups qu'auront reçus les autres.

Les militaires qui passent devant nous, avec leurs épaules superbement ouatées en carré, sont, au demeurant, de bons bourgeois déguisés : leur sabre, c'est leur carrière. Les employés des ministères, à qui on a donné un costume maritime et l'épée, n'ont pas l'air moins belliqueux que la garde impériale. On les appelle plaisamment les marins de l'écritoire.

L'armée, qui tend le jarret à la prussienne, paraît
excellente : mais ses qualités ne doivent pas être, me
semble-t-il, celles de l'offensive. D'ailleurs, qui osera
tirer l'épée et jeter au loin le fourreau ?

Quand finit le bail de la Bosnie ? On convient en
Autriche que l'Europe lui a donné la Bosnie à garder.
Les troupes qu'on tire de là ne seraient pas à dédaigner, si l'on devait batailler sur les termes et conditions
du bail : c'est le mot nouveau en diplomatie. Fera-t-il
fortune ?

La politique, qui fait tant de ravages chez nous, est
ici à l'état bénin. Tous ces bonshommes qui nous
croisent sont des hommes bons. Et je crois que le gouvernement impérial et royal (K. et K.) pourrait aller
bien loin, sans avoir à mettre aux prises les braves
gens sans costumes avec les braves gens costumés,
éperonnés et bottés.

VII

LA MAISON DE L'EMPEREUR.

Le docteur Perrin m'écrit qu'on attendra patiemment à Constantinople notre arrivée : Dieu soit loué !
J'aime mieux aller au feu que rester inactif sous la tente.
Cette femme, qu'il faudra bien aborder, sera-t-elle aussi
dangereuse que le pense M⁕ Marbaux ? Nous verrons
bien. Nous pourrons, du moins, lui parler. Ici, passent
sous nos yeux beaucoup de jolies femmes, pour nous
sourdes et muettes : nous pourrions mourir sans un
mot de pitié.

M⁕ Marbaux, plus jeune que moi, mettons aussi

jeune, s'évertue à me distraire, ne me donne jamais de conseils et m'amène doucement à penser comme lui. Sa vieille expérience, dont il pourrait user en pédant, il semble qu'il l'ait laissée à Paris, et c'est en camarade qu'il entend être traité et me traiter. J'ai eu la fantaisie d'attendre la sortie de l'empereur d'Autriche : M⁰ Marbaux l'a eue aussi, et nous sommes restés debout, en vrais badauds de foire, près de demi-heure, devant une porte toute grande ouverte, — pour tout le monde, excepté l'Empereur.

Nous traversions les cours intérieures du palais, qui servent de rues : piétons et voitures y circulent sans la moindre contrainte. Nous remarquons qu'une petite cour, à gauche, que le public ne traverse pas, sans doute parce qu'elle n'a pas d'issue, est encombrée de voitures de gala, prêtes à sortir. Nous nous postons de façon à voir la sortie, qui se fera par la porte unique, ouverte devant nous. Nous tournons le dos à un grand empereur noir, en bronze, qui, du haut de son cheval, assure en latin à ses peuples qu'ils ont son amour. L'Empereur, son héritier, non moins amoureux de ses peuples, ne peut sortir sans passer près de nous, qu'il tourne à gauche vers l'Arc de triomphe qui a l'air d'une gare de sous-préfecture, qu'il aille à droite vers l'entrée qui regarde le Graben, ou qu'il pique tout droit dans la direction du théâtre (*Hofburg*), la Comédie française de Vienne.

Nous lisons, en attendant, dans un latin jadis doré, bien défraîchi aujourd'hui, les gloires de la dynastie, gravées au-dessus de la porte.

Sur la façade morose, vieillie et comme ridée, deux de ces tirants en fer qu'on pose sur les maisons dont on redoute la chute ; ils sont tout en haut, à droite : que ne les dissimule-t-on à l'aide d'un peu de ciment? A Vienne, le ciment est roi : tout est bâti en pierres factices ; on jette sur la brique les plus gracieuses ornementations. A quoi bon le ciseau? Le moule suffit. De ces deux barres de fer grossières, il serait si facile, avec un peu de ciment, de faire deux sceptres, autrement décoratifs. La façade n'en serait pas moins consolidée, et la monarchie, qui compte tant de sceptres, en aurait deux de plus. Faisceau de sceptres, faisceau de verges : gare aux récalcitrants ! *Viribus unitis ;* tous contre chacun.

De la voûte, au delà de laquelle sont les voitures avec leurs laquais en suisses de cathédrale, sortent d'abord de modestes laveuses, que nous voyons zigzaguant, avec leurs gros paquets de linge sur la tête, à travers les voitures. Un peloton de marmitons fait ensuite son apparition dans le massif des chevaux et des laquais, et se croise, devant nous, avec quatre solides gaillards. Ceux-ci portent, suspendu à de longues barres posées sur leurs épaules, un énorme mannequin d'osier. Porteurs et mannequin disparaissent sous la voûte ; d'autres porteurs, un autre mannequin s'engouffrent à leur tour. Ce sont les glaces et le dessert qui passent, dit-on autour de nous : nous avons compris en mettant en commun ce que nous savons d'allemand. Mais, alors, il n'y a pas d'escalier de service dans la maison des Habsbourg !

Nous avons su, par les journaux, qu'il y avait eu dîner de gala à l'occasion des fiançailles d'une archiduchesse, qui allait changer de nom. Nous n'avons vu que les quelques machinistes que l'on sait, et deux comparses : ces deux messieurs, les seuls qui soient sortis à pied, avaient des bottes vernies de petit Poucet ; les bottes sont terminées par un cornet évasé juché si haut qu'une moitié de ces messieurs disparaît alternativement dans l'appareil quand l'autre se relève, comme font les pistons dans les corps de pompe. Il paraît que ces messieurs sont des conseillers auliques ; ils pourraient mener loin la monarchie, s'ils étaient les géants de ces bottes-là.

Les autres convives s'échappent en éventail, dans toutes les directions, au grand trot de leurs chevaux.

L'Empereur n'est pas sorti : il ne savait pas que nous étions là.

Nous étions de méchante humeur, et nous avons trouvé que le palais, fait comme la monarchie, de pièces et de morceaux, présentait sur le jardin, du côté du Ring, une façade plus digne d'une ferme école que de la demeure des Habsbourg.

On ne voit partout que des palais à Vienne : l'Empereur est plus mal logé que ses sujets.

Il est vrai qu'il fait bâtir, mais lentement. La bâtisse a déjà pris l'air vieux. Si les échafaudages, où apparaît quelque ouvrier de temps à autre, ne prévenaient la méprise, on se croirait en face des ruines d'un conseil d'État brûlé par l'émeute.

Je suppose qu'il y aura des chevaux et des cavaliers en bronze sur les corniches du toit : les monuments voisins sont tous empanachés de la sorte.

VIII

LE COUVENT DES CAPUCINS.

M⁰ Tullius est toujours à Trieste.

On nous avait vanté un monument de marbre blanc

qui orne l'église des Augustins ; c'est lourd et théâtral. C'est une pyramide de neuf mètres de hauteur, plaquée contre le mur qui fait face à l'entrée ; il y a, au milieu, une porte noire vers laquelle se dirigent je ne sais combien de vertus à la file. Cette sorte de procession mortuaire pose comme si on allait la photographier : un ange, à droite, lourd et se laissant tomber, a une attitude qui exprime tout ce qu'on voudra, admiration, joie ou tristesse ; c'est du remplissage. Tous ces personnages marmoréens m'ont fort peu ému : l'art de Canova a bien vieilli.

L'ami qui nous sert de cicerone nous offre une autre distraction funéraire.

Et nous voilà, grossissant le groupe qui se forme dans le corridor du couvent des Capucins.

Il est onze heures du matin : nous sommes une quinzaine, à la descente. Le prix est réglé d'avance, on donne par tête vingt kreutzers ; les deux francs (ou le florin) valent cent kreutzers. Tant de grandeurs pour si peu ! Au pied de cet escalier, le caveau des Habsbourg !

Si l'on supprimait tous ces morts, l'indifférente crypte enverrait aux visiteurs qui se présentent à l'entrée la même bouffée d'air chargé d'humidité et de salpêtre : les morts n'envoient rien qui leur soit personnel. « Il ne reste plus d'eux que ce quelque chose qui n'a plus de nom dans aucune langue. »

Ce n'est pas que les vivants n'aient tout fait pour prolonger ce que pouvaient avoir de vitalité ces morts superbes. On leur a fait de magnifiques catafalques. Celui qui contient les restes de l'orgueilleuse Marie-Thérèse est ciselé, fouillé, gonflé, pompeux, accablé d'ornements ; chargé ne serait pas assez dire. Ce monument *ad pompam et ostentationem* semble inviter les visiteurs à se courber en courtisans devant la femme altière dont le mari était le premier sujet. Elle se redresse drapée et impériale au-dessus de l'énorme catafalque. Va-t-elle s'animer, retrouver la vie, jeter au monde un de ces cris de rage que la Silésie volée lui arrachait ? L'image est demeurée muette : trouverait-elle à qui parler ? Sadowa a tout simplifié.

Un peu au délà, le capucin, long et maigre, qui nous fait les présentations, nous montre deux bières, simplement posées à terre, isolées ; l'une enferme le corps oublieux de Marie-Louise : cette femme n'avait même pas su garder son nom ! Et quel nom ! Le duc de Reichstadt, colonel autrichien, repose auprès de sa mère. Serrés l'un contre l'autre, ils sont comme tenus à l'écart ; femme et fils de qui ? Les lames de revêtement qui recouvrent le duc de Reichstadt se sont affaissées : il semble que la destinée cruelle qui a brisé cette jeunesse, devant laquelle ne s'ouvrait aucune espérance, se soit appesantie jusque sur son tombeau, et que le couvercle ait dû céder. Le fils est couché le long du mur ; le passant longe le cercueil de la mère : nous sommes restés en arrière, pensifs, auprès de ces deux dépouilles. Le capucin avait dit, au passage, les quelques mots qu'il doit à ces cercueils, et avait marché : tout le monde avait suivi.

Nous rejoignons le capucin au fond de la crypte ; il y a là une bière bien récemment déposée : des palmes d'un jaune terne et moisi la recouvrent, entremêlées de fleurs fanées qui ont dû, il y a quelques jours à peine, apporter leurs vives couleurs et leurs parfums à ce mort descendu le dernier. Qui l'a tué ? Avait-il mérité la mort ? S'est-il fait justice lui-même ? Il était bien près d'être au nombre des plus grands parmi ceux que la terre révère, craint ou déteste. L'archiduc Rodolphe porte sur le front les fleurs que sa fille, jeune et charmante enfant, est venue ces jours derniers poser au haut bout du catafalque. « L'a-t-on regretté? » demandons-nous à l'ami qui nous accompagne! Il nous répond : « C'était un sujet peu soumis, il eût peut-être été un bon prince. Les défauts de la jeunesse deviennent parfois les hautes qualités de l'âge mûr. — Qu'attend-on de son cousin? — On souhaite qu'il soit de son temps : il a beaucoup à apprendre, et surtout à oublier. Le mort eût mieux valu, peut-être. »

Il y a la foule, là aussi, en rangs serrés, à terre. Je passe.

Les empereurs sont haut juchés. Parme, Este, Modène, des archiducs dont les noms ne rappellent rien, sont scrupuleusement nommés, titrés, détaillés. Auraient-ils daigné faire attention à nous, si le hasard nous avait conduits aux pieds de leur grandeur, aujourd'hui réduite à moins que rien? Pour nos vingt kreutzers, nous voulons tout voir : mais nous ne nous arrêtons qu'aux bons endroits.

Nous avons fait le tour de la crypte : nous pensions que tout était dit, et que le capucin avait gagné son argent. Point : il finit par où il aurait dû commencer. Il nous ramène aux morts qui ont plusieurs siècles de ce silence humide autour d'eux. Ces religieux, qui tirent quelque profit des vieux ossements qu'ils gardent, savent bien que les visiteurs ne s'intéressent guère à des illustrations trop lointaines : on va nous montrer ce qui reste, par scrupule, mais en courant. Les premiers seront les derniers, sur la terre, sous la terre plutôt, comme dans les cieux.

Notre capucin s'est armé d'une lanterne, garnie d'un réflecteur, qui projette la lumière sur les sarcophages rangés à droite et à gauche derrière des grilles. Tout à l'heure, dans la crypte où trône encore Marie-Thérèse, c'était la lumière du jour qui nous éclairait, tombant d'en haut, vivants et morts. Maintenant, nous sommes dans l'ombre, et ce sont les morts qui sont en pleine lumière! Oh! pas pour longtemps. Nous passons vite, et le capucin brûle bien des étapes. Le nom des stations ne nous dit pas grand' chose, il le sait bien : il montre ici plus qu'il ne parle. Et ce qu'il montre vaut mieux que ce qu'il pourrait dire. Aux angles de ces vieux sarcophages grimacent des têtes de mort sculptées, coiffées la plupart de la couronne impériale. Mais ce n'est pas seulement aux angles qu'est la grimace : elle est au-dessus, dans les poses guindées des statues qui se dressent ; le portrait du défunt ou de la défunte nous est présenté par telle ou telle Vertu dans un médaillon coquettement soutenu par une main qui se fait valoir. C'est la mère de Marie-Thérèse qui clôt la série. La piété filiale devait bien ce catafalque, déjà bien chargé, à celle qui donna au monde la grande Impératrice, ce chef-d'œuvre féminin, pétri de ruse et de faiblesse, autant que de grandeur et d'héroïsme. Cette femme eut ses moments de rage folle, pleurant quand elle n'en pouvait plus, et trouvait au fond de son cœur des mots frappés à l'antique. C'est le plus grand homme de cette lignée des Habsbourg, plus apte, semble-t-il, à plier qu'à rompre.

Nous repassons devant les premiers sarcophages : « Dans moins de cent ans, me souffle à l'oreille M⁰ Marbaux, ils seront, eux aussi, refoulés dans une crypte où on les montrera à la lanterne. S'ils ne sont pas les

derniers, ils seront les avant-derniers ; d'autres seront
venus, qu'on montrera avant eux. Et déjà à demi dé-
laissés, ils seront à grandes enjambées parcourus par le
capucin, qui donnera tous ses soins et réservera ses
meilleures inflexions de voix à ceux qui formeront alors
les gloires les plus fraîches et de meilleur rapport. »

Et nunc erudimini, qui judicatis terram.

Il était midi quand le capucin comptait ses kreutzers.

« Votre déjeuner a failli attendre », nous dit le maître
d'hôtel. Il est certain que le capucin a eu des longueurs :
il eût pu supprimer Parme, Este et Modène. La géo-
graphie ne les connaît plus.

IX

VILLE DE PLAISIRS.

Vienne est une ville de plaisirs : ça se dit couramment. Nous avons décidé de profiter de notre incognito
pour voir les lieux où l'on s'amuse. Renseignements
pris, il y a Ronacher et Gartenbau : deux en tout.

« Voici Ronacher! Ce sont vos Folies-Bergère », me dit
l'obligeant Viennois qui ne nous quitte plus. Des ber-
gères? Il y en a; à faire des folies? Je n'ai rien vu qui
pût inspirer des craintes au sage Mentor dont je suis le
Télémaque. Pour tout le reste, tours de force, filet
suspendu, maillots roses, clowns, chiens savants, danse
serpentine, chansonnettes accommodées à l'allemande,
on a à peu près le nombre de numéros voulus. Nous
avons passé la soirée à regarder nos montres : l'heure
de la délivrance sonna enfin.

A Gartenbau, nous pénétrons dans une salle circulaire, où s'entassent des consommateurs mangeant, buvant, fumant, avec femmes, enfants, beaux-pères et même belles-mères. C'est un étouffoir. L'odeur des mets, de la bière et du tabac nous saisit en même temps que nous aveugle la fumée : nous sommes mûrs pour le plaisir. Il nous apparaît, à travers la brume, sous la triple forme d'un bock énorme, de la musique de Sa Majesté, et de la fille de brasserie. Un régiment de Sa Majesté prête sa musique pour soixante francs, plus un litre de bière par instrument. Quant à la grosse fleur de brasserie, elle vient offrir à nos boutonnières une sœur, à vendre comme elle; le petit panier, rempli d'œillets ou de roses, se promène de table en table, avec le sourire et les phrases qui font l'accompagnement. Nous écartons, d'un geste digne, la tentative sous laquelle la police bien pensante exige que le marché se dissimule.

La musique nous avait charmés : elle parlait, fort bien, une langue que nous comprenions et qui ne change pas en passant d'un pays à l'autre. Nous décidons de revenir à Gartenbau.

Plus de salle enfumée : le grand air, des arbres, des fleurs; nous inaugurons la saison d'été. La salle à côté ne se réveillera que quand de nouveau soufflera la bise. Hélas! ce n'est plus ce soir la musique de Sa Majesté; c'est le tour d'une musique civile, qui encombre l'estrade d'un piano, d'une demi-douzaine de violons, d'une flûte, d'un violoncelle et d'un énergumène qui ne sait commander ni aux autres ni à lui-même. Les contorsions de ce chef d'orchestre nous amusent; il sue à grosses gouttes son enthousiasme musical. Que de flanelles cet homme doit avoir mouillées dans sa carrière! Il ne bat pas la mesure, il bat la breloque. Sa tête, ses yeux, son archet, son violon, son buste et jusqu'à ses jambes forment comme un tourbillon. Puis, brusquement, il tombe en extase, les instruments se taisent ; écoutez ces chants : cette douzaine de gros pères de famille, qui grinçaient tout à l'heure, jouent de leur voix. Quand s'arrête ce chant bizarre et nasillard, l'extatique chef d'orchestre s'agite de nouveau et se trémousse : c'est une averse nouvelle qui le trempe jusqu'aux os. Le morceau, chair et poisson, finit enfin, et Charlotte va pouvoir éponger son mari, l'entourer de linges secs et de pudiques caresses.

X

LE PRATER.

Nous verrons demain le docteur Tullius : j'ai sa dépêche sous les yeux. Le soir même, nous reprenons l'express-Orient, et nous allons coucher à Buda-Pesth.

On nous fait, cet après-midi, les honneurs du Prater. C'est le bois de Boulogne viennois, taillé en pointe dans les bois voisins du Danube. La base du triangle présente, comme dans une étoile dont plusieurs avenues forment les rayons, le monument élevé à Tégétoff, qui donna à Lissa une si rude leçon aux bons amis les Italiens. Vue de loin, quand on débouche dans la longue rue qu'elle termine, la colonne a l'aspect d'un perchoir de perroquet. A mesure qu'on s'approche, on voit bien que c'est un gros mât avec les griffes latérales auxquelles s'accrochent les fils télégraphiques. On se rapproche encore et l'on voit enfin que la colonne monumentale est hérissée de proues de navires disposées deux par deux, et qu'il n'y a rien de suspendu, si ce n'est le brave Tégétoff, trop haut, taillé en pointe de mât. Ce qui manque aux monuments viennois, c'est le goût, la mesure, la préoccupation de l'effet général dans le milieu choisi. Les règles et les surprises de la perspective ne paraissent pas toucher suffisamment ces bons bourgeois qui ont mis dans leur ville la quantité de statues qu'il faut pour le bon renom d'une capitale, et même un peu plus. La qualité importe moins : la plupart sont juchées si haut qu'on ne peut les voir. On a ici la manie de planter au haut de tout ce qui est décoré du nom de palais, de théâtre, de musée, une rangée de statues qui font, d'en bas, l'effet de somnambules en excursion de gouttières. Ce n'est pas dans la vallée du Rhône qu'on pourrait acclimater une telle débauche de marbres ou de bronzes. Le vent du nord, qui hurle le long de la rivière, aurait bien vite abattu ces obstacles par trop provocants, et dans les environs d'Arles on ramasserait au tombereau les Muses et les dieux projetés au sud, roulant, tournant et bondissant, les pauvres ! jusqu'aux sables qui les arrêteraient et les enseveliraient. Des savants viendraient qui les déterreraient, les rattacheraient à un monument disparu, feraient des rapports, enverraient des photographies, recevraient la croix et des encouragements plus substantiels. Et les vieilles statues auraient une fois de plus l'occasion de se moquer de la science et de ses découvertes.

Si les corniches de Vienne sont trop ornées, le Prater ne l'est pas assez,

L'allée des Seigneurs — car il y a une allée des Seigneurs encore ! — est quelque chose comme une de ces larges voies de nos ponts et chaussées qui rayonnent

autour de Paris et de nos grandes villes. A droite et à
gauche de cette avenue rectiligne de plusieurs kilomètres, il y a les taillis. La promenade à faire, comme
la scène à faire de Sarcey, la voici : maintenant que le
Danube est redressé et endigué, c'est sur les bords du
fleuve qu'il faut la tracer, en bordure, en terrasse, de
façon que cette magnifique avenue d'eau soit le motif
principal de la décoration du Prater. Il nous a fallu
chercher le Danube!

Nous l'avons trouvé tout au bout, par delà le viaduc
sur lequel le chemin de fer de Buda-Pesth traverse la
grande allée.

Nous avons dû descendre de voiture, et, cheminant
dans les sables, nous nous sommes rapprochés de ces
moulins flottants dont les palettes sont mues par le
courant : immense force motrice transmise par des
courroies aux usines bâties sur le bord. Elle ne coûte
presque rien.

Nous remontons en voiture, et nous nous faisons
conduire à l'Exposition.

Il y a une exposition sur le Danube, encadrée par le
fleuve, avec une flottille jouant sur ses eaux bleues et
jetant sur les quais de l'Exposition des millions de visiteurs? On s'est bien gardé d'une pareille faute! Le
Danube! mais c'était la première chose à exposer : on
n'y a pas songé. Le Danube coule en vain, à quelque
distance. La pauvre Exposition avait pourtant quelque
raison pour songer à se renforcer : elle fait peine à voir.
Elle fait l'effet d'une femme maigre portant la défroque
d'une morte aux formes rebondies : le corps chétif est
loin de remplir le vêtement qui flotte.

La morte, c'est l'Exposition de 1873 : universelle,
bien entendu.

Je ne l'ai pas connue : mais faut-il le regretter ?

Grosse, oui ; bien faite, bien mise, non : la Viennoise de 1873 pouvait avoir des appas, mais où diantre s'était-elle fait habiller ?

Nous sommes en face d'un immense manège de chevaux de bois, qui semble n'attendre, pour tourner, que le bruit discordant d'une batterie de cuivres. Rien n'y manque, pas même la rangée circulaire des petits drapeaux qui formeront une traînée multicolore quand le manège en mouvement soufflera et grincera sur ses appareils.

En attendant le signal du machiniste, profitons de l'arrêt, pénétrons dans le monument, tandis qu'il est encore au repos : il va tourner tout à l'heure.

Cependant, c'est nous qui tournons : et il n'y a pas moyen de faire autrement. On n'a devant soi qu'un large couloir circulaire, entre deux montagnes courbes de produits divers. On reconnaît qu'on a fait le tour, quand on retrouve telle ou telle exhibition qu'on a remarquée. On se rejette alors sur les grands bras latéraux, formant comme autant de rayons autour du moyeu central. Rien d'intéressant : nous avons bien vite regagné le grand couloir circulaire, et nous cherchons le milieu où doit brûler le foyer central, la fournaise.

Nous y voici. Cela rappelle bien, nous dit le bon Viennois, qui compte sur une explosion d'enthousiasme, la rue du Caire de l'Exposition de 1889. Nous ne protestons pas.

La rue du Caire, de Vienne, tourne en rond : les maisons, bois et plâtre, qu'on a élevées suivant l'alignement du boyau circulaire, font face au centre, et présentent leur dos, simple placage de plâtre, au visiteur qui, livré à lui-même, tournerait indéfiniment autour du .jet d'eau central, comme notre satellite Phœbé autour de la Terre. Des maisons, vues de dos, quoi de moins encourageant ? Pas même des affiches du chocolat Menier, des amer Picon, des machines Singer qui égayeraient l'uniformité. Et encore faut-il, pour pénétrer jusqu'à ces dos, tristes envers du décor, franchir les amoncellements de produits qui veulent retenir le visiteur tournant, et dissimulent traîtreusement les passages étroits par lesquels il pourra leur échapper.

Nous sommes au centre : serait-ce une souricière ? Par où sortirons-nous ?

Toujours en rond, c'est la fatalité de la forme manège, des maisons villageoises nous font risette. Toutes les monarchies qui paissent sous la houlette de François-Joseph ont envoyé des échantillons de leur laine : la Serbie elle-même est représentée au pourtour. Nous prenons du café à la turque, dans l'enclos serbe : boue noire, dans une capsule blanche. Le costume serbe qui nous a servis refuse le pourboire : « Prends-le toujours, dit un mauvais plaisant à côté de nous, tu le donneras à Milan ; maintenant qu'il ne joue plus, il peut en avoir besoin. »

Dans l'enclos voisin, c'est du vin qu'on boit, du vin récolté dans la ville de Vienne.

On nous explique que Vienne a récemment dégrafé sa ceinture et brusquement grossi de quantité de communes suburbaines qui ont bien quelques maisons, mais qui ont surtout des champs, des bois et des vignes. Et voilà comment on récolte, à Vienne même, le grinzinger blanc, de l'ancienne commune de Grinzing. Le produit est un petit vin : il a un goût prononcé de Danube : à Paris, il aurait le goût de la Seine.

C'est à petits coups qu'on le boit, c'est de grands coups de gorge qu'on l'accompagne : les cochers qui font chanter, faute de tarif, forment, le soir venu, une corporation de chanteurs, et ce sont eux qui se font entendre à l'excellente société qui boit, mange et fume autour de nous, et qui reprend en chœur le refrain populaire. Des jeunes filles, à jupe très courte, circulent affairées à travers les tables surchargées de victuailles. Leur poitrine forme une saillie tremblante que j'ai peur de voir tomber. D'autres jeunes filles, moins affolées, stationnent, offrant aux boutonnières les inévitables bouquets : ces filles-ci doivent être vertueuses, à en juger par la longueur de leurs jupes.

Mais tout cela, c'est la gaieté des gens comme il faut.

Allons tâter de la gaieté du peuple : « Monseigneur, c'est la bonne », disait Figaro. Voyons donc l'allée du Peuple et ses divertissements.

Je ne sais pas qui peut s'amuser dans ces labyrinthes forains, petits théâtres, chevaux de bois si nombreux qu'on pourrait organiser de grandes manœuvres de cavalerie, tirs, bateaux tournants avec tangage et roulis, cafés chantants, montagnes qui s'appelleraient russes en France, tout cela s'étendant sur une surface immense, des deux côtés de l'allée populaire. Hier, nous n'y avons vu ni peuple, ni seigneurs : nous seuls, ou à peu près. Dans ce désert, éclairé à éblouir les yeux, nous avons bu notre dernière bière de la journée au concert de l'Oiseau blanc, ou bleu, en plein air, ou plutôt en pleine bise, devant une estrade où s'échauffaient en jouant quelques dames respectables vêtues de blanc. Leurs robes glaciales sont doublées d'une pèlerine de laine blanche tricotée ; dans leurs cheveux

d'un noir suspect brille une rose ; ces vieilles ouvreuses,
violonneuses, veux-je dire, jouent à merveille. Parmi
elles se détache une jeune fille, rouge des joues et des
mains, des lèvres surtout ; elle tient gentiment l'instrument, pastoral par excellence, du vieux Pan, la flûte,
qui de temps en temps se fait entendre, doucement
caressante, dans les éclaircies de la tempête des violons, des pistons et du piano.

Pour auditeurs, quelques étudiants des deux sexes,
qui ont l'air d'être là par ordre, et nous.

Il faisait presque froid. Notre veille prolongée et
cette température avaient triomphé des hésitations de
notre estomac, fort mécontent tout d'abord. Nous
avions voulu à dîner, — véritable dîner d'exposition,
cher, détestable, — goûter à un plat national dont le
pépréka fait la réputation. Ce pépréka n'est pas
autre chose que le piment d'Espagne : seulement il
n'est plus ici mince et allongé comme un toréador cas-
tillan ; il est rond et ventru comme ses dévots admira-
teurs qui comptent sur ses vertus. C'est du piment qui
s'est habitué à la bière et qui a grossi.

Et nous retournons à notre hôtel, à plus de minuit,
à travers ce deuxième arrondissement, endormi aux
pieds de Tégétoff. C'est l'arrondissement des Juifs :
quand on demande à l'un d'eux quelle est sa religion,
il répond : « Deuxième arrondissement. »

XI

UNE PREMIÈRE LETTRE.

Je reçois, stupéfait, la lettre que voici de mademoiselle de Novichef :

« Monsieur,

« Votre séjour à Vienne se prolonge au delà de toutes les prévisions. Parlez franc, vous désirez n'arriver ici qu'après notre départ. Le docteur Perrin m'a avoué qu'il correspondait avec vous ; il vous a dit certainement des horreurs sur notre compte. Je veux *compléter* ou *rectifier* ce qu'il a pu vous dire.

« Mon père est mort d'une maladie de poitrine, — eh bien ! oui, de poitrine ; — il était seul à Nice, se soignant comme il l'entendait. Ma mère et moi n'avions pas voulu le suivre. Sa tyrannie, à peine tolérable dans ses beaux jours, était, dans ces derniers temps, devenue insupportable. Il nous avait menacées de se venger, par testament, de ce qu'il appelait notre abandon. Il avait fait le vide autour de lui, c'est nous qu'il entendait punir. Nous nous sommes rendues à Nice, à son appel suprême. Nous sentions bien qu'il était terrassé. Nous sommes arrivées quelques heures trop tard.

« Il était mort en nous maudissant, et le testament était en mains sûres.

« Nous sommes en procès avec le tuteur qu'il nous impose pour la gestion des biens.

« Tant que je ne serai point mariée, nous ne devons recevoir qu'une somme insignifiante de trente mille francs pour notre entretien.

« Le mariage lui-même ne sera qu'une demi-délivrance : le tuteur appréciera si le choix que j'aurai fait, et les suites, lui permettront de me remettre la totalité, ou une partie seulement de mes revenus.

« Le capital est intangible : il est constitué en majorat.

« Le docteur Perrin a été appelé par nous à Paris :

nous suivons la marche que des sommités, consultées par nous trois, nous ont tracée.

« Je ne voudrais pas quitter Constantinople sans vous voir.

« Quel jour quittez-vous Vienne? Écrivez-moi directement.

« Ma mère n'a pas de volonté : d'ailleurs, elle dépend absolument de moi, elle est sans fortune.

« Je me déciderai à partir, si vous devez retarder trop votre départ de Vienne.

« Un mot, s'il vous plaît, simple et franc, de camarade à camarade.

« Laure DE NOVICHEF. »

Je me suis bien gardé de communiquer cette lettre à M⁰ Marbaux, et j'ai répondu par dépêche : « Personne suspectée n'avait pas dit un mot. Aurez réponse très prochainement. »

Cette réponse, je la porterai moi-même : je n'écris pas à une telle femme. Qu'attend-elle de moi? Des conseils? Qu'elle s'adresse à M⁰ Marbaux. Des complaisances? Lesquelles? De l'amour? Lequel? Sa mère n'est pas une gêne pour elle, elle l'indique nettement. Et elle l'explique, d'un mot tranchant comme le fil d'un couteau : « Elle dépend de moi, elle est sans fortune. » C'est sans réplique : qui a l'argent a tout, peut tout oser.

Elle n'aimait pas son père! Elle n'aime pas sa mère! Malheur à celui qui se laissera prendre à l'aimer!

Mais elle, aimera-t-elle jamais?

Malheur à celui qu'elle aimerait; cette blanche et voluptueuse sirène l'entraînerait aux eaux profondes, et, assouvie, rejetterait à la surface le cadavre, sans une larme, avec un sourire peut-être.

XII

TULLIA CHEZ TULLIUS.

M⁰ Tullius a été exact : je le crois bien, il ramenait sa femme. Plus d'absences à redouter : *cessante causâ, cessat effectus.*

La femme est une cause suffisante, nous l'avons vue : c'est même une cause grasse.

Le docteur n'a pas encore d'enfants, quoiqu'il ait commencé depuis plusieurs années la recherche de la paternité ; mais il est plein d'espoir.

En frappant à sa porte, nous avons senti, à l'odeur pénétrante des fleurs et de la verdure, que nous allions nous trouver en présence d'une surprise. En face de la porte d'entrée, percée d'un œil comme le front d'un cyclope, s'ouvre la porte de la salle à manger. Cette seconde porte est entourée de guirlandes ; le fronton classique est dessiné au-dessus par des fleurs et des rubans entrelacés, et d'autres fleurs choisies dessinent, dans l'espace triangulaire, deux initiales se becquetant comme des colombes. L'odeur qui domine est celle du laurier, bien digne d'orner le front du docteur, — s'il sort victorieux de la lutte. Jusqu'ici l'Ange a triomphé de Jacob. Mais une fois de retour à Vienne !...

Nous apprenons de la bouche de notre honorable ami que c'est l'usage à Vienne de fêter ainsi le retour au foyer conjugal d'une épouse chérie. Dans le midi de la France, un usage analogue existe, mais c'est avant la lettre. Le jeune soupirant se transporte la nuit devant la demeure de celle qu'il a choisie, et *per amica silentia lunæ,* enguirlande de fleurs la porte de la bien-aimée. Le problème est posé : au réveil, le cœur de la jeune fille s'interroge, en même temps que le village tout entier. On finit par découvrir l'amoureux, et le mariage est la récompense, le châtiment quelquefois. A Vienne, les maris sont amoureux toujours, et toujours les femmes aimables. O Charlotte ! O harmonie préétablie de Leibnitz !

Je n'aime pas Werther. Se tuer pour Charlotte ! Était-ce bien le cas ?

Dans l'appareil Morse, la roue de gauche enregistre les déclarations enflammées du bureau voisin ; la roue de droite les reçoit à mesure, et les enterre, sous la pression pudique du doigt de la receveuse ; et le service, comme la séance de M. Dupuy, continue. Le service, c'est le mari. Le bureau voisin se tue : est-ce une solution ? — Oui, pour l'employé qui a un avancement sur lequel il ne comptait pas, et qu'un imbécile lui a procuré. Dès qu'une femme mariée interrompt vos aveux pour aller à ses confitures, quittez la partie, mais ne vous tuez pas. Il y a tant d'autres femmes qui se soucient fort peu de leurs confitures !

Je suis sûr que madame Tullia est une femme d'honneur, et de confitures.

Et M. Tullius est bien digne de son affection.

Il est petit, du moins jusqu'à la base du front. Mais à partir de la ligne des sourcils, notre homme grandit démesurément. Une sorte de cylindre, posé verticalement et terminé en demi-sphère, se dresse au-dessus de deux grosses lunettes brillant comme des yeux de scaphandre. Au-dessus du dôme, manque encore la lanterne, qui termine tous les dômes connus. Sans la lanterne, ce monument de jurisprudence vivra incomplet.

Le rebord des sourcils semble attendre les échelles pour l'ascension, et le vissage de la lanterne.

Le docteur, avocat de la cour de Vienne et de toutes les cours de l'Empire austro-hongrois, — c'est le titre pompeux de nos confrères de Vienne, — parle très bien le français. M⁺ Marbaux le questionnerait encore sur les us, coutumes, juridictions, variations, similitudes et différences, si je ne lui avais respectueusement rappelé que madame Tullia était à Vienne, attendant que nous rendions la liberté à son époux. Nous prenons congé. Tandis que M⁺ Marbaux franchit le seuil de la porte d'entrée, notre confrère viennois me retient un peu en arrière, et penchant vers moi son front comme une autre tour de Pise, il me dit : « Et ces petites femmes de Vienne, comment les trouvez-vous ? Ah ! ce ne sont pas vos Parisiennes ! » — Et le docteur penché de soupirer. Puis, se redressant, il mettait un doigt discret sur les lèvres, et d'un regard projeté circulairement comme un rayon de phare, il me montrait M⁺ Marbaux, déjà sur le palier, le bureau où les plumes couraient en grinçant, et la vertueuse frondaison qui ornait la porte conjugale.

XIII

DÉSARMEMENT.

On dîne beaucoup à Vienne dans des caves dont les étages sont superposés jusqu'à de grandes profondeurs : nous avons voulu faire comme tout le monde. Cela passera plus sûrement que le café et que Racine. Dans l'une de ces caves, on nous a raconté une histoire assez amusante qui intéressait le patron du lieu, fort riche. Son fils le ruinait. Il voulut acheter à tout prix le départ de la fille d'amour : elle resta, dans ses bras. Le fils était guéri, mais le père était empoisonné. C'est le fils qui reparaît pour le sauver à son tour et le sauve. On insinue même qu'un commis, confident des trois intéressés, aurait été le plus heureux et le plus aimé, puisqu'il n'aurait eu à payer que de son amour. Tout est bien qui finit bien. La fille a porté son industrie ailleurs, et, sur le tard, épousera quelque brave homme qui, pour ses écus, lui vendra son nom.

De cette cave, nous montons à un deuxième étage où l'on a installé une magnifique salle des conférences. C'est un Français qui ce soir doit parler *désarmement*.

« Je m'appelle Félix : je tiens à mon petit nom, parce qu'on dit qu'il porte bonheur. » C'est le conférencier qui parle : il ajoute son nom et son adresse à Vienne. Une dame, qui n'avait point été séduite, caractérisait d'un mot en sortant ce qui s'était débité : il y a du sublime et du grotesque ; le sublime était fait de morceaux rapportés ; le grotesque appartient bien à Félix.

J'ai pris quelques notes, je les relève rapidement : le défilé sera court, autant que fut longue la parade.

L'éloge des dieux d'abord : l'orateur fait l'éloge de l'empereur d'Allemagne ; quel Français ! — du grand-duc de Bade, du roi d'Italie et de cet excellent François-Joseph qui a dû bien des fois avoir envie de descendre de son cadre pour dire à l'importun flatteur : « Mais désarmez donc, monsieur, c'est assez. »

Voici quelques fleurs détachées du bouquet :

« Tant que subsistera la guerre, l'humanité roulera comme une locomotive sans boussole. Au delà des rails, qui ont une fin comme toute chose ici-bas, s'ouvre pour l'humanité le gouffre de l'anéantissement. » Voit-on bien une locomotive demandant sa boussole, pour n'être pas lancée sur les rails du gouffre de l'anéantissement ?

« Le patriotisme ne serait pas un vêtement moins chaud pour avoir été doublé d'humanisme. »

« Turpin, que vous autres Allemands appelez Turpinus, rendra la guerre impossible : j'honore donc en lui l'inventeur de la paix universelle. »

« La propagande, par l'école, par les journaux, par les étudiants, par les femmes, voilà ce qu'il faut faire pénétrer dans les cœurs. Vous, femmes, vous sauveriez à vous seules l'humanité : que sera-ce quand vous serez aidées ? C'est de votre cœur que partira *la sève montante qui liquéfiera toutes les questions et tous les problèmes*. Je ne vous conseille pas d'aller jusqu'à la grève de la maternité : oh ! non, aimez et faites-nous des hommes. Faites-nous des miracles, comme la Vierge de Lourdes. J'ai été par là, vous savez. Lourdes est surfait, Lourdes ne crée pas : qui n'a pas de jambes en naissant, n'en trouve pas au fond de la piscine. Mais Lourdes guérit, rend l'ouïe aux sourds, la force aux paralytiques, tandis que se psalmodient les chants sacrés. Mais c'est déjà beaucoup ! Ce sont des miracles ! Non, ce sont des phénomènes miraculeux, dus à la foi qui est en nous, et non à une action extérieure. Je fais appel à la foi qui est en vous, et vous bouleverserez le monde en le pacifiant par l'enfantement de votre foi. »

« Nous vivons à une époque trop moderne (*sic*), les intérêts comptent trop, la foi pas assez. Exaltons la la foi, pacifions les intérêts. »

« Vous me demandez comment ? Nommons pour arbitres le Pape et le Czar : pourquoi eux ? Parce qu'ils ont la force spirituelle de deux grandes religions. Ils peuvent tout. »

Il est certain, en effet, que si le Pape ordonnait par une bulle le désarmement universel, il n'aurait qu'à envoyer à travers le monde les quelques hallebardiers qui le gardent, et le monde obéirait.

Quant au Czar, tête couronnée, et qui a beaucoup de hallebardiers, il a eu du conférencier quelques bonnes paroles, mais le cœur n'y était point. La conférence était tout à la paix, — mais par la Triplice, qui donnera spontanément au monde ce que le Pape et le Czar ne voudraient peut-être pas encore donner.

Le conférencier n'a pas dit un mot de l'Angleterre.

Il avait eu un couplet, — court, — pour le comte de Paris ; — un autre couplet pour M. Magnard et le *Figaro ;* — un autre pour le socialisme, « qui monte, flot grondant, prêt à tout submerger, et qui bat déjà de son écume les bords des nations » ; — un autre pour l'Alsace et la Lorraine « déchirées de notre amour-propre ». — Et il n'a même pas prononcé le nom de l'Angleterre ! Elle est pourtant la grande pacificatrice des intérêts : elle pacifie, en prenant tant qu'elle peut. Elle est toute gagnée à la cause du désarmement — des autres. Comment M. Félix a-t-il pu oublier Sa Gracieuse Majesté, reine et impératrice (K. et K.)? L'Angleterre n'a peut-être pas prêté aux conférences précédentes toute l'attention qu'elles méritaient. Les têtes couronnées du bonnet de la Triplice ont eu, paraît-il, tous les égards pour les sornettes de leur flatteur. Le silence de celui-ci est, pour l'Angleterre, une leçon cruelle : elle ne s'en relèvera pas.

XIV

LITTÉRATURE ET JOURNAUX.

Nous sommes surpris de la place qu'occupent, dans les journaux de Vienne, les moindres nouvelles venues de Paris. Les correspondants envoient à leurs journaux, non pas ce qui se passe, mais ce qui se dit, et « le potin » prend l'ampleur d'un fait historique. On juge fort mal les hommes et les choses, parce que tout est anecdote dans ce que l'on imprime sur la France, anecdote accommodée au goût de l'étranger qui l'attend. Il semble qu'il n'y ait en France que des ignorants, des âmes vénales, des femmes sans pudeur; on ne saurait croire le mal que font certains folliculaires, qui sont crus sur parole à l'étranger; on ajoute vertueusement, la lecture finie : « Et on ne dit pas tout ! »

Le docteur Tullius, qui n'est pas un sot, sait bien où le bât blesse son pays, qui a eu 48 avant d'avoir eu 89. Patience ! 89 recommencera la tournée, passera le détroit et fera peut-être pour la pacification du continent plus que la conférence de M. Félix.

Le docteur m'a promis de m'envoyer quelques notes sur la production littéraire et l'état social en Autriche-Hongrie.

Il y a peut-être quelque chose à lire en allemand, en dehors des grands poètes et de prosateurs que le commencement de ce siècle a vus mourir.

Ce ne serait point la peine d'apprendre l'allemand, pour lire des traductions de nos écrivains, les œuvres de notre théâtre, nos romans, nos poésies, nos criti-

ques. La France a pour elle, n'en déplaise aux faiseurs
de pronostics à l'étranger, qu'elle paye sans sourciller
quatre milliards d'impôts, ce qui représente une faculté
de production colossale ! — et qu'elle a, dans le domaine
de l'esprit, une productivité peut-être supérieure. Elle
a sa littérature, ses sculpteurs, ses peintres, ses archi-
tectes, ses compositeurs, ses penseurs et ses savants.
Si elle n'avait pas ses hommes d'Etat, quelle puissance !
Il y a des écoles pour tous les mandarinats : quand en
aurons-nous une pour les mandarins chargés de faire la
loi? On se contente, pour ceux-ci, de tirer au sort tous
les quatre ans; tout le monde peut jeter, avec quelque
chance de l'en voir sortir, son nom dans l'urne, excepté
ceux qui ont fait preuve de quelque mérite dans la profession qu'ils ont embrassée. Il faut des hommes neufs
qui aient tout à apprendre ou des hommes usés qui
aient oublié : les premiers font la loi, et les autres
l'enregistrent en grognant, comme il convient à leur
âge. Quant aux affaires étrangères, on oppose, en les
changeant tous les semestres, des novices à des fils,
petits-fils et arrière-petits-fils, des plus habiles de nos
adversaires; des écoliers, à toute une faculté; des dan-
seurs, aux plus profonds calculateurs; notre pays résiste
au traitement et fait encore quelque figure dans le
monde. Quelle vitalité! Quelles puissantes réserves!

Les jours de fièvre, on recommence à dire : Vous
verrez qu'il faudra reprendre de la quinine. L'accès
passé, on dit : Surtout pas de quinine, c'est amer, et le
pharmacien fait payer cher; pas de quinine! Gardons-
nous d'en prendre.

Je le veux bien, mais que messieurs les accès de
fièvre donnent l'exemple et ménagent nos forces.

XV

DÉPART DE VIENNE.

Nous décidons notre ami viennois, interprète attitré de la mission, arbitre expert sur tous les cas, à nous accompagner jusqu'à Buda-Pesth ; par une ironie du hasard, il s'appelle Hours, mais c'est

> ... un Hours bien léché,
> Moelleux comme une chatte, et frais comme une rose.

Il a trente ans, et ne connaît des aventures de la vie conjugale que ce qu'il a pu apprendre des autres. C'est un gai compagnon, qui se détend à mesure qu'il a moins peur de Me Marbaux, si peu fait pour lui inspirer des craintes, et plus de confiance en moi, si peu fait pour la mériter. M. Hours n'a pas osé soulever tous les voiles de Vienne, par peur de l'un, par défiance de l'autre. Mais il me promet d'être moins réservé la prochaine fois : me voilà remis aux calendes grecques.

Nous quittons Vienne, de bonne heure, à jeun : nous déjeunerons au wagon-restaurant.

Tandis que nous nous installons dans nos coins, on nous annonce qu'une tête couronnée va faire route avec nous ; du coup, nous sommes privés du wagon-restaurant, que sa grandeur va attacher au rivage. C'est le roi des Roumains qui rentre dans ses États. Il a besoin, pour s'ennuyer souverainement, de voyager dans un énorme wagon, et d'y attacher un autre wagon spécial pour les dos en grand uniforme qui vont se courber tout à l'heure quand il daignera monter. Ces deux wagons supplémentaires ont alourdi le train à nos dépens : la nécessité de supprimer le restaurant s'est imposée.

A notre arrivée à Vienne, nous avons vu descendre le roi de Naples ; à notre départ, nous allons voir monter le roi de Roumanie. Le premier saluait jusqu'aux murs de la gare ; le second ne salue personne, pas même les fonctionnaires qui viennent humblement se mettre à sa disposition. Bien droit, bien serré dans sa redingote, le roi prend visiblement, dès qu'il met le pied sur le trottoir de la gare, l'air imposant d'un roi qui va monter en wagon. Les six pas qu'il a faits devant nous ont été empreints de majesté. Une fois installé, il s'est détendu : nous l'avons vu parler une fois ou deux à un autre homme : ce devait être un grand ministre ou un domestique.

Faute de wagon-restaurant, nous avons déjeuné à Neuheist, aux sons d'une aubade tzigane, mais pas au buffet ; on nous a apporté une sorte de pupitre garni de clous dans lesquels s'engagent les ustensiles du déjeuner, comme les billes dans les dents d'un billard d'enfant : ustensiles peu propres, serviettes percées à jour, garçon luisant, et d'une maladresse ! Le potage se balance au mouvement du train dans l'écuelle fixée entre les clous d'en haut, et finit par franchir le bord. Nous le voyons se déplacer comme la bulle d'air du niveau de maçon et courir le long de la baguette qui forme la partie inférieure du pupitre présenté par le garçon. Nous nous réfugions, chacun dans notre coin, de peur d'être atteints : c'est le garçon qui finit par être arrosé, une fois de plus ; les taches de son costume témoignent qu'il en a vu bien d'autres.

M. Hours nous avait annoncé des quantités de lièvres : Vous en verrez plus de trois mille entre Vienne et Buda-Pesth, nous avait-il dit. M⁰ Marbaux a fait un somme, M. Hours et moi nous avons écarquillé nos yeux ; le résultat a été le même pour lui et pour nous. Pas un lièvre ! Quel canard ! a dit M⁰ Marbaux, qui a traité M. Hours comme il le méritait.

En revanche, nous avons eu sous les yeux d'admirables tableaux que M. Hours ne nous avait pas annoncés. A mesure qu'on se rapproche de Buda-Pesth, le Danube coule dans une vallée de plus en plus belle. Tantôt il court entre deux montagnes, tantôt il s'étale majestueusement en plaine, présentant toujours des aspects variés et grandioses qui se gravent profondément dans le souvenir. On quitte le fleuve à regret, quand on entre en gare ; nous le retrouverons sous les fenêtres de l'hôtel de Hongrie.

Devant la porte de l'hôtel, c'est une belle fille qui nous est présentée par M. Hours et qui nous donne une haute idée des ressources d'une capitale qui passe pour avoir des mœurs accueillantes.

La jeune fille vit et rayonne dans un bureau de tabac dont elle doit faire la fortune. Elle a des yeux noirs qui brillent comme si Benjamin Constant les avait peints ; ses lèvres ont le rouge de Henner ; sont teint a les reflets du vieil or. Elle n'est pas belle, elle est bien pis : elle attire et retient ; on lit couramment des promesses folles dans tout ce qu'on voit ou qu'on devine.

Heureusement M⁰ Marbaux, qui rendrait des points à la sage Minerve, est d'avis qu'il faut sans retard faire une promenade sur le Danube.

XVI

BUDA-PESTH.

M. Hours a eu soin de demander des chambres sur le quai, et au troisième, afin d'embrasser un vaste ensemble : le fleuve coule sous nos fenêtres, et, dès mon réveil, je me poste de façon à bien voir. Les bateaux à vapeur sont sans cesse en mouvement, versant de l'une à l'autre les deux villes que le fleuve sépare. D'autres vapeurs remontent ou descendent le courant, chargés de passagers. En face de nos fenêtres, sur la rive opposée, une montagne couverte de constructions coquettes est couronnée par un fort, plus dangereux, j'imagine, pour la capitale de la Hongrie, qui passe pour avoir la tête près du bonnet, que pour les envahisseurs éventuels de la monarchie. De nombreuses constructions d'un beau caractère s'élèvent maintenant au pied de la montagne ; il y a quelques années à peine, le même terrain était couvert de maisons basses et de mauvaise mine. Le sol se relève en amont ; au-dessus de ses jardins étagés le long du fleuve et coupés en zigzag par des rampes monumentales, se dresse le palais royal, jaune avec des volets verts. Si l'on est de mauvaise humeur, l'effet de cette coloration criarde est déplorable ; si l'on est de bonne humeur, on trouve que l'effet est bien oriental : et c'est parfait. Nous jugeons toujours ainsi, du haut de notre humeur, les hommes et les choses.

En remontant toujours le courant, on trouve un pont à péage : pont superbe et qui doit, à regret, demander l'aumône. Il n'y a donc pas par ici un homme qui sente combien est humiliant ce reste du moyen âge, un péage ! Dans une ville toute moderne et d'une si franche expansion ! Si j'étais roi de Hongrie, le pont porterait mon nom libérateur et la date de l'abolition de cette honteuse obole.

Encore plus haut, un pont formant une ligne brisée, pour présenter carrément à chacun des deux bras du Danube une base de résistance différente, précède l'île Sainte-Marguerite, où nous avons pris du madère amélioré par la fabrication hongroise. L'île est superbe, surtout pour qui a vingt ans, et, dans la tête, la folie des beaux arbres, de la verdure, du ciel bleu, du bruissement des feuilles, du gazouillement des oiseaux et du reste. L'île est amoureusement serrée par deux bras énormes du Danube : on craint pour la bien-aimée. Mais il paraît que l'amoureux est galant ; l'île est rarement ravagée ; elle s'enrichit au contraire tous les jours d'alluvions qui la rendent plus coquette et plus séduisante.

Je n'ai pas besoin de dire qu'on boit et qu'on fait de la musique dans l'île : boire sans soif et manger sans faim, voilà nos besoins les plus impérieux, en haut comme en bas, et c'est pour les satisfaire que nous sommes sur le point de tout renverser.

En quittant le vapeur qui nous ramène au débarcadère le plus voisin de notre hôtel, nous prenons une voiture pour aller visiter le parc qui est à l'extrémité opposée de la ville, au bout de l'avenue superbe qui porte le nom justement célèbre d'Andrassy. Le tout est fort beau, digne d'une très grande ville : on nous dit que Buda-Pesth a cinq cent mille âmes.

Nous prenons, au retour, à travers les vieux quar-

tiers ; il faut tout voir. Buda-Pesth, nous dit M* Marbaux, est une jolie fille qui grandit, et dont la jupe,
trop courte, laisse voir une jambe faite à ravir ; mais on
tremble pour les dessous, ces accessoires peuvent faire
tant de tort au principal ! — Et, sans rien dire à
M⁰ Marbaux, je songe aux dessous troublants de celles
qui ont fini leur croissance, il y a beau temps, et qui
ont pu, à leur aise, tout assortir.

Buda-Pesth, continue le maître, a la prétention,
justifiée, d'être une grande cité. Elle a un port animé,
des marchandises, des encombrements, des charretiers ;
elle a même des gardes à cheval, un peu prématurés
peut-être, pour arrêter de temps en temps la circulation, comme au carrefour Montmartre. Ici la sève
déborde. Et Vienne, bien plus grande dame, bien
lingée, parfumée et pommadée, pourrait bien devenir
jalouse de cette belle fille endiablée qui sera bien séduisante dès qu'elle pourra se vêtir plus proprement.
Vienne devrait songer au Danube, s'en parer et s'en
rajeunir ; au Danube, sa rivale doit tout, et ce n'est
qu'un commencement. Le roi de Hongrie doit être
satisfait ; mais l'empereur d'Autriche ferait bien d'écrire
à la famille Haussmann pour savoir quel est l'héritier
du grand remueur de moellons. Ce n'est pas Haussmann
qui aurait laissé le Danube en marge de la capitale de
l'Empire.

Nous sommes rentrés tard au logis. La population,
par cette soirée, non plus tiède, mais chaude déjà, était
sur la terrasse des cafés, et de toutes parts retentis-
saient ces concerts tziganes sans lesquels la ville ne
sait rien faire. Il faut subir le charme de cette musique
ensorcelée, qu'on se couche, qu'on se lève, qu'on
mange, qu'on boive ; elle excite à user trop hâtivement

et comme en sautillant, de la vie, trésor qu'on nous a recommandé de ménager. Usez, n'abusez pas : toute la sagesse est là. Économisez la vie, ne la jetez pas aux quatre vents du ciel. Si vous l'accommodez à la tzigane, comme on avait accommodé hier soir *Carmen* pour l'accompagnement obligé de notre dîner, vous n'arriverez jamais au dernier acte : vous n'aurez que le souffle, dès le premier.

XVII

« GOD SAVE THE QUEEN. »

Encore un plat musical, sauté à la tzigane.

A notre dernier repas, nous avons eu le *God save the queen* avec une reprise dansante qui nous a bien amusés.

Deux files d'Anglaises étaient venues se poser successivement, oiseaux voyageurs, dans la vaste salle à manger de l'hôtel, installée dans une cour recouverte de verres de couleur. Les chaises gémissaient, — non de leur poids, — mais des angles saillants de leurs maigreurs. Sur un mot venu du bureau, l'orchestre suspend une polka qui se trémoussait depuis quelques minutes sur l'estrade, pour attaquer le *God save the queen*. *Aoh! Aoh!* roucoulent nos maigres colombes. Elles se lèvent religieusement, étendent sans doute leurs ailes et planent au-dessus de nous tant que retentit l'hymne national. Ce fut court : on lui avait fait prendre le galop. A la dernière mesure, les ailes se replient, les deux groupes voyageurs se posent de nouveau à terre. Des collets, bien anglais, qui les dissimulaient, sortent alors quelques paires de battoirs solides, qui ébranlent la salle d'applaudissements prolongés. Ah ! que voilà des mains enthousiastes ! Les autres voyageurs se regardaient en souriant, mais rien ne troublait la satisfaction anglaise.

C'est moins à la reine qu'à lui-même que songe l'Anglais quand il se découvre aux sons du *God save the queen*. C'est un acte d'adoration nationale et de morgue personnelle. L'Angleterre doit être, si elle ne l'est pas encore, la reine de la création, et chaque Anglais a droit à l'hommage des autres créatures, égales peut-être chimiquement, mais de qualité inférieure. On dit que l'Anglais a conservé intacte la foi et la charité chrétiennes : que sera-ce si jamais il vient à les perdre ! Entre deux prières, il dépouillerait la France, s'il le pouvait, non plus de quelques provinces, mais de tout ce qu'elle a, terres et gloire. On nous laisserait peut-être le Midi, c'est-à-dire Pau, Cannes et Nice, mais sous l'obligation de les donner à bail à la Grande-Bretagne, suivant le nouveau style de la diplomatie anglaise. Avec d'autres, nous avons la querelle de l'Alsace et de la Lorraine ; avec l'Angleterre, nous nous querellons partout, sur terre et sur mer ; si ce n'est avec elle, car elle est prudente quand il le faut et entend les affaires, c'est avec ceux qu'elle suscite et pousse. Ah ! ces braves gens d'Irlande ! Je les aime bien, parce qu'ils nous aiment, et parce qu'ils chantent haut et clair les mérites de l'absorbante Angleterre, et crient gare et défiance aux Irlandes en préparation. Que Dieu sauve l'Égypte !

XVIII

BELGRADE.

Il est six heures du matin ; je saute du lit, de la couchette plutôt, perdue dans une chambre immense où j'ai admirablement dormi. Je m'attendais à des surprises nocturnes, dont on m'avait fait peur : je puis affirmer que le royaume de Serbie n'a ni puces, ni moustiques, ni les autres parasites pires encore ; j'en fournirai, s'il veut, certificat au roi Milan, qui le fera tirer en autant d'exemplaires qu'il lui plaira.

Ne suis-je pas à la campagne ? Le soleil entre largement dans ma chambre par deux grandes fenêtres ; pas le moindre bruit dans la rue ; dans la cour, un coq chante ; dans le lointain siffle une locomotive qui manœuvre. Mᵉ Marbaux doit reposer encore ; j'écris en attendant son réveil.

Rien de plus triste que les immenses plaines de Hongrie que nous avons traversées hier ; pas de villages, ou à peu près ; du blé, du blé, toujours du blé, à perte de vue, ou des prairies, dans lesquelles paissent en liberté des troupeaux de bœufs ou de chevaux, à plusieurs centaines de têtes. L'homme porte des pantalons très larges qui, même vus de près, peuvent être pris pour des jupes. Il est coiffé d'un chapeau rond. La veste, le chapeau rond et les pantalons-jupes font de ces paysans à la file des bonshommes de l'arche de Noé classique. Les femmes, comme dans tous les pays, couvrent leur tête de fichus de couleur qu'elles avancent en forme d'auvent pour s'abriter le plus possible

du soleil : elles n'en sont pas moins teintées à faire
peur.

Nous arrivons à dix heures du soir dans cette capitale qui a deux rois, trop jeunes tous deux, disent les méchantes langues. Nous y faisons notre entrée, gaiement : tout nous amusait, après les mornes plaines de la Hongrie.

A la visite des bagages, nous nous sommes trouvés du côté des employés, et c'est à nous qu'on s'adressait pour faire visiter les malles. Nous ne répondions pas, et pour cause ; notre silence confirmait les arrivants dans leur erreur : un peu de morgue et le silence dédaigneux des employés sont la règle partout. Il fallait voir comme on ouvrait vite, pour nous montrer le contenu et obtenir notre visa à la craie.

Le commissaire de police, coiffé d'une casquette large comme un gros tamis, nous a rappelés à la réalité. Et nos malles se sont ouvertes, comme celles du commun. Nous avons dû exhiber et remettre nos passeports à la casquette-tamis, qui nous les a rendus peu après avec toutes sortes de bons sourires : nous ne venions renverser personne.

On nous hisse péniblement dans une guimbarde décorée du nom pompeux de « voiture du Grand-Hôtel », et fouette, cocher ! Il n'a fait que cela, le malheureux ! Les deux haridelles se seraient contentées de traîner deux Serbes ; mais comme nous étions des voyageurs de marque, le cocher fouettait à tour de bras. Pensez donc que nous avions chacun deux chapeaux, un chapeau soie sur la tête, et, à la main, un chapeau feutre blanc acheté à Vienne. Nos chapeaux en double intriguaient et excitaient le cocher.

Nous avons navigué, bruyamment, mais péniblement, de la gare à l'hôtel : nous avons eu un affreux roulis ; les vagues formées par les inégalités des pavés secouaient passagers, chapeaux, bagages, piqueur et cocher. Le fouet, qui faisait le vent, soufflait toujours en tempête. Des poteaux, phares douteux, nous montrent la route : ils étendent, au-dessus de nos têtes, des bras porteurs de fioles électriques, brillantes les unes, à demi-éteintes les autres, éteintes la plupart. De loin en loin, il y a même des lampes à arc. Des milliers de grenouilles coassent sur notre passage, à gauche, dans les bas-fonds de la Save, tandis qu'à droite nous longeons des maisons lamentables, borgnes et basses. Nous finissons par un temps de galop, à une montée pavée de blocs plus inégaux que jamais, et nous entrons au Grand-Hôtel, après avoir vu jusqu'à sept ombres errantes.

C'est un ancien couvent, peut-être une ancienne caserne turque qui nous offre l'hospitalité : le nom de Grand-Hôtel est justifié. Nous avons affaire à de braves gens ; nous avons bien dormi et nous sommes dispos et contents, tandis que nous prenons, dans la cour, un café au lait que les discussions politiques de quelques Serbes plongés chacun dans un journal, mais parlant tous à la fois sans cesser de lire, ne parviennent pas à rendre désagréable : nous sommes d'humeur gaie et tout nous convient. Les bagages chargés, on nous propose de nous conduire, eux et nous, jusqu'au haut des fortifications, pour descendre ensuite à la gare. Nous acceptons. Que de souvenirs sanglants nous allons évoquer ! J'ai déjà dans l'oreille le bourdonnement des vers classiques que les luttes des temps héroïques ont inspirés.

Nous reconnaissons notre cocher de la veille ; les

chevaux ne s'y trompent pas non plus. Le cocher, toujours fouettant, nous élève rapidement sur la croupe
qui porte Belgrade, s'allongeant du sud au nord, comme
un lézard au soleil, la tête au-dessus de la Save et du
Danube.

XIX

FORTERESSE DE BELGRADE.

Au bout de la croupe, une dépression forme le cou
auquel est attachée la grosse tête. Dans la dépression,
un jardin public, brûlant, malgré l'heure matinale, sera
bientôt couleur d'amadou ; en juillet, il faut sans doute
y conduire les pompes pour l'éteindre, car il doit flam-
ber. La tête, c'est le château fort de Belgrade, dont la
Save et le Danube forment les fossés. La voiture nous
conduira jusqu'à la plate-forme supérieure, d'où la vue
doit être merveilleuse.

A peine avons-nous franchi la porte de la première
enceinte, au sortir du jardin-amadou, que nous sommes
saisis par les odeurs fades que répandent les vieux corps
de garde ; nous serons poursuivis partout par l'odeur
des agglomérations de troupes dans des bâtiments las
d'être debout. Quelques fleurs, quelques arbres, un
jardinet, égaient la plate-forme qui couronne l'amoncellement des fortifications ; mais ces fleurs, ces arbres
vivent dans les mortiers désagrégés. Là, comme plus
bas, la décomposition, qui est la loi fatale de la vie, a
commencé son œuvre. Les briques se vident au bas des
murs, tandis que sur les crêtes gazonnent les herbes
folles. Leurs racines fouillent et divisent, et apparais-

sent dans l'alvéole vidée des briques. Les murs sont trop épais pour ne pas durer encore : les vieilles choses s'éternisent par une sorte d'habitude de se trouver ensemble et de se supporter. Mais la nature toujours prête les couvre de végétations et de fleurs : le cercueil est dissimulé et paré. En avant du fort, le jardin public d'aujourd'hui a été, pendant des siècles, un champ de carnage, pris et repris par les peuples se disputant les tas de pierres ou de briques qui se dressaient par là : c'est une promenade aujourd'hui, dans le goût de nos grandes villes. Le vieux fort fait dès à présent ses préparatifs; il sera promenade tôt ou tard, et la nature a déjà ses mains pleines de semences.

De ce vieux donjon, la vue embrasse d'immenses étendues, et jamais promenade n'aura dominé de plus beau spectacle.

Au loin, les plaines de la Hongrie; au premier plan de cet infini, une ville de 40,000 âmes, Semlin, qu'une ligne de vapeurs relie à Belgrade. A gauche, la Save, — un autre Danube, — apporte les eaux de la Bosnie. En face, un premier bras du Danube vient frapper perpendiculairement les antiques assises de la citadelle et se double de la Save. Un autre bras du Danube coule à droite, et c'est au-dessous de Belgrade que se fait la jonction. Il semble qu'on ait sous les yeux trois grands fleuves. Une île, souvent couverte, s'étend au pied des remparts, entre les deux bras du Danube, et pousse jusqu'à près de Semlin la pointe qui, comme un coin, pénètre dans le fleuve.

La plate-forme sur laquelle nous courons sans nous lasser, d'un point de vue à l'autre, est, pour l'ensemble, comme une toiture plate; autour de nous, quelques forçats serbes, traînant leurs fers, travaillent, sarclent, grattent et cuisent au soleil. Au-dessous de nous, des compagnies font l'exercice dans les cours; plus bas, des rangées de canons attendent ; plus bas encore, les batteries rasantes des saillants sont armées, prêtes à faire feu.

De l'autre côté des eaux, de lointains soldats s'agitent, la jambe jetée en avant, *more Germanico :* ce sont des Autrichiens. Notre château fort surplombe la terre hongroise; la Serbie n'a pourtant pas la prétention de dominer sa puissante voisine, bien loin de là. Quand la Serbie agite là-haut les bras et les jambes, on prétend que c'est d'en bas qu'on tire les fils.

A la descente, nous suivons la grande rue de Belgrade qui longe la croupe; nous passons au pied du nouveau palais royal, plus modeste que le fantaisiste Milan n'eût permis de l'espérer; puis nous tournons à droite et nous descendons presque à pic à la gare par des rues tracées sur le papier, épouvantables fondrières pour l'instant. N'ayant point été cassés en route, par miracle, nous allons reprendre l'express-Orient. Nous jetons un dernier regard de commisération aux pauvres chevaux et, cruels par dignité, nous donnons au cocher le pourboire qu'il a gagné à tour de bras. Il frappera plus fort que jamais, si nous repassons par ici et que nous nous y arrêtions. Pauvres chevaux! Mais on ne peut éviter sa destinée : que ne sont-ils cochers ! L'homme est le roi de la création, il faut qu'il gouverne : et quel instrument de règne qu'un bon fouet !

XX

SOFIA.

En d'autres mains, quel beau pays serait cette vallée de la Morawa ! L'empreinte turque est visible, et ce n'est pas à coups de révolutions qu'on relève un peuple. La capitale se transforme, mais là seulement nous constatons un effort vers le mieux.

Les clôtures de pieux et d'épines, les maisons basses en terre, le chaume noirci qui les recouvre, l'absence de volets aux fenêtres, la saleté, la promiscuité de l'homme et des animaux, tout indique une civilisation qui épèle, loin de savoir lire, écrire et compter. La Zadrouga n'est pas faite pour hâter le développement économique de ce pays endormi à l'ombre de ses millions de pruniers à l'eau-de-vie perfide. La Zadrouga est une association de personnes unies par les liens de la parenté, et qui vivent ensemble en communauté de biens. Tout travail est amolli et, d'avance, frappé de stérilité, qui n'est pas aiguillonné par la pensée d'un profit séparé, personnel, transmissible.

Les Bulgares, dont le sol est moins fécond, ont distancé les Serbes. Essentiellement prolifique, saine, agreste, laborieuse, cette race bulgare semble réservée à de hautes destinées. Elle y croit, et s'y prépare. Jamais on n'a pu voir plus clairement l'influence, sur un pays, d'une bonne direction gouvernementale. La Serbie, livrée à elle-même, et la nonchalante Turquie, doivent rougir de la propreté, de l'entrain, de l'air coquet de leur jeune voisine, confiante dans l'avenir.

Qui l'eût prévu, quand elle fut arrachée, comme une côte, de l'homme malade, par la rude opération de Berlin ?

A qui les Balkans ? A moi, répondent cinq ou six voix. Et longtemps, sans doute, les Balkans, qui valent bien, n'en déplaise au retraité malgré lui, les os d'un grenadier poméranien, continueront à n'être à personne.

En quittant Nisch, on remonte le cours de la Nichova, dans un long défilé, dont un ingénieur français, entendant parler sa langue, a bien voulu nous faire les honneurs. La voie ferrée court, presque au ras de la rivière, entre deux hautes murailles de calcaire taillées à pic. Il a fallu faire une entaille dans le roc, tout le long du couloir, sur une étendue de plusieurs kilomètres, pour asseoir la voie ferrée. En regardant en haut, on voit une étroite bande de ciel bleu tendue au-dessus de l'abîme, dont elle dessine les contours. Quelques points noirs tachent le bleu : ce sont des aigles, volant autour de leurs retraites inaccessibles. L'œuvre est française ; nous nous séparons avec émotion de l'œuvre et de l'ingénieur.

Nous passons Pirot, où les Serbes apprirent que rien ne sert de courir et qu'il faut partir à point; nous débouchons bientôt dans la plaine triste et nue dans laquelle Sofia est en train de s'élever; plateau très froid en hiver, très chaud en été, pauvre en tout temps. Voici enfin Sofia, qui commence par des huttes, dans des rues tirées au cordeau, et finit par des monuments tout neufs, espacés, avec beaucoup de vides tout autour. C'est un échiquier, sur lequel on est en train de placer les pièces, pions, tours, cavaliers, et fous bien entendu. Le roi et la reine s'appellent prince et princesse : ainsi le veut la règle du jeu, en Bulgarie.

Deux agents diplomatiques, l'un Français, l'autre Anglais, sont attendus par leur consul général, et dès que le train s'arrête, une conversation s'engage à un bout du train en anglais, à l'autre bout en français. De la sacoche diplomatique chacun des deux agents tire une grande enveloppe que le consul général reçoit avec toute la déférence qu'il lui doit. Et le train repart, après avoir laissé en gare les instructions des deux puissances occidentales. Les deux agents diplomatiques continuent avec nous leur route. Ils sont fort bien l'un et l'autre ; l'Anglais a dû souffrir du sans-gêne de deux de ses nationaux qui venaient à table les pieds nus, passés dans des sandales, débraillés et sans cravate au cou. La diplomatie a de meilleures manières ; elle sert dans de bonnes maisons, et si la besogne n'est pas toujours irréprochable, la tenue ne laisse rien à désirer.

Stamboulof n'est plus en place : maître hier, il est bien près d'être accusé aujourd'hui. Que craint donc l'Europe pour qu'il faille des instructions spéciales par envoyés spéciaux ? Le renvoi d'un cocher a-t-il donc une si grande importance ? La mort d'un moine ne fait pas fermer le couvent, dit-on en Espagne.

XXI

DE SOFIA A CONSTANTINOPLE.

Il est tard, quand nous quittons Sofia.

Nous nous réveillons en terre turque : triste impression. Constantinople est précédé, quand on y arrive par la voie ferrée d'Andrinople, de campagnes vides et désolées. La culture pastorale est la ressource des

Turcs qui n'aiment pas le travail. Ils s'immobilisent dans une pose une fois choisie. Nous en voyons un en prière, la tête contre terre, sous l'ardeur du soleil. Le train était loin, quand l'homme n'avait pas encore bougé. A l'une des dernières stations, nous profitons d'un arrêt de quelques minutes et nous pouvons noter quelques particularités frappantes.

Une escouade de soldats était rangée sur le trottoir de la gare : pourquoi? Un monsieur, qui voyage avec nous et qui meurt d'envie de se faufiler entre M⁰ Marbaux et moi, répond : « Ces messieurs ne savent donc pas que nous sommes gardés? Nous avons des gendarmes dans le train. Ceci est un relai de gendarmerie. On a arrêté quelquefois le train, pas très loin d'ici : mais tout danger est passé. J'ai craint tout d'abord que vous ne fussiez de gros banquiers, dont on aurait pu signaler le passage. Mais votre conversation m'a appris que vous étiez moins dangereux et plus intéressants. Me pardonnez-vous d'avoir écouté et d'avoir fait mon profit des propos échangés? »

Le monsieur parlerait encore, si, l'interrompant brusquement, M⁰ Marbaux ne lui avait demandé : « Que fait donc ce grand Turc noir, sous ce soleil brûlant? Il prie? » — Et M⁰ Marbaux désignait un long et maigre personnage, appuyé contre le mur de la gare, qu'il arc-boutait en quelque sorte. Ses pieds étaient éloignés de la base du mur; il formait ainsi, de l'épaule droite à l'extrémité des pieds, un arc de cercle, dans lequel un chapelet à grains rouges montait et descendait comme une noria à godets sans fin. Rien de ce qui se passait autour de l'homme ne paraissait l'intéresser. Indifférent aux préoccupations de ce monde, qui le laissait pelé et galeux, notre Turc entassait-il, en vue de l'autre, des trésors qui lui promettaient les plus délicieuses compensations?

Nullement interloqué, le monsieur répondit :

« Ne croyez pas, messieurs, que le chapelet, que vous verrez fréquemment dans les mains des Turcs à Constantinople, indique toujours qu'ils sont en prière. Celui qui est là, insensible aux ardeurs du soleil et plein de dédain pour tout ce qui s'agite autour de lui, prie peut-être, probablement même. Mais à Constantinople, on porte un chapelet à la main, comme chez vous les dames prennent leur éventail. Vous verrez aussi des hommes faits se promener la main dans la main. Ce sont des usages qui frappent et amusent les étrangers. Le salut turc, qui part des pieds, du cœur et des lèvres, par petites étapes, vous fera sourire aussi : vous vous y ferez. »

Et le monsieur du train, se baissant comme s'il voulait ramasser quelque chose à terre, portait sa main droite à la hauteur du cœur, puis à la bouche et au front : il nous saluait à la turque.

Le faire taire, à partir de ce moment, ne fut plus possible.

Il savait tout, et quelques autres petites choses encore : Personne ne vous soignera comme moi votre entrée à Constantinople, nous dit-il; vous allez en juger. Nous approchons. Bouclez vite vos valises et vos sacs, et suivez-moi au wagon-fumoir, dont les grandes ouvertures permettent de bien voir à gauche et à droite.

Quand il nous a quittés à la gare, il rayonnait. Il était convaincu qu'il nous avait fait partager son enthousiasme pour toutes les belles choses qu'il nous avait présentées. Il s'exprimait d'ailleurs fort bien dans notre langue française à laquelle tant d'étrangers font vainement la cour. Il a tenu à nous mettre lui-même dans la voiture que l'interprète de l'hôtel avait arrêtée pour nous.

Nous avons décidé que c'était un Israélite : il y a beaucoup d'Israélites, paraît-il, à Constantinople. Si le voyage avait duré quelques heures de plus, il nous aurait tutoyés. Les fils d'Israël sont à l'aise partout, tout de suite et pour toujours. On leur appartient, dès qu'on leur a répondu. Je suis bien certain que nous reverrons ce complaisant personnage. Nous nous sommes bien gardés de lui demander qui il était : c'eût été l'autoriser à nous envahir, à fouiller notre passé, notre présent et nos intentions : il aurait ouvert nos malles, obtenu le visa d'entrée et grimpé à côté du cocher : il ne nous aurait quittés qu'après avoir décidé du choix de notre chambre.

XXII

DÉCEPTION.

Nous voilà débarbouillés : vite notons l'impression. Elle est déplorable.

Après les campagnes, sans arbres et presque sans culture, qui la précèdent, Constantinople allait nous charmer, nous enthousiasmer; après une préface aussi sèche et aussi maussade, le livre devait paraître plein d'attraits et nous ménager de séduisantes surprises !

Hélas ! quelle déception !

Tout ce qui avait été annoncé de fâcheux a été exact au rendez-vous : ce qui devait nous ravir et nous transporter, nous l'avons attendu vainement.

Il faut arriver à Constantinople par le bateau, nous avait-on dit : je le crois sans peine, y étant arrivé par la voie ferrée. Il n'est pas possible en effet que le bateau, après avoir échappé aux durs roulis de la mer Noire, ne présente point au voyageur de plus attrayants tableaux que le Stamboul de la porte d'Andrinople.

Après avoir laissé à droite Yedi-Koulé (le château des sept tours) et ce qui reste là de la grande muraille qui, du côté de terre, fermait l'antique Byzance, nous nous engageons dans une sorte de couloir qui longe la muraille maritime, baignée par la mer de Marmara. Vus de la mer, les vieux créneaux, d'un ton doré, peuvent avoir encore une mine fière et se détachent vigoureusement des bâtisses qui, en arrière, s'étagent chargées de couleurs. Mais ces vénérables créneaux, nous les voyons à revers ; les murs, qui les portent comme une couronne, nous étalent leurs plaies béantes, des ulcères, des plaques, des trous. Le temps rongeur n'a pas fait tout le mal : l'homme a fouillé sans pitié cette muraille qui résista à tant d'assauts, et l'a réduite à l'état de carrière, l'éventrant aux endroits affaiblis pour avoir du moellon. Quelques-unes de ces trouées sont fermées par des planches mal jointes et reçoivent la nuit les hôtes déguenillés qui en ont fait leur refuge : c'est leur terrier.

Des maisons en bois, à peinture écaillée, soigneusement garnies des baguettes en treillis qui doivent abriter la pudeur des femmes turques, se pressent plus loin, des deux côtés de la voie ouverte à tous comme une grande route. Ces maisons sont posées de travers, chacune comptant sur l'appui de ses voisines et tenant par miracle. Toutes sont peintes ; mais, sous la couleur qui se relève en petites plaques, se montrent les filets nus du sapin desséché et terreux : c'est vieux, usé, misérable, sous sa prétention à une apparence d'élégance urbaine. Les ruines et la misère font place à pis encore : l'impudique Stamboul étale au grand jour toutes les ignominies d'une vieille, belle jadis peut-être, mais vivant aujourd'hui de toutes les laideurs, les siennes et celles des autres. Les remparts croulants, les maisons fardées et branlantes, les rues nauséabondes et les malpropretés auprès desquelles les hordes de chiens, maîtres de la voirie, font bonne garde en attendant les heures fraîches de la nuit, rien ne manque de ce qui soulève le dégoût. Et j'enrage d'être obligé de concéder à l'officieux introducteur que le train nous avait fourni, qu'il y a cependant dans cet ensemble, aux détails répugnants, une énergie de vie et de couleur qu'on chercherait ailleurs vainement. C'est l'Orient ! Encore un bloc qu'il faut prendre tel quel, et sans tant marchander !

Enfin, voici la gare !

On nous a nommé, au courant de la locomotive, et Sainte-Sophie qui nous paraît enterrée, et la tour de Galata, de l'autre côté de l'eau, et la Corne d'or, et la pointe du Sérail, et Péra, et la côte d'Asie, et les îles des Princes, et la tour de Léandre, émergeant blanche des flots bleus du Bosphore. Nous verrons bien, monsieur, si tout cela rachètera les haillons de la pauvre vieille ! Allons ! en route pour Péra : c'est le quartier européen, et devant l'hôtel qui nous attend, nous retrouverons, au kiosque des Petits-Champs, la *Valkyrie* et la *Damnation de Faust*. Nous verrons bien, monsieur.

Hélas ! il y a encore loin de la gare à l'hôtel, et Stamboul nous montre longtemps encore, le long de ses rues

étroites et mal pavées, ses maisons délabrées coupées
de temps en temps par de merveilleux petits monuments, fontaines de marbre, ou turbés. L'herbe apparaît
par touffes sur les façades des maisons et les disjoint :
de grosses plaques de crépissage se sont détachées çà
et là ; les ruisseaux sont sillonnés par une boue noirâ-
tre ; le sol puant semble arrosé d'ammoniaque ; on croirait marcher dans un quartier lépreux. Le choléra est
en voyage peut-être ; mais nous sommes chez lui, et il
ne tardera pas à rentrer. On sent, le long de ces rues,
où se presse une foule gaie, bourdonnante, qu'on a dû
vacciner *ad hoc* pour résister à ce milieu, cette odeur
de vieilles choses moisies et pourries, qui saisit à la
gorge, quand on pénètre dans les constructions fati-
guées d'être, et tristement abandonnées à elles-mêmes.
Les échantillons de la race qui vit là sont superbes :
mais quel milieu ! quelle infection ! que l'Europe est
loin ! et combien proche l'Asie !

Oui, décidément, c'est par le bateau qu'il faut arriver ; — et il ne faudrait pas le quitter.

Je serai moins sévère demain peut-être : aurai-je d'ici
là vu mademoiselle de Novichef ?

XXIII

PREMIÈRE SORTIE.

« Entendez-vous ces cris ? »

C'est Mᵉ Marbaux qui m'interpelle de la chambre
voisine.

Si je les entends ? Voilà plus d'une heure qu'ils m'ont
réveillé. Dès le lever du soleil, circulent dans les rues

des hommes pliant sous un faix énorme et criant à tue-
tête : on dirait qu'ils sont sur le point d'être empalés.
Ce sont simplement de pacifiques vendeurs au détail de
fruits, de poissons, de légumes, de lait, de viandes, de
tapis, de tissus. En l'absence de Halles centrales, où
le consommateur trouverait tout sous la maison, il faut
bien qu'on aille au consommateur. Le vieux proverbe
a raison : les Turcs sont encore très forts, n'en déplaise
à l'Europe. Celui-ci, par exemple, plié en deux, porte,
posé sur un coussin formant plate-forme au-dessus de
ses reins solides, un gros fût dont on a enlevé un des
fonds. Ce fût est rempli d'eau de mer ; l'homme se
baisse, et l'on puise dans le fût le poisson qu'on veut
acheter, et qui frétille.

Ne pouvant dormir, M⁰ Marbaux et moi, nous allons
sortir sans guide. Nous allons prendre quelques points
de repère, pour nous tenir lieu des petits cailloux du
petit Poucet, et, comme lui, nous nous recommanderons
au bon Dieu. Nous savons simplement que la colline
sur laquelle est bâti Péra est baignée d'un côté par le
Bosphore, de l'autre par la Corne d'or. Allons au hasard,
à pied : nous avons bien devant l'hôtel une station de
voitures, et les chevaux paraissent excellents ; une
ligne de tramways passe devant la porte ; on nous offre
enfin de jolis chevaux arabes, proprement harnachés ;
le jeune gars qui suivra le cheval, qu'il trotte ou qu'il
galope, nous sourit bien gentiment, mais nous ne nous
laissons tenter ni par le fiacre classique, ni par le
tramway, ni par le cheval arabe, qui était, paraît-il,
exclusivement employé, il n'y a pas longtemps encore,
pour courir la ville et les environs. Nous voulons errer
à l'aventure, et c'est vers la Corne d'or que le hasard
conduit nos premiers pas.

A mesure que nous descendons des hauteurs de Péra, le flot humain grossit ; la partie basse de Galata, en avant du pont jeté sur la Corne d'or, nous rappelle ces longues théories de fourmis à tête rouge qui vont, viennent, se heurtent, échangent, semble-t-il, le mot d'ordre, retournent sur leurs pas ou poursuivent fiévreusement leur route. Mais si les fourmis sont silencieuses, quel vacarme sort de cette foule que les fez innombrables couronnent de vermillon ! Je ne sais ce qui dénonce notre nationalité, mais nous sommes vite entourés d'offres faites en assez bon français, et ce sont naturellement les vendeurs de journaux qui insistent le plus. On nous fait remarquer que la moitié du journal est en français, l'autre en anglais.

Un marchand de pieds d'agneau, cuits et réunis par une vilaine petite ficelle, fait sonner sa marchandise ; le bruit sec se mêle à celui des changeurs qui ont pour boutique une sorte de niche pratiquée dans les murs des maisons et qui font crépiter les pièces de monnaie sur la vitre qui forme la toiture de leur étalage tentateur. Dans la foule circulent en criant des marchands de pois chiches, d'amendes vertes, de noisettes, de pistaches ; des sacs gonflés de ces mêmes produits font la haie le long des rues ; des allumettes, des papiers à cigarette sont promenés dans des corbeilles en forme de vans. Les fraises sont offertes dans des pots cylindriques tressés de pousses tendres de châtaignier et fermés par des feuilles de fougère : c'est très coquet. Des escouades de décrotteurs, rangés à la file, devant leurs boîtes ornées de cuivres repoussés et luisant au soleil, frappent, de leurs brosses, des coups secs qui appellent l'attention sur leur humble industrie.

Il y a des fragments de trottoirs : ils sont envahis

par tout ce monde de marchands tapageurs, et c'est la
rue qu'il faut prudemment suivre, jusqu'à ce qu'elle se
vide à l'approche du tramway ou du service des eaux,
trop novice pour bien fonctionner ; la douche atteint
les passants qui crient et fuient, et quelquefois aussi le
sol de la rue qui a bien besoin de cette averse ; il ne
faut pas compter sur l'eau du ciel. Constantinople est,
paraît-il, un des points terrestres où il pleut le moins.

Aux abords de la Corne d'or, les voitures de place
ont grand'peine à se frayer un passage dans cette confusion qu'elles augmentent, la foule faisant remous
devant elles comme les eaux d'un fleuve heurtant les
piliers d'un pont. Si l'on tourne le dos à la voiture, l'on
se cogne, quand crie le cocher, contre la tête des chevaux, habitués heureusement à ce tohu-bohu, et bénis-
sant ces arrêts qui leur permettent de reprendre
haleine.

Nous voici enfin devant le pont jeté sur la Corne
d'or.

D'où vient ce nom, sonore et plein de séduisantes
promesses ? On ne le sait plus. Ne cherchez point à le
rattacher à un monument, à une inscription, à un docu-
ment quelconque, à un fait historique. Le Bosphore
qui coule au delà de cette forêt de mâts va heurter la
pointe du Sérail, et, coupé en deux parts inégales,
forme à droite le port de la Corne d'or, tandis qu'il
s'étale à gauche dans les fuyantes échancrures de la
mer de Marmara.

On s'imagine que le pont se détache des quais qui
doivent border le port vers l'Orient et le Bosphore,
comme vers l'Occident et l'arsenal maritime. Pas de
quais ; les Turcs en ont pourtant senti la nécessité, on
est en train d'édifier un premier quai entre le pont et

le Bosphore : œuvre française, que nous saluons avec bonheur. Pas de quais ! est-ce croyable ?

Du sol de la rue, s'élève une rampe douce qui conduit sur le tablier du pont ; la rampe est coupée de quatre grands Turcs noirs sous leurs vêtements éclatants de blancheur : ce sont les préposés aux mains de qui il faut payer l'obole du péage. Encore un pont à péage ! Est-il possible que l'Orient soit retardataire à ce point ! Un pont est une rue, plus nécessaire, plus utilisée que les autres. Pourquoi imposer un payement dont les autres sont exemptées ?

Si vous préférez franchir la Corne d'or en caïque, vous avez de chaque côté, et dans l'ombre du pont, deux flottilles, formant coin, qui vous sollicitent. Les proues pointues, comme autant de museaux de chiens se disputant un os et échangeant des coups de dent, viennent vous heurter jusque dans la rue. Marché fait, vous gagnez le caïque choisi, en passant, dans cet éventail mobile, d'un caïque sur l'autre, tandis que les patrons crient, se disputent, et quelquefois lèvent la rame sur les voisins. Une fois assis, il faut rester immobile ; votre caïque se détache à reculons de ce coin dangereux, et vous voilà glissant sur la Corne d'or, sous l'impulsion des bras athlétiques de l'homme blond assis en face de vous. La corporation des marins qui vivent du caïque se recrute, nous dit-on, parmi les Arnautes, qui sont généralement grands, blonds et taillés en hercule. Leur bateau, bizarrement orné de peintures allégoriques, est fait pour la marche rapide : sa stabilité mérite peu de confiance ; il faut se condamner à l'immobilité. Nous n'avons pas eu, pour nos débuts, le courage de cette coque dansante, qui semble devoir chavirer au moindre mouvement. Imaginez un

de ces cigares qui ont les deux bouts également pointus ; le caïque rappelle une moitié de ces cigares, coupée
dans le sens de la longueur, et vidée de façon à ne conserver que la mince enveloppe du dessous.

Comment, d'ailleurs, négocier le passage ? Nous
sommes trop novices encore.

Aux hommes noirs vêtus de blanc nous offrons, sans
mot dire, une belle pièce en argent, et on nous rend,
sans mot dire, ce que l'on veut. Nous faisons ainsi
connaissance avec la monnaie turque, qui va, dans nos
poches, rejoindre les effigies viennoises, hongroises,
serbes, bulgares, grecques et roumaines, — toute la
lyre des Balkans.

Le pont, vieux et déjeté, est en bois, bardé de
bandes de fer ; il flotte sur d'énormes bouées formant
autant de piles.

Nous nous retournons pour juger le chemin parcouru : nous reconnaissons l'antique tour de Galata qu'on
nous a nommée hier et qu'on voit de partout. Péra est
encore au-dessus, sur la croupe, mais la tour est élevée
sur une éminence et domine tout. La ville des affaires
l'entoure de ses replis tortueux ; c'est par des pentes
très rapides que Galata descend vers le Bosphore et la
Corne d'or ; ses rues étagées s'étendent, à droite et à
gauche de la tour, comme des courbes de nivellement,
plus ou moins rapprochées suivant les mouvements du
sol. Les fenêtres, aux petites vitres, brillent de mille
feux aux rayons du soleil, et les couleurs variées qui
couvrent les maisons superposées et comme avides de
voir et d'être vues, forment un ensemble harmonieux
dont les yeux se détachent à regret.

En face, à l'autre bout du pont, Stamboul : Stamboul, hideux hier soir, éblouissant ce matin sous les

flèches d'or que le dieu de la lumière fait pleuvoir sur ses blancs minarets, ses mosquées, ses massifs de sombre verdure, ses maisons resplendissantes qu'un génie des Mille et une nuits semble avoir touchées de sa baguette magique. M⁰ Marbaux me regarde : « Si nous allions faire nos excuses à Stamboul ? me dit-il en souriant. Nous avons là, à quelques centaines de mètres, sous cette pluie de lumière, une succession merveilleuse de tableaux. Est-ce l'art, est-ce la nature qu'il faut le plus admirer ? »

« Si ces messieurs veulent me le permettre, dit derrière nous une voix obséquieuse, je puis leur nommer tous ces monuments. » Nous nous retournons, surpris. L'homme au fez vermillon continue sans se troubler : « Je suis Grec, et drogman ou guide de profession. Je parle l'anglais ou le français, suivant la coupe des vêtements. J'ai bien vite reconnu votre nationalité ; nous aurons fait connaissance, et quand vous voudrez le dogman du bout du pont, vous n'aurez qu'à venir là, à droite ; vous voyez ces volets verts, avec des géraniums. » — Et, sans plus tarder, il entre en fonction et poursuit : « Cette mosquée, au bout du pont, dans l'ombre de laquelle ma pauvre maison est comme noyée, est la mosquée de la sultane Validé ; elle est massive, grisâtre, gardée par ses quatre minarets blancs contre la foule houleuse qui s'agite sans cesse autour de ses degrés de marbre ; sur la place, débouchent toutes les voies de Stamboul ; vous y êtes passés en voiture, si vous êtes venus par la voie ferrée. Sur notre gauche, voici la pointe du vieux sérail et, au-dessus, Sainte-Irène ; puis la masse imposante, alourdie par ses contreforts, de Sainte-Sophie ; puis, en suivant la crête, la mosquée d'Ahmed ; puis la tour blanche, élancée, fine comme un minaret, du Séraskériat ; puis la mosquée que tout le monde regarde comme le chef-d'œuvre de l'art ottoman, et qui s'appelle la Suleymanié ; puis encore d'autres mosquées, avec leur coulée de petits dômes, autour du dôme central. »

Notre homme avait énuméré, c'est tout ce qu'il pouvait faire : nous étions recueillis devant ce spectacle inondé de lumière.

Nous ne nous souvenions plus du Stamboul parcouru la veille, et nous ne pouvions détacher nos regards de tous ces monuments qui peuplent ses hauteurs justement orgueilleuses ; ils se profilaient sur un ciel d'un bleu magnifique que les minarets innombrables semblent soutenir et étendre comme un dais au-dessus de toutes ces splendeurs. Dans les grands massifs de verdure qui plaquent d'un vert sombre les flancs de la longue colline, les cyprès noirs et pointus percent les feuillages arrondis et lumineux des platanes, des sycomores, des acacias et des figuiers aux larges raquettes. Les terrasses forment des tons variés et semblent distribuées avec un art infini pour marquer les plans successifs et faire valoir les colorations dont resplendit cette sorte d'immense palette. L'œuvre commune de l'homme et du temps nous apparaît dans tout son éclat : elle a atteint, semble-t-il, sa maturité.

Est-il permis, devant cette intensité de vie qui éclate sous nos yeux, de songer au silence qui se fera un jour autour de ces monuments magnifiques, aux ruines que d'autres admirations viendront contempler?

Que de générations ont peiné pour tailler, sur cette longue croupe où Stamboul s'agite, ces profils grandioses que le temps a recouverts d'une patine dorée ! Ce qu'il a édifié, le temps ronge, sape, disjoint déjà ; il prépare la ruine. Détruire, que lui importe? Pour lui, c'est toujours créer. Pour être différent, le spectacle ne sera pas moins digne de frapper l'imagination des hommes. La majesté du présent ne périra point et passera aux ruines qui rendront témoignage de la puissance et de la beauté disparues.

Au pied de ces hauteurs, si richement parées, pas de quai ; la Corne d'or n'est pas plus pourvue sur cette rive que sur l'autre de l'outillage que le développement des transactions commerciales fait considérer comme un minimum indispensable : le sultan actuel y pense et c'est déjà beaucoup. Le grand pont finit, comme sur l'autre bord, entre deux flottilles bruyantes de caïques qui se disputent les passagers. Nous nous gardons bien de descendre sur cette place encombrée des voitures et des tramways qui desservent Stamboul, et qui est plus bruyante peut-être que celle de l'autre rive : tout vient aboutir, retentir sur ces deux places. Nous payons largement notre cicerone d'occasion, et nous revenons sur nos pas : nos yeux sont charmés ; mais l'ouïe, et le nez surtout, protestent. Revenons au milieu du pont, le Stamboul d'hier était trop près.

Nous tournions le dos tout à l'heure à Galata : voici Galata devant nous, s'étendant le long des eaux profondes et communiquant, à même, sans quai, par des centaines de portes, avec les navires que le monde entier lui envoie. Nous cherchons des yeux le pavillon national : le voici sur un superbe échantillon de notre flotte commerciale ; du fond du cœur, nous envoyons un salut respectueux à ce lambeau d'étoffe, pour lequel je me ferais tuer, s'il le fallait, demain peut-être. Sur l'ordre de qui ? Celui de qui l'ordre partira, quelque indigne qu'il puisse être, sera la Patrie !

N'est-ce pas une musique militaire que nous entendons? N'est-ce pas un air français? — Oui, *En r'venant de la revue*. Derrière nous, un gros homme joufflu et barbu, au grand nez, dit à un voisin de façon à être entendu de nous : « Ces messieurs sont épatés. » Nous nous retournons et saluons en riant.

Le pont, que nous n'avons pas hâte de quitter, est flanqué, à droite et à gauche, de vastes accessoires flottant comme lui, sur lesquels, à l'aide de quelques degrés, on descend pour passer sur les vapeurs qui se détachent, à chaque instant, de ces pontons noirs pour porter des centaines de passagers le long de la Corne d'or, dans le Bosphore, sur la côte d'Asie, aux îles des Princes, sur les bords de la mer de Marmara. Sur ces pontons, alimentés par les diverses brèches du parapet du pont, grouille une population affairée, et sans cesse renouvelée, mangeant, buvant, achetant, vendant, se bousculant pour arriver au bateau qui va partir ou pour gagner le pont.

Celui-ci s'ouvre par le milieu, tous les matins, pour que les grandes mâtures passent de la Corne d'or dans le Bosphore, et réciproquement. Il est fort mal joint, et de longues bandes de fer, sonores comme les plaques tournantes de nos gares, recouvrent les joints trop ouverts. Mais du moins il est large, à faire honte aux rues qui se ramifient à ses deux bouts. Les passants peuvent se garer des voitures, car il a un semblant de trottoirs : ils sont marqués, à la bonne franquette, par des madriers placés dans le sens de la longueur, suivant les inclinaisons du pont qui a des hauts et des bas, et festonnant aussi comme le garde-fou qui a horreur de la ligne droite.

Il n'y a pas seulement sur le pont des fez avec toutes les variétés du vermillon ; il y a aussi des trotte-menu. Les femmes, qu'on voit à visage découvert, sont quelconques : ni belles, ni laides, habillées comme les dames françaises, modes de province. Celles qu'on ne voit pas sont couvertes de la tête au pied d'un vêtement large, serré seulement à la taille, et faisant de leur corps deux paquets disgracieux ; elles rappellent ces gourdes du midi de la France, qui ont la forme d'un huit. Dans le rond d'en haut, il y a la trouée des yeux ; dans celui d'en bas, il y a les petits pieds ; c'est tout ce qu'on peut voir, l'imagination peuple le reste à son gré. On nous a tant dit que les femmes turques sont jolies, que nous regardons avec une insistance peu prudente : nous ne voyons que de fort beaux yeux et des nez ; ici, autant que nous pouvons en juger déjà, tous les yeux sont beaux, ça ne compte pas ; en revanche, tous les nez sont grands, ça compte trop. Mais la bouche, mais le menton, mais l'oreille et le front ? Quoi ! une femme, et pas de sourire !

M· Marbaux n'est pas loin d'être indigné.

Ou le cloître, dit-il, ou la liberté pour la femme de voir et d'être vue. Ces Turcs laissent vaguer leurs femmes et leur imposent la muselière ! Une Française rentrerait enragée ! Et, alors...

Dame ! écoutez, ce serait bien fait.

XXIV

RETOUR A PÉRA.

Retrouverons-nous notre chemin ? Justement, le tramway, qui s'arrête au pont, s'annonce bruyamment : si ce même tramway remonte vers Péra, le problème est résolu.

En pénétrant au milieu de la foule, toujours tassée aux abords du pont, le tramway court sur une pente assez raide. Il est précédé, pour éviter les accidents, par un jeune gars qui crie, joue de la trompette, bouscule les passants, et se démène comme un possédé. Il accompagne ses vociférations de gestes menaçants, les deux bras levés au ciel. Dans sa main droite brille la trompette dont il tirait tout à l'heure des sons terrifiants, et, dans sa main gauche, — un chapelet? Oui, un chapelet à gros grains d'ambre, de simple verroterie peut-être. Nous suivons de l'œil la manœuvre : le tramway arrive sans accident au bout de ses rails, et les deux chevaux de la descente vont passer à la montée en compagnie de deux autres chevaux déjà attelés à la voiture voisine. La trompette prend quelque repos, et c'est le chapelet qui s'agite fiévreusement; il est passé, de la main gauche, au poste d'honneur, la main droite. Rien ne détourne notre homme de l'accomplissement de sa tâche pieuse. Mais le signal du départ est donné, et les quatre chevaux ont reçu le coup de fouet qui met tout en branle. Notre pieux Osmanlis a bondi en avant, les bras en l'air : mais le chapelet est passé à la main gauche, et la trompette étincelle de nouveau dans la main droite. Son souffle puissant va ébranler le quartier. Dès que le tramway aura disparu derrière l'angle de rue où l'homme fait rage, le chapelet recommencera ses prières jusqu'à l'approche du tramway descendant. Je souhaite longue vie et bonne trompette à ce fidèle croyant. Il a sa place toute marquée en avant des tramways qu'on a dû installer au Paradis de Mahomet : tout se transforme, dans le ciel comme sur terre. Des tramways dans les rues de Constantinople ! qui l'eût cru possible il y a quelques années? Vous verrez qu'avant peu le chapelet disparaîtra ; puis disparaîtra la trompette, les gens n'en ayant plus besoin pour s'écarter ; le coureur lui-même, les chevaux, et le tramway disparaîtront devant l'électricité.

A l'occasion du dernier choléra, le Sultan a autorisé l'usage du vin : le Koran a bien d'autres *errata* déjà ; en voici un de plus, et de grande importance. Les pauvres tramways ne tarderont pas à céder la rue qu'ils accaparent : ils auront préparé les esprits à d'autres nouveautés, plus hardies que la réforme de la coiffure qui scandalisa tant de bons serviteurs du Prophète.

Nous demandons à un vendeur de journaux si le tramway, qui va prendre la montée tout à l'heure, passe devant notre hôtel. « Parfaitement », nous répond-il, et il ne nous lâchera que quand il nous aura installés dans le tramway. Il nous fait remarquer qu'un petit compartiment est réservé aux femmes turques, qui peuvent même tirer un rideau et se faire absolument invisibles. Après quoi, il nous tend la main ; nous comprenons bien que ce n'est pas une familiarité mal séante : c'est un *batchich* qu'il attend. Ce mot est le plus fructueux de la langue ; il signifie *pourboire, gratification*. Le drogman du bout du pont a reçu notre premier batchich ; voici une seconde gratification, et nous gratifierons successivement, à tout propos, les Turcs, les Grecs, les Arméniens, les Juifs, les Persans et les Européens et Asiastiques qui forment l'inextricable fouillis ethnographique de Constantinople ; la main s'étend pour recevoir le batchich, dès que vous avez regardé quelqu'un : il n'est pas indispensable que vous lui ayez parlé.

Sur les marches de marbre blanc qui ornent l'entrée de l'hôtel, nous apercevons la figure souriante du docteur Perrin. Comment nous sait-il arrivés ? Il nous montre le *Stamboul*, journal qui porte le nom des voyageurs de tous les hôtels, jour par jour, et le tableau appendu dans le vestibule.

Sur ce grand tableau noir, nous voyons, en effet, nos noms et prénoms moulés en regard des numéros de nos chambres.

Le docteur, toujours souriant, nous montre, sur le même tableau, les noms, prénoms et numéros d'appartement de madame et de mademoiselle de Novichef.

Et, plus souriant encore, il nous montre plus bas le nom d'un inconnu : Alexis Vorozof. Mon œil l'interroge, le docteur met discrètement un doigt sur la bouche.

Nous insistons pour le retenir à déjeuner : il nous promet de venir dîner ; il me dit à l'oreille qu'il aura bien des choses à me communiquer.

Mᵉ Marbaux n'est pas content : pour un rien, il viderait les lieux. Le voisinage des dames de Novichef ne lui dit rien de bon. Je feins la plus complète indifférence ; je l'assure qu'il doit avoir besoin de déjeuner, et, tout doucement, je le conduis à table. Une fois assis, nous déblatérons contre les tramways trop étroits, trop poudreux, trop lents, trop vieux jeu. La table est excellente, et je vois bien que Mᵉ Marbaux, difficile sous ce rapport, ne parlera pas de porter nos pénates ailleurs.

XXV

LE CORTÈGE DE MADEMOISELLE DE NOVICHEF.

Le déjeuner fini, nous passons au petit salon qui est au bout de la grande salle à manger.

On nous porte le café dans une petite bouilloire en cuivre, dont on distribue le brouet noir dans deux tasses un peu plus grandes que le dé à coudre de nos campagnardes. Peu après, ce liquide frangé d'écume et d'un arome exquis, s'est dégagé du mélange de marc et de sucre qui forme, au fond de la tasse, une masse pâteuse. Le café à la turque n'a qu'un tort : on a fini quand on a à peine commencé.

Aussi les Turcs prennent-ils leurs petites tasses de café toute la journée; ils offrent du café, dès qu'on a mis le pied chez eux, avec un verre d'eau excellente, l'eau du nouveau service des Eaux, service français : un peu prodigue, arrosant même les passants; un peu avare, n'arrosant pas les rues infectes qui en ont le plus besoin. On y viendra : le Turc n'est pas pressé; les autres non plus. On nous a déjà avertis qu'on ne travaillait guère ici que quatre jours de la semaine : le vendredi est le dimanche des Turcs; le lendemain, les Juifs fêtent leur sabbat, et le dimanche, c'est le jour du Seigneur pour les Catholiques, les Grecs, les Arméniens. Et, ce jour-là, tout le monde se met en toilette et se repose.

Tandis que nous prenions les quelques gouttes de café qu'on nous avait servies, madame de Novichef et sa fille firent leur entrée dans la grande salle à manger. Deux grands officiers turcs, qui étaient assis près de nous dans le petit salon, se levèrent et allèrent présenter leurs devoirs : ils étaient invités à déjeuner. M[•] Marbaux et moi pouvions-nous faire à ces dames l'impolitesse de nous enfuir ? Il fallut rester, lire les *Débats*, le *Temps* et le *Figaro*, jusqu'aux annonces.

Me Marbaux fut habilement entrepris par la fille, tandis que la mère m'enveloppait de ses bouffées de tabac.

On nous fit faire la connaissance des deux invités :
ils avaient été présentés par le docteur Perrin, leur
ami, et attachés immédiatement par mademoiselle de
Novichef à sa personne : elle ne sortait plus qu'escortée
par eux, en grande tenue. Ils étaient Grecs rayas, et,
comme tels, admis à l'honneur de servir dans les
armées de Sa Majesté. Le Sultan ne veut ni des
Grecs, ni des Israélites, ni des Arméniens, ni des
Catholiques : il ne leur demande même pas de se
libérer du service militaire, moyennant finances : pas
même de *batchich !* On n'est pas plus sultan !

M⁰ Marbaux n'était pas loin de trouver mademoiselle
de Novichef charmante : elle avait su écouter et placer
discrètement le mot qui fait rebondir la conversation.
Décidément, nous ne quitterons pas l'hôtel.

Les deux officiers turcs ont conduit aux Petits-
Champs madame et mademoiselle de Novichef : le
docteur Perrin est allé grossir le cortège. Mademoiselle
de Novichef m'a dit qu'elle ne me priait pas ce soir de
l'accompagner à la promenade, mais qu'il fallait m'ha-
bituer à l'idée d'assiduités auxquelles elle attachait le
plus grand prix. J'aime du monde autour de moi,
a-t-elle ajouté ; vous ne sauriez, quoique vous ayez le
caractère rêveur et romanesque, vous dérober : vous
serez en bonne compagnie. Vous ne connaissez pas
encore tous mes adorateurs, dont il faut absolument
que vous soyez.

M⁰ Marbaux, appelé ici pour une affaire des plus
importantes, se mettra dès demain en rapport avec le
gros entrepreneur qui a besoin de son concours pour la
rédaction définitive d'un traité dont les termes doivent
être examinés et pesés avec soin. Dans les moments
où je ne serai point nécessaire à mon cher maître, je

pourrai grossir le cortège de la tyrannique beauté qui ne cache pas ses exigences ; mais sous les réserves les plus expresses de tous moyens et de toutes exceptions, et notamment du droit de ne plus faire partie du cortège, si cela me plaît.

XXVI

DRAME OU COMÉDIE ?

Serions-nous venus à Constantinople pour assister à un drame de famille ? — Pour le moment, ce n'est qu'une comédie — russe — qui se joue sous nos yeux.

Le docteur Perrin, avant le lever du rideau, nous donne sur les acteurs et la pièce quelques détails qui serviront de prologue.

Madame de Novichef fut une très jolie personne ; elle a beaucoup perdu dans les derniers mois, ayant été atterrée par la mort de son mari. Ce n'est pas qu'elle le regrette, ne l'ayant jamais aimé ; mais elle ne lui pardonne pas d'être mort sans son congé et de s'être vengé, à la sortie de la vie, de toutes les avanies qu'il avait eu à subir. L'empire de madame de Novichef sur son mari était illimité : il ne vivait que pour elle, toujours prêt à satisfaire ses caprices. Pourvu d'une charge à la cour de Russie, il avait dû donner sa démission pour se retirer dans ses terres, aux environs d'Odessa : madame de Novichef l'avait ainsi voulu, pour se rapprocher, disait-elle, de son pays natal ; elle est Grecque, sans autre précision. De sa famille, des lieux qui l'ont vue naître, de son enfance, de sa jeunesse, jamais elle ne dit mot. La vie, pour elle, ne date que de son mariage, auquel elle a bien voulu condescendre, par raison et par calcul plus que par amour ; son mari, follement épris, se serait tué si elle avait ajourné plus longtemps des espérances qu'elle avait su exciter.

Jeune encore, M. de Novichef, que la possession n'avait pu calmer, dut aller faire, sur le conseil de ses médecins, un premier séjour à Nice ; sa femme ne l'y suivit pas, tel avait été l'arrêt de la Faculté. Il revint rétabli.

L'âge avait-il amorti sa passion? Il fut permis de le croire, car il put vivre quelques années auprès de cette femme fatale, dont les traits nous ont tous impressionnés. Elle n'avait pas encore quarante ans, quand un nouvel exode fut imposé à son mari. Celui-ci se sentit bientôt frappé à mort. Il appela auprès de lui à Nice sa femme et sa fille : on fit la sourde oreille. Il menaça de faire payer cher l'ingratitude de celle qu'il avait tirée du néant et qui enseignait à sa fille le mépris des dernières volontés d'un père. Rien n'y fit. Jour par jour, madame de Novichef était tenue au courant des progrès de la maladie ; elle attendait pour partir que son mari fût mûr pour le cercueil. Une dernière dépêche la décida à partir ; il était trop tard. Les premières dépêches, parties des divers points où le vapeur s'arrêtait, parvinrent au mari ; la dernière, annonçant l'heureuse arrivée à Marseille, ne trouva plus qu'un cadavre. Et quand la mère et la fille se présentèrent à Nice, impatientes et avides, un homme était debout près de la bière, plus qu'elles maître du mort et de la fortune. Trop soumis, trop humilié, trop délaissé de son vivant, M. de Novichef était mort en état de révolte et avait infligé à ces deux femmes sans cœur le traitement qu'elles méritaient.

Le tuteur qu'il leur imposait par testament devait avoir la disposition des revenus : sans enlever à la mère la direction de sa fille, le père constituait pour leur juge cet ami dévoué sur qui il savait pouvoir compter. Il avait fixé largement les sommes nécessaires pour leur entretien, mais ces sommes ne pouvaient être augmentées que si le tuteur appréciait que la conduite des deux femmes méritait cette faveur. Et les deux femmes étaient ainsi tenues en échec, non pas dans le présent seulement, mais encore dans l'avenir. Le mariage même de la fille ne devait pas la soustraire à cette surveillance, qui était un outrage : la somme que le père avait jugée nécessaire à l'entretien était simplement doublée par le fait seul du mariage, mais le juge institué retenait le surplus ou l'abandonnait, suivant les mérites qu'il avait seul à apprécier.

Madame de Novichef s'est affaissée sous le coup de cette injure sanglante qui se renouvelle, pour ainsi dire, à chaque jour, à chaque instant de sa vie. Dans ses cheveux, d'un noir de jais que son mari aimait tant à caresser, se sont glissés des fils blancs; elle les arrache, mais la main du mort est prompte à les remplacer.

Si le présent est sombre, que sera l'avenir?

Madame de Novichef ne peut l'envisager qu'avec terreur. Sa fille, qu'elle adore et dont les moindres désirs sont obéis, l'aime, l'aime beaucoup, mais la rudoie souvent. Dans ce cœur de jeune fille, caressante encore, mais déjà sur le penchant d'affections plus vives et plus profondes, la mère sent gronder les orages qui troublèrent sa propre jeunesse. Le mariage pourra couper court aux aventures, mais la mère ne sera-t-elle pas alors une gêne? N'aura-t-elle pas à répondre des sévérités paternelles? N'aura-t-elle pas à se faire tout pardonner, jusqu'à ses faiblesses pour l'enfant qu'elle aura trop aimée, adulée, compromise, perdue peut-être, et jetée dans les bras d'un homme en qui la belle-mère trouvera un implacable ennemi!

Le docteur, après un silence, reprend :

« J'ai cru qu'il était de mon devoir de vous avertir. Appelé à Paris par madame de Novichef et sa fille, je leur ai donné mes soins et les ai accompagnées dans leur voyage de retour; je n'ai qu'à observer la plus grande réserve en ce qui touche nos rapports de médecin à malades. Mais je ne crois pas inutile à leur santé d'écarter tout ce qui peut être un sujet d'excitation ou de trouble. Vous vous portez à merveille, mon cher maître, me dit-il très sérieusement; tenez-vous en garde contre cette belle santé, contre votre jeunesse, l'une et l'autre conseillères souvent des imprudences et des folies. Je vous garderai de mon mieux et, si vous le permettez, je vous crierai casse-cou dès qu'il y aura péril.

« Ces deux grands jeunes gens que vous avez vus, et qui sont bons comme le bon pain, sont déjà pris à la glu; moi-même, j'ai dû me débattre, j'étais presque pris. Mais un autre se débat qui ne réussira point aussi facilement à reconquérir sa liberté; vous ne tarderez pas à le voir dans le cortège de Célimène, toute à tous et à personne. Ce jeune homme a un cœur d'or, et son visage, qui est beau, inspire aux femmes l'amour, aux hommes l'affection. Je crains beaucoup pour sa jeunesse : il sera peut-être broyé; voici l'engrenage dans lequel sa main est déjà prise! »

Mademoiselle de Novichef, précédant sa mère, montait à ce moment même les marches de marbre blanc et pénétrait dans le vestibule. Les officiers turcs quittent les deux dames et viennent nous rejoindre ; elles prennent le grand escalier ; elles sont suivies par un homme jeune et qu'à la régularité de ses traits pleins de charme, je suppose être l'inconnu dont le docteur m'entretenait. Le docteur s'approche et me dit : « C'est lui ! »

Le petit salon nous réunit tous, après le dîner, pour la distribution des capsules à café. Mademoiselle de Novichef est descendue dîner en demi-deuil : déjà ? — Il paraît que le noir ne l'avantageait pas. C'est moi qu'elle entreprend ce soir. M⁰ Marbaux doit se contenter de la mère, qui fait le gros dos auprès de lui et l'écoute, câline et recueillie. Le docteur a un groupe d'auditeurs dans un coin : les deux officiers « bons comme le bon pain » et le beau jeune homme.

Celui-ci fait peine à voir.

Il est tout à la conversation de mademoiselle de Novichef, quoiqu'il soit du cercle du docteur.

Mademoiselle de Novichef, les yeux brillants, veut m'accaparer, ostensiblement. Elle devine que je me préoccupe des sentiments hostiles qui nous entourent.

— Mais laissez donc, me dit-elle, tout ce monde à M⁰ Marbaux et à maman ; qu'ils aillent donc s'instruire là-bas. Je vous ai dit qui je suis : ne me direz-vous pas qui vous êtes ? Vous n'êtes pas choqué de ma liberté d'allures : j'ai été élevée comme cela. Les hommes doivent, il me semble, se féliciter de trouver chez les femmes, leurs adversaires naturels, la franchise et la sincérité qui rendent la lutte loyale, et égales les chances. Quel âge avez-vous ? Vous me l'avez dit, en wagon, mais je l'ai oublié.

— Oh ! j'ai beaucoup de temps devant moi.

— Ce n'est pas répondre.

— Tenez! voici de nouveau mon passeport.

— Camille Duchâtel. Vingt-neuf ans. Déjà! vous paraissez plus jeune. Camille me plaît.

— Mon nom vous plaît moins?

— Mon mari sera obligé d'ajouter son nom au mien : ainsi le veut la constitution de mon majorat. En France, mon nom plairait-il?

— Beaucoup; mais les noms valent surtout par ceux qui les portent.

— Fais-je tort à mon nom?

— Vous voulez des compliments? Je vous croyais indifférente à tout?

— Vous êtes méchant. Mais j'aime tout au contraire! Demandez à maman qui se croit obligée de me crier à tout instant de prendre garde. Si vous saviez combien je prends garde! Comptez ces messieurs; pas M⁰ Marbaux; il en reste quatre. Eh bien! je me garde de tous les quatre.

— L'armée, cela va de soi; mais le docteur?

— Le docteur? Il m'endormirait, si je le laissais faire; mais ses passes restent sans effet : je me secoue.

— Et le quatrième?

— C'est un fou dangereux : je le ménage. Il assure que je l'ai aimé, maman le croit aussi. Cela est bien possible, mais je ne puis rien affirmer. C'est maintenant le candidat de mon tuteur, et alors...

— Il est condamné?

— A mort!

Et voilà mademoiselle de Novichef éclatant de rire, bruyamment. Tout le monde fixe les yeux sur nous. Les conversations s'arrêtent; je suis tout confus. Ce gros rire, mal élevé, a fait tressauter M⁰ Marbaux,

tandis que le regard fin du docteur nous enveloppe ;
son sourire semble se complaire à souligner l'effet
déplorable.

XXVII

ALEXIS VOROZOF.

Je renoue péniblement la conversation.

— En attendant que vous l'exécutiez, ce beau jeune
homme, dites-moi donc qui il est.

— Il meurt d'envie de rompre notre entretien ; le
docteur ne tardera pas à vous le présenter. Tenez,
voyez si je lis clairement dans leur jeu !

Le docteur s'avançait en effet vers nous, il avait
prié « le beau jeune homme » de le suivre, et les présentations se faisaient. Le docteur nous quitta peu
après ; et nous voilà causant de choses indifférentes ?
Ah ! certes non. On sentait que la voix de M. Alexis
Vorozof tremblait. Mais, le sourire aux lèvres, il s'effor-
çait de prendre le ton enjoué que mademoiselle de
Novichef avait voulu conserver à la conversation.

— M. Camille Duchâtel, dit-elle en me désignant, a
appris avec plaisir que vous étiez au nombre de mes
adorateurs, et m'en félicitait.

Je m'excusai rapidement et ne permis pas à mademoiselle de Novichef d'insister. Je me serais bien gardé
de parler indiscrètement d'une personne que je ne connaissais pas.

M. Vorozof, s'adressant à mademoiselle de Novichef,
lui dit :

— M. Duchâtel n'est pas fait encore à votre humeur. Votre cœur est bon ; votre esprit parfois en ferait douter. Ne vous fâchez pas, Laure. Vous savez combien je vous aime ; sous une légèreté apparente, vous cachez de grandes qualités. Et je ne crains rien tant que de voir méconnaître tout ce qu'il y a de bon, d'élevé, de généreux dans votre âme.

— Est-ce que mon petit nom vous plaît ? me dit mademoiselle de Novichef sans prêter la moindre attention à ce que venait de dire M. Vorozof : elle semblait ne l'avoir même pas entendu.

— Laure est un fort joli nom, répondis-je ; il est fait pour être chanté.

— Oh ! pas de sonnets, au moins. Oh ! pas de pétrarchaïsme ! La vie est en prose et, par tempérament, je n'aime pas les saules pleureurs. Ce n'est pas moi qui demanderai qu'on en mette un sur ma tombe. Ah ! je n'ai pas l'âme slave ! Le vague, le flottant, l'indécis, le rien, à d'autres ! Une bonne petite réalité vaut mieux que les plus beaux rêves : comment finissent-ils ? On commence par « demeure chaste et pure ».

— Ne finit-on pas, dis-je, par « anges purs, anges radieux » ?

— Oui, mais que de fausses notes, avant d'y arriver ! Siebel est ridicule.

— Merci, dit M. Vorozof.

— Valentin se mêle de ce qui ne le regarde pas, tout comme le docteur...

— Vous m'appelez ? dit celui-ci, qui a entendu.

— Oh ! non, vous nous dérangeriez. Faust a beau dire, c'est un vieux qui avait promis monts et merveilles, et qui est bien vite essoufflé. Je ne vois guère d'intéressant, — et de vrai, — que le diable.

— Vous devez avoir beaucoup lu ?

— Je ne fais que cela : je prends même quelques notes.

— Vous me les montrerez ?

— Gourmand ! J'écris aussi quelquefois : M. Vorozof en sait quelque chose. Viendrez-vous au théâtre demain soir ?

En attendant ma réponse, elle s'était approchée de la glace et ramenait à leur place quelques petites mèches de cheveux qui étaient mal alignées. M. Vorozof, blême, rejoignit le docteur et les deux officiers. Je m'approchai de mademoiselle de Novichef, et, tout bas :

— J'irai, lui dis-je.

— Cela me fera cinq.

— Amoureux, moi ? Mais je ferai nombre, simplement.

— Vous ! vos yeux me disent assez que vous capitulez. Vous serez cinq, mais vous, vous êtes le seul dangereux.

Elle sortit, sur ces mots, suivie des deux officiers et de M. Vorozof, son compatriote, pour lequel je me sentais une estime profonde, mêlée de pitié ; pourquoi cette pitié ? Il était d'une beauté de formes voisine de la perfection : la façon dont il était traité était d'autant plus étrange, et l'on prenait parti pour lui, non sans éprouver une satisfaction inavouée : l'âme humaine se complaît à ces contradictions. Il était trop beau pour n'être pas jalousé ; trop malheureux pour n'être pas sympathique. On désirait lui témoigner cette affectueuse sympathie ; on refoulait la vilaine jalousie, vivace et persistante malgré l'effort.

La mère alluma une cigarette et rejoignit sa fille, les officiers et M. Vorozof. Le docteur s'approcha de

M⁰ Marbaux, et me laissa quelques instants à mes réflexions.

Je m'interrogeai ; j'étais navré.

Vaguement, j'étais honteux de moi-même, mais surtout je me sentais troublé et près de perdre la direction de ma volonté ; je m'accusais déjà de lâcheté.

La conversation de Laure était plutôt d'une femme, et non pas d'une femme qui recule, se dérobe et fuit quand elle est attaquée. Est-ce pour cela qu'elle plaisait ? Mais non, le charme de la jeune fille eût été autrement puissant ! Une jeune fille qui n'a plus rien à apprendre, ou du moins le laisse entendre, n'est plus la gravure avant la lettre : c'est la gravure banale, tirée à des milliers d'exemplaires.

Comme il est facile de raisonner, et de distinguer, et de juger, quand on est seul ; mais nous étions deux tout à l'heure !

Je me sentais, même physiquement, mal à mon aise. Avais-je donc pris au passage quelques germes morbides, flottants ? Étais-je donc passé près d'une corruption engendrant la corruption à son tour ? Un tel voisinage, je devais le fuir, et j'étais perfidement incité à rester. Je méprisais presque et, presque, j'aimais déjà !

Tout à l'heure, tandis que Laure arrangeait devant la glace les quelques cheveux qui lui donnaient ce prétexte cherché, j'avais vu se dégager du bras levé un contour ferme et plein qui avait obéi à peine au mouvement et qui n'attendait rien du corset. L'étoffe était plus tendue sur un point faisant saillie, mais c'était deviné, à peine vu. Le mouvement du bras avait rejeté en arrière l'étoffe dans le voisinage de la nuque ; j'avais, là aussi, une ligne admirable se perdant en haut dans une forêt de cheveux, en bas dans l'ombre nacrée des épaules entr'ouvertes. Je levai les yeux, trop longtemps attachés aux charmes coquettement offerts : dans la glace, une figure, rosée de plaisir, triomphante, avait suivi et noté mes impressions, et me le disait. Mais, sous mon regard, cette figure changeait ; je n'étais plus seul troublé.

J'avais failli oublier, dans cet envahissement subit d'une double ivresse, que rien, dans ce salon, n'était changé que nous. « J'irai », avais-je répondu tout bas, faisant de ma voix, de mon souffle, une caresse contre laquelle je vis Laure faire effort et se raidir, pâle, à demi subjuguée ; puis, bientôt, se reprenant, elle redevenait maîtresse d'elle-même, ses joues se coloraient de nouveau et le sourire reparaissait : elle triomphait d'elle et de moi.

Et cette femme, novice encore, n'a eu que les enseignements de ses lectures et les avertissements de ses sens ?

Oui, et c'est par là surtout qu'elle s'impose à nos folles convoitises ! à nous tous ! Corrompue, elle l'est ; nous la voulons savante par nos seules leçons.

S'il était possible d'apercevoir et de détailler la laideur morale, comme la laideur physique, nous serions peut-être effrayés en lisant couramment dans les replis de ce cerveau de jeune fille ce qu'elle pense, ce qu'elle sent, ce qu'elle souhaite et espère : effrayés, soit, mais nous rejetterions-nous en arrière, d'horreur et de dégoût ? La laideur morale, embusquée derrière un masque fait d'attraits et de grâces, fascine : tant de dépravations, tant de beautés, que de voluptés promises !

L'humanité est de la boue vivante.

XXVIII

POSTES ET VOIRIE.

Tandis que M⁰ Marbaux donne audience, je vais aux informations. Nous devons une visite à notre ambassadeur et à notre consul général ; de l'un et de l'autre, on nous dit le plus grand bien. Nous aurons, de l'un ou de l'autre, le moyen d'assister à la sortie du Sultan qui, tous les vendredis, quitte en grande pompe son palais et va faire ses prières à la mosquée voisine.

Si je pouvais lui parler, je lui adresserais, au nom des étrangers qui visitent sa capitale, quelques humbles requêtes.

Les rues sont généralement anonymes et sans numéros d'ordre ; la grande rue de Péra forme heureusement exception. Je suis bien certain que, pour la perception des impôts, on a pris soin de dresser l'état civil de chaque rue, afin de ne laisser échapper aucun de ses habitants : le travail est fait sur le papier, enfoui dans les cartons ; c'est au grand jour qu'il faudrait le produire et songer au public qui joue à colin-maillard, dans les quartiers les plus fréquentés, comme dans la banlieue.

La poste ottomane fonctionne bien, dit-on ; je n'en sais rien, n'ayant eu affaire qu'à la poste française, qui fonctionne mal. Nous avions nos lettres deux ou trois heures après la distribution de la poste anglaise. Il y a dans cette bonne ville de Constantinople autant de postes à services absolument distincts qu'il y a de grandes nationalités. Mais l'insuffisance du nombre des

employés nuit beaucoup à la célérité du service.
L'exemple, d'ailleurs, vient de haut. Seules, les cartes
postales sont admises de Constantinople pour Constantinople. Vous pouvez écrire, par pli fermé, en Australie,
en Chine, aux États-Unis, votre lettre arrivera; n'écrivez pas à une personne qui habite la ville, à quelque
cent mètres peut-être, la lettre n'arrivera pas.

On m'explique, — explication que je ne puis croire
sérieuse, — qu'on veut pouvoir lire les communications
échangées et ne pas faire du service de la poste l'agent
éventuel des conspirateurs ! On conspirerait donc ici !
N'est-ce pas plutôt le Sultan qui conspirerait contre ses
sujets ? Pas de noms au coin des rues, pas de numéros,
pas de service postal pour les lettres de la ville, pas de
téléphone ! Voilà une conspiration bien établie, et dont
les effets se font sentir tous les jours.

La douane est de la conspiration, comme la police.
Un pacha attendait un piano; l'instrument arrive en
douane, le pacha se plaint qu'on ne le livre point. On
ne le livrera jamais : pourquoi ? La caisse qui renfer-
mait le piano avait primitivement servi à l'emballage
d'appareils téléphoniques, et le mot *téléphone* n'avait
point été gratté.

Le fait est là : pas de poste pour la ville, pas de téléphone !

Comment peut-il tolérer un tel état de choses, le souverain éclairé, consciencieux, travailleur qui a recons-
titué l'armée, mis de l'ordre dans les finances, et a
rendu à la Turquie, parmi les puissances, une place
tous les jours plus grande et plus respectée? On ne
parle plus de sa succession : « l'homme malade » sera
bientôt consulté sur celle des autres. Et il aurait peur
de conversations par téléphone !

On me dit que le Sultan, — qui aurait quatre cents belles raisons pour s'occuper d'autre chose, — mande souvent la nuit les plus hauts dignitaires, et travaille, soucieux de tout voir par lui-même. Si le Prophète a donné à son premier serviteur, si désireux de bien faire, le sens commun, chose la moins commune au dire de Pascal, la Turquie, qui se relève et qui le fait déjà sentir, sera *quelqu'un* de nouveau avant peu. Tout dépend du bon sens, du jugement d'Abdul-Hamid. Ne pas prendre leçons de Don Quichotte, et préférer les avis du grand-vizir de l'île de Barataria, tout est là !

Le Sultan, paraît-il, ne sort jamais de son palais : il a tort. Le meilleur des rapports de police serait celui qu'il pourrait se faire lui-même ; son incognito, sa personne seraient facilement gardés, puisqu'il est bien établi qu'il ne sort jamais. Il irait à pied par les rues de la ville ; je suis sûr qu'il déciderait de les paver. Elles sont actuellement couvertes d'un revêtement fait de gros moellons inégaux, usés à la longue par la circulation, mais présentant toujours quelques aspérités irréconciliables, et reliés par un mastic fait de poussière et de liquide nauséabond. Ce pavage, redressé verticalement, ferait l'effet d'un vieux mur décharné ; il a peut-être constitué à son heure un grand progrès. Mais les temps sont changés et les pavés doivent l'être.

S'il sortait la nuit, le Sultan ne saurait tolérer davantage ces hordes de chiens qui font peut-être, aux heures matinales, la propreté des rues déshonorées par toutes sortes de dépôts, mais qui en sont la malpropreté permanente, étalant ses infirmes aux pattes cassées, ses lépreux, ses mêlées sanglantes et, pis encore, ses sansgêne d'une autre sorte au grand soleil. J'avais cru, quand on m'avait parlé de ces préposés à la voirie, qu'on exagérait : la réalité dépasse encore ce qu'on peut imaginer. Dans la rue, comme sur le trottoir, il faut, à Péra le long des palais de marbre, comme à Galata devant les magasins et les boutiques, comme à Stamboul devant les échoppes ou au pied des monuments qui couronnent la crête, marcher en festonnant pour ne pas écraser les chiens qui se couchent en travers et qui sont habitués aux égards des passants leurs obligés.

Et je songe mélancoliquement à ces *poubelles* dont on s'est tant moqué !

Les Français voyagent peu, dit-on ; quand on voyage soi-même, on se demande si on doit les en blâmer. Ils ne se trouvent nulle part aussi bien que chez eux, et quand, par hasard, ils font une escapade, ils rentrent chez eux, corrigés pour un temps de la manie de tout critiquer. Ils se souviennent et ils comparent. Mettez, dans un coin de Paris, les plus beaux morceaux de ce pavé de Constantinople, si propice aux entorses, et vous aurez, pour peu de temps il est vrai, mis d'accord le Sénat qui a la parole le dernier pour ne pas s'en servir, la Chambre toujours trop facile aux épanchements de ses bouts d'hommes d'État, et le Conseil municipal qui serait sûr, cette fois, d'être soutenu par les deux préfets. Il n'y aurait qu'une voix pour voter la dépense et faire disparaître la tache.

Et c'est à Paris que sévit l'anarchie ! Mais, à devoir détruire pour faire mieux, il me semble qu'on pourrait songer à essayer d'abord ailleurs.

XXIX

TACTICIENNE.

Mademoiselle de Novichef et sa mère n'ont point paru à déjeuner. L'armée, pas davantage. Mais nous avons eu, au petit salon, près de la petite table revêtue d'incrustations, où sont servies les petites tasses de café turc, la bonne fortune de trouver M. Alexis Vorozof; c'est un charmant causeur. Il sait beaucoup, et n'en fait pas parade ; il est discret, réservé ; il faut en quelque sorte user de violence, tant qu'il n'est point devenu confiant et familier. Mais une fois qu'il s'est ouvert et qu'il a trouvé un accueil sympathique et loyal, il se livre en toute sincérité : il se raconte et se donne tout entier.

M⁰ Marbaux, qui l'avait mis en train, a dû, à regret, nous quitter pour aller reprendre son dossier; il m'a prié de ne pas m'éloigner, afin d'être à sa disposition, s'il a besoin de moi. M. Vorozof témoigne la crainte de me gêner en restant auprès de moi : je le rassure, et nous sommes bien près d'être une paire d'amis.

Il a trente ans. Orphelin de bonne heure, et disposant d'une belle fortune, il a parcouru l'Europe, prolongeant son séjour dans chaque pays jusqu'à ce qu'il en possédât la langue et pût lire ses grands écrivains. Rentré en Russie, il y a deux ans seulement, il avait appliqué à l'histoire et à la littérature de sa patrie la méthode qui lui avait permis de s'initier sans hâte et sans fatigue aux secrets intellectuels de chacune des autres patries, successivement adoptées pour un temps.

Il était chargé d'un butin précieux, et il se proposait de mettre en ordre les notes recueillies, quand son cœur s'éveilla au contact d'une jeune fille, passionnée comme lui pour l'étude et les lettres. Il allait l'épouser ; mais une autre femme vint accidentellement, et sans qu'elle parût d'abord laisser trace de son passage, traverser sa paisible et studieuse existence.

— C'est de mademoiselle Laure de Novichef que je devrais vous parler. M. Vorozof, après ces mots qu'un silence avait précédés, s'arrêta, fixant sur moi un œil interrogateur.

— Parlez sans crainte, lui dis-je. Mademoiselle Laure de Novichef est belle, et ce n'est pas impunément qu'un homme, à notre âge, se trouve pour la première fois aux prises avec cette dangereuse tactitienne. Je l'ai vue dessiner le mouvement tournant qui devait m'envelopper : j'ai eu le temps de reporter mes lignes en arrière.

— Tactitienne! dit M. Vorozof : vous ne pouviez trouver une expression plus juste! Et il resta quelques instants pensif.

J'en avais dit assez pour lui inspirer confiance, il reprit :

« Madame de Novichef était l'amie d'une de mes proches parentes : je lui fus présenté au retour de mes longs voyages. Sa fille avait fait sensation dans le monde, dès qu'elle y parut; comme tant d'autres, j'eus la curiosité de la voir. Je l'intéressai, paraît-il; elle m'avait paru trop jeune pour que je pusse songer à elle. Elle me témoigna à plusieurs reprises que mon indifférence l'étonnait. Caprice d'enfant, me disais-je. Quand elle sut que j'avais fixé mon choix et que j'allais me marier, ce fut autre chose. Je la vis un jour apparaître chez moi : c'était faire le plus regrettable abus de la liberté que l'on laisse trop souvent en Russie aux jeunes filles, et m'exciter moi-même à m'oublier. Je sus rester respectueux et je ramenai cette jeune fille éplorée à sa mère, qui ne m'en sut aucun gré.

« Un certain bruit se fit autour de cette folle escapade ; madame de Novichef fut la première à en causer. Je me serais bien gardé d'en souffler mot.

« La jeune fille, que je devais épouser, me fit prier de m'abstenir de reparaître chez elle : on lui avait fait part de la visite faite chez moi ; à ce que j'ai su depuis, on n'avait rien atténué ; parlons franc, on avait intentionnellement ajouté à la vérité.

« J'essayai vainement de me disculper : l'attitude prise par madame de Novichef et par sa fille dictait celle de la famille fort honorable dans laquelle j'allais entrer, quand, pour mon malheur, j'avais rencontré dans le monde cette fillette qui, à première vue, avait décidé que mon existence lui appartiendrait.

« Le terrain déblayé, mademoiselle Laure de Novichef entreprit un siège en règle, et sa mère, tandis que le père se mourait à Nice, servait les desseins de sa fille avec une opiniâtreté que je ne m'expliquais point alors. C'est une singulière nature que cette femme, en deuil de ses espérances déçues, plus que de son mari. Celui-ci l'avait tirée du néant ; il l'aimait, jusqu'à être obligé de la fuir pour conserver quelque espoir de vivre. Quand il ne resta plus d'illusions, il voulut avoir la consolation dernière de mourir dans les bras de sa femme, de sa fille. Son appel ne fut pas entendu : on se souciait fort peu de s'attrister d'une agonie qui pouvait être fort longue. Les maladies de poitrine ont de fâcheuses surprises pour qui attend, en parfaite santé, le dénouement final. On se décida à partir, enfin, sur de bons avis venus de Nice : on avait calculé de trop près : le bateau arriva avec quelque retard, le mort n'avait pas attendu.

« Un testament cruel a été le premier châtiment de cette épouse sans cœur.

« Sa fille ne sera-t-elle point plus dure encore pour elle ?

« L'avenir est sombre, — pour cette mère taciturne qui sent bien le poids de ses fautes, et pour moi qui m'interroge vainement et me demande quelles fautes j'ai pu commettre. Nous sommes, elle et moi, comme des jouets fragiles dans la main de cette enfant, si belle, si séduisante.

« Ce qui devait arriver est arrivé, hélas ! Je me suis pris à l'aimer.

« J'ai là, je les porte toujours sur mon cœur, les lettres qu'elle m'a écrites. C'est elle-même qui n'a pas craint d'en parler devant vous. Ces lettres brûlantes passent de la prière, de la supplication, à une telle explosion d'amour, à un tel délire, que mon cœur ne sut point se défendre. La folie vous gagnerait, si vous les lisiez.

« Je vous ai vu, hier, pâle et tremblant : vous vous étiez déjà trop approché de la flamme. Si vous ne vous sentez pas le courage de vous rejeter en arrière, quand la flamme se rapprochera, fuyez : qui aime le péril y périra.

« J'ai aimé le péril ; je suis perdu. »

« — M⁰ Marbaux prie M⁰ Camille Duchatel de monter dans sa chambre, si M⁰ Duchatel est libre. »

Sur ces paroles du domestique, je me levai : j'avais

les larmes aux yeux. Je sentais que ce malheureux jeune homme avait sur les lèvres un secret qui allait lui échapper : je remerciai Dieu d'avoir éloigné, pour toujours peut-être, une confidence lourde à porter.

XXX

RUE ENTRE DEUX.

Nous ne sommes point allés au spectacle hier soir, le temps était trop frais. Le théâtre est, paraît-il, ouvert à tous les vents. Mᵉ Marbaux et madame de Novichef ont opiné pour l'abstention. Nous nous sommes inclinés, nous les jeunes. Nous aurions volontiers affronté les zéphyrs, mais madame de Novichef était nerveuse, et avait annoncé qu'elle se coucherait de bonne heure, qu'on allât au théâtre ou qu'on n'y allât pas. C'est elle qui, en réalité, a tout empêché : il y a, tout l'indique, de grosses difficultés, des scènes pénibles, des larmes peut-être au deuxième étage. M. Alexis Vorozof occupe une chambre qui est séparée par un salon des deux chambres de la mère et de la fille ; ce salon, au dire des domestiques, entend souvent des récriminations et des plaintes. Mais on a soin d'écarter les oreilles indiscrètes par des sorties fréquentes qui montrent qu'on est en éveil.

Après un peu de musique et beaucoup d'ennuis, le tout pris en rond, chacun regagne sa chambre. Il était à peine dix heures, quand j'allais fermer ma fenêtre.

Ce n'est pas une petite affaire.

La partie supérieure du châssis est fixe ; un léger rideau monte et descend en arrière. La partie inférieure

6.

est mobile ; elle n'a pas de rideau ; elle monte et descend en glissant dans une coulisse. Pour ouvrir la fenêtre, il faut que le glissement ait lieu de bas en haut, de façon que la partie mobile repose en double contre la partie supérieure et reste suspendue, soutenue par un petit verrou qu'il faut pousser du doigt. C'est la vieille fenêtre à guillotine : je n'en ai pas vu d'autre forme à Constantinople. Pour fermer la fenêtre, on abaisse la partie inférieure du châssis, puis un store qui est roulé au plafond et qui est peint de façon à donner l'illusion d'une soierie plissée. De volet, de jalousie, de treillis, point : la femme turque n'a pas été prévue à l'hôtel.

Même disposition dans la maison qui est de l'autre côté de la rue. Le store peint n'est pas encore abaissé, la partie inférieure du châssis ne l'est pas davantage. Une jeune fille écrit sur un guéridon posé au milieu de la chambre : elle est en pleine lumière. Mais elle n'est pas mal du tout, me disais-je : et ma fenêtre ne glissait pas. Je fis quelques pas en arrière pour pouvoir tout à mon aise regarder sans être indiscret. J'oubliais que je me mettais ainsi en pleine lumière, moi aussi, grâce aux bougies qui étaient à côté sur la table, et ma voisine ne tarda pas à éprouver les premières distractions et le trouble de rigueur. Elle se rapprocha de sa fenêtre et commença à manœuvrer châssis et store, non sans détailler à la dérobée tous les charmes de l'inconnu qui s'offrait à son examen.

Et, pour ce soir-là, ce fut tout.

Je résume l'impression en deux mots : il est fâcheux qu'il y ait une rue entre deux, suivant la vieille formule des actes notariés. J'en ai connu une autre, fille de tabellion aussi : un hobereau du midi de la France montrait avec orgueil son titre de propriété sur lequel on lisait, pour limite méridionale, la côte d'Afrique « mer entre deux ».

XXXI

LES MOUCHARABIÉS.

J'ai devant moi des notes à mettre au net, et je ne fais rien : je me suis levé de bonne heure pour que M⁰ Marbaux eût sa copie avant le déjeuner. En face aussi, on s'est levé de bonne heure, et nous passons notre temps à regarder, elle chez moi, moi chez elle. Avant midi, nous aurons causé.

Nous sommes si près l'un de l'autre !

Ma chambre, blanchie à la chaux, avec des filets bleus comme encadrements et des arabesques aux angles, déborde sur la rue et se continue par un balcon fermé. Vus de dehors, ces balcons se présentent carrément dans les constructions récentes, mais, dans les vieilles maisons en bois, ils semblent posés de travers, parce qu'on se préoccupait plus qu'aujourd'hui de l'effet à l'intérieur ; on bâtit maintenant de façon à se rapprocher le plus possible de l'angle droit, plus agréable à l'œil, sur la façade, comme dans l'appartement. Ces miradors ou moucharabiés ont fait leur apparition à Paris, dans les bâtisses luxueuses des nouveaux quartiers.

Celui de ma chambre est percé, sur le devant, de deux grandes fenêtres à guillotine et de deux petites fenêtres sur les côtés. Il forme, vu de l'intérieur, une sorte d'alcôve, autour de laquelle est disposé un divan, ce qui permet, sans être vu, de regarder à travers les rideaux légers, soit en face, soit en plongeant dans la rue enfilée par les vues latérales. Ce n'est plus la vieille alcôve, prise en somme sur la surface de la pièce et reléguée, sans air et sans lumière, au fond de la chambre : c'est un salon pris sur la rue, au grand air, inondé de lumière, où l'on se tient de préférence pour causer, pour lire, pour fumer, pour prendre le café, pour voir, pour être vu. Si l'on veut tourner le dos à la rue et dépister la surveillance des fenêtres de face, on a les deux fenêtres latérales, plus discrètes, dont on use obliquement, sans se montrer, à l'abri des stores abaissés jusqu'au niveau inférieur des grandes fenêtres du devant.

Tandis que tout dort sur le devant de mon moucharabié, part d'une des fenêtres latérales, je ne sais comment, une petite boule de papier qui va tomber, par une fenêtre ouverte dans la maison en face, sur les genoux d'une jeune fille qui a pris le papier, en a doucement défait les plis un à un et a lu, en rougissant, je ne sais quoi.

La fenêtre s'étant fermée, mais sans fracas, sans indignation, je me suis mis à mon travail : M⁰ Marbaux aura sa copie avant le déjeuner.

Sera-ce la côte d'Afrique, mer entre deux, ou simplement le mur d'en face qu'il faudra atteindre, rue entre deux ? C'est déjà trop que cette rue profonde : les moucharabiés rapprochent les distances, quand on veut causer ; mais causer pourra ne pas suffire.

XXXII

VIEILLES CHANSONS.

Je n'ai pas vu M. Alexis Vorozof depuis notre conversation si heureusement interrompue ; nous avons déjeuné ce matin, M⁰ Marbaux et moi, en ville, chez l'ingénieur, qui a eu besoin des conseils de mon cher maître, et, ce soir, M. Vorozof a dîné chez le docteur Perrin.

Nous sortions de table à neuf heures. Madame de Novichef et sa fille étaient en beauté, et saluaient, d'une toilette constellée de diamants, l'absence de leur compatriote. J'ai eu madame de Novichef dans mon lot, M⁰ Marbaux a eu mademoiselle Laure : je parle des oreilles toutes roses, toutes petites de celle-ci ; les yeux tout noirs, tout grands, étaient ailleurs. J'avais toujours peur que M⁰ Marbaux ne vît le manège et ne m'en sût mauvais gré. Aussi je redoublais d'attention, ponctuant de quelques exclamations discrètement retenues les confidences de la mère, et ne m'exposant que de profil aux regards brûlants qui me visaient.

Voici le discours insinuant de la mère : j'abrège, je supprime les détours, que les femmes aiment tant :

« Quel homme charmant que M⁰ Marbaux ! Quelle simplicité ! C'est le cachet de la véritable supériorité. Ma fille, qui apprécie bien, généralement, vous voit déjà par la pensée occupant au barreau de Paris la grande situation de M⁰ Marbaux. Nous sommes sûres que vous sauriez, comme lui, faire sentir toute votre puissance à la barre ; partout ailleurs, vous la laisseriez deviner.

« Vous avez aussi beaucoup plu à M. Vorozof.

« De son côté, il a dû vous charmer. Il a beaucoup voyagé et tiré grand profit de ses longues courses à travers l'Europe. Nous l'aimons beaucoup, ma fille et moi ; nous passons sur bien des choses, personne n'est parfait en ce monde. Nous espérons qu'il reprendra ses voyages et que l'absence le guérira.

« — Il est donc malade ? ai-je dit.

« — Oui, reprend madame de Novichef : il s'est imaginé qu'en épousant ma fille, il guérirait ; la maladie s'aggraverait, au contraire, nous en sommes convaincues ; elle est de celles qui se communiquent. Elle s'appelle le malheur. M. Vorozof est né malheureux : rien ne peut réussir de ce qu'il entreprend. Il était sur le point de se marier avec une jeune fille qu'on dit charmante, et qui appartient à une famille distinguée : le mariage a été abandonné. Puis M. Vorozof a couru après ma fille ; nous ne pouvions traiter avec dédain sa situation de fortune, ses relations, sa famille. Nous n'avons pas osé décourager brutalement ses espérances ; mais il s'impose, et nous serons obligées d'arriver à des explications et à une rupture.

« Si vous entrez assez avant dans sa confiance pour lui faire entendre raison, vous nous rendrez, mon cher monsieur, un service signalé. Il n'est rien qu'on ne fît, pour vous témoigner la gratitude à laquelle vous auriez droit : il nous serait si doux de vous devoir notre délivrance. »

J'ai répondu à madame de Novichef que M. Alexis Vorozof, malheureux, devait être plus intéressant pour des femmes de cœur. « Vous devez avoir, ai-je dit, quelque motif particulier, tout autre, pour vous éloigner de lui. » J'ai ajouté : « Mais je ne désire pas le connaître. Je ne puis, à aucun prix, m'interposer entre M. Vorozof et vous. »

Les yeux de mademoiselle de Novichef avaient suivi sur les traits de sa mère et sur les miens les diverses phases de l'attaque, évidemment concertée, et de la défense. Dès qu'elle put se dégager, elle quitta M⁰ Marbaux, et, se rapprochant de moi, elle me dit :

— Je crains fort que ma mère n'ait été indiscrète; vous a-t-elle parlé de M. Vorozof?

— Elle m'en a parlé, répondis-je.

— Vous a-t-elle dit que je ne l'aimais plus, si tant est que je l'aie jamais aimé ?

— Madame votre mère est allée plus loin; or, je ne puis accepter des confidences qui me gêneraient, puisque j'entretiens avec M. Vorozof des rapports affectueux. A plus forte raison dois-je éviter tout ce qui pourrait lui porter ombrage. Il ne doit pas mettre en doute ma loyauté.

— C'est bien, monsieur, ce n'est donc pas vous qui me débarrasserez : je saurai bien me dépêtrer toute seule. Mais, après ?

— Que voulez-vous dire ?

— Ah ! vous m'entendez bien.

Et, s'approchant du piano, elle joua les premières mesures du grand air de *Carmen* :

> L'amour est un enfant bohème,
> Qui n'a jamais connu la loi...

— Vous ne continuez pas, mademoiselle ? lui dis-je.

Se remettant au piano, elle m'attira vers elle, et d'une voix perdue dans l'accompagnement, à peine entendue, elle me dit plus qu'elle ne chanta :

> Si tu ne m'aimes pas, je t'aime.

Un silence se fit. M⁰ Marbaux disait à madame de Novichef : « On ne fait plus de pareille musique. J'aime la musique claire, disant bien ce qu'elle veut dire. Je ne vais pas au théâtre pour m'appliquer, déchiffrer et finalement admirer sur la foi des autres. J'y vais pour me délasser, et je n'admire que ce qui me plaît et que je puis comprendre. Je reculerais volontiers jusqu'au roi Henri, par peur des légendes et des brouillards, fils du pôle Nord. »

> Si le roi m'avait donné
> Paris, sa grande ville.

« Mais je vous ai interrompue, mademoiselle, et pour chanter, moi ! Double faute ! vous alliez dire : « Et si tu m'aimes, prends garde à toi ». M⁰ Marbaux fredonnait l'air.

— Non, monsieur, j'avais fini, dit tristement Laure, qui voulait marquer son horreur pour le dernier vers.

— Carmen ose menacer qui peut encore lui échapper ! dis-je à mademoiselle de Novichef quand elle s'approcha de moi.

— Ai-je menacé ? fit-elle.

Je vis ses yeux se mouiller de larmes. Elle était debout devant moi : assis, je sentais sa robe frôler mes genoux, tandis que ses yeux lisaient avidement dans les miens. Il se dégageait de sa personne je ne sais quel charme pénétrant qui m'enveloppait petit à petit ; je voulais m'en défendre, mais je voulais faiblement. Elle paraissait sincèrement désolée d'avoir été mal comprise, et ses traits exprimaient la supplication et l'espérance. Je craignais, en me montrant trop dur, d'ajouter à sa souffrance, et je goûtais avec orgueil l'intime joie d'être aimé par cette femme si belle, si

séduisante. Elle sentit qu'elle me gagnait. On eût pu
suivre le progrès de cet envahissement, dans ses yeux,
comme dans les miens, noyés, à leur tour, de douces
larmes. Elle détacha silencieusement du bouquet de
son corsage un œillet et le plaça dans ma boutonnière.
La tige était trop longue : elle la raccourcit de ses
dents, brillant dans leur écrin rose ; et je vis ses lèvres
presser l'œillet avant de le replacer un peu au-dessus
de mon cœur.

Rien n'avait échappé au maître : il s'assit au piano,
et de sa voix, puissante à la barre, aigrelette quand il
essayait de chanter, il reprit en fredonnant et en s'accompagnant tout doucement, comme s'il se moquait :

> L'amour est enfant de bohème,
> Qui n'a jamais connu de loi ;
> Si tu ne m'aimes pas, je t'aime,
> Et si tu m'aimes, prends garde à toi.

Tandis qu'il chantait, M. Alexis Vorozof entra : son
front s'assombrit. Il vit à ma boutonnière l'œillet, le
bouquet au corsage, la mère se collant à la vitre, ma
mine confuse, la hardiesse et le défi dans les yeux de
celle qu'il aimait. Et se rejetant, dans un effort douloureux, vers l'excellent M⁰ Marbaux qui lui tendait la
main :

— C'est vous, lui dit-il, qui faites Carmen ?

— Je chante à demi-voix, pour ne chanter faux qu'à
demi, répliqua en riant M⁰ Marbaux.

— Vos intonations peuvent être douteuses, mais
votre loyauté ne l'est pas : vous êtes tout rond et solidement bâti, comme une tour. Les Espagnols, qui
grossissent volontiers les objets, comparent souvent
l'homme à une tour. Solide sur ses fondements, iné-

branlable, la tour vaut mieux que l'homme. Quant aux femmes, je vais vous dire ce qu'en fait la chanson espagnole : mon Dieu, pourquoi ne chanterais-je pas, moi aussi? Ce qu'on ne peut pas dire, on le chante; n'est-ce pas la formule, ou à peu près, de Figaro ?

Et d'une voix chaude et vibrante, mais simplement, M. Alexis Vorozof chanta les vers que voici :

> *Primer hizó Dios al hombre.*
> *Y después á la mujer.*
> *Primer se hacen las torres.*
> *Niña de mi corazon,*
> *Primer se hacen las torres,*
> *Y las veletas después,*
> *Y las veletas después.*

— Voudriez-vous avoir la bonté de traduire, dit madame de Novichef : il n'y a que vous, en Russie, pour savoir l'espagnol.

— Voici, dit M. Vorozof. Dieu fit l'homme d'abord, et ensuite la femme. On fait d'abord les tours, enfant de mon cœur, on fait d'abord les tours, et, ensuite, les girouettes. *Y las veletas después, y las veletas después.*

Madame de Novichef enveloppa le pauvre chanteur d'un regard de fauve : je craignais un éclat. Mais Laure, évoluant habilement entre sa mère et Alexis, détacha de son corsage un œillet, et s'approchant du pâle amoureux, en para sa boutonnière : « Tenez, lui dit-elle, vilain jaloux ! » Puis, se tournant avec une grâce féline, elle dit à M⁰ Marbaux : « Vous ne me refuserez pas cet œillet ? »

Nous partions peu après. M⁰ Marbaux, une fois dans nos chambres, me dit : « Cette femme est bien dange-

reuse. Mais elle ménage Alexis Vorozof, qu'elle déteste ;
qu'y a-t-il donc entre eux ? On dit qu'ils sont fiancés ;
à sa place, j'aimerais mieux me jeter dans la Corne
d'or que de consentir à épouser... ces deux femmes ! »

Je faisais, une fois seul, mon examen de conscience ;
j'étais obligé de convenir que je n'avais pas été aussi
solide sur mes fondements, aussi inébranlable que j'aurais dû l'être ; que j'avais été moins tour que girouette ;
que Vorozof avait le droit de me juger sévèrement. A
ce moment, une boule de papier vint me heurter en
pleine poitrine : d'où venait le projectile ? La maison en
face n'avait pas de lumière, mais une fenêtre, encore
ouverte, avait servi, sans doute, d'embrasure. Je défis
patiemment le petit obus : « Je serai au théâtre à la
prochaine représentation de *Faust* » ; pas de signature.
Je fis ce qu'on fait toujours en cas pareil : je portai le
billet doux à mes lèvres et plongeai mes regards dans
l'ombre carrée qui dessinait la fenêtre. J'entendis peu
après le glissement du châssis intérieur ; le rideau des-
cendit, puis le store.

Je décidai immédiatement d'opposer la solidité des
tours et leur inébranlable résistance à toutes les atta-
ques que pourrait tenter mademoiselle de Novichef ;
pour le petit obus, c'était différent ; je ne demandais
qu'à capituler.

Maudit fossé ! Rue entre deux !

Il faudrait m'arranger de façon que la prochaine
représentation de *Faust*, avec l'aide de Méphisto, ne
fût pas inutile.

XXXIII

SAINTE-SOPHIE.

En attendant qu'on réponde à la note rédigée par M⁰ Marbaux, nous sommes tout entiers aux émotions artistiques ; il est huit heures du matin, le temps est magnifique. Le second étage doit dormir encore ; la fenêtre, en face de ma chambre, est encore emmaillotée dans ses rideaux. Partons.

C'est le drogman attaché à l'hôtel qui va nous accompagner ; il connaît toutes les langues qu'il peut avoir à placer, et vit, comme un prêtre de l'autel, des mosquées qu'on a évidemment édifiées pour lui. Tout le monde commence par Sainte-Sophie, nous dit-il. M⁰ Marbaux répond qu'il faut évidemment commencer par Sainte-Sophie, puisque les Anglais, les Allemands, les Français, les Italiens et les Russes se sont mis d'accord sur ce point ; je croyais tout accord entre eux impossible, dès qu'il s'agissait de Constantinople.

Nous descendons rapidement, dans une voiture très propre, conduite par un bon cocher, attelée de deux superbes chevaux, la grand'rue qui, des Petits-Champs, nous conduit à l'entrée du pont. Nous l'avions remontée dans un tramway à caisse jaune sale, dont les fenêtres garnies de petits rondins en fer font penser à nos voitures cellulaires. Au bout du pont, nous retrouvons la mosquée de la sultane Validé : si nous commencions par elle, puisqu'elle est là ? — M⁰ Marbaux ajoute : « Et voilà le cas que nous faisons d'un accord international et de notre décision ; un quart d'heure a suffi pour tout changer. »

Descendus de voiture, nous essayons de gravir les degrés en marbre qui conduisent à la porte d'entrée et au portique, en marbre également, qui la précède. Ces degrés sont couverts, comme la place, de campagnards venus avec les divers échantillons de la race ovine que l'on doit abattre demain. Nous sommes, en effet, à la ville du Baïram, et les sacrifices qui terminent le Rahmadan vont donner à Constantinople trois jours fériés de plus. Le musulman marchande et tâte longuement avant de se décider. Les pauvres bêtes, sous la pression de la main, cherchent à se dérober, et leurs bêlements plaintifs se mêlent aux râlements de celles qui ont déjà été égorgées. Les degrés de la mosquée présentaient un spectacle, moitié marché, moitié abattoir, qui faisait mal au cœur, mais qui était merveilleusement coloré. C'est par milliers, paraît-il, que l'on compte les têtes sacrifiées : je ne sais quelle partie de la victime est brûlée sur place.

Nous nous détournons, sur le conseil du drogman, et nous pénétrons dans le passage à pente douce par lequel le Sultan monte en voiture jusque dans les appartements que s'était réservés la sultane Validé. Tout est décoré de faïences, formant revêtement : les fenêtres sont ornées de vitraux. Le drogman nous assure que, sous la couche de peinture qui s'écaille sous le doigt, les boiseries cachent des sculptures et des dorures remarquables. Nous ne voyons que des faïences bleues et des empâtements de peinture.

La très large plate-forme où nous pénétrons forme, au premier étage, un balcon qui fait à l'intérieur le tour de l'édifice : à nos pieds, sur les nattes qui recouvrent les dalles de marbre, se succèdent les croyants. Ils ôtent leur chaussure et la déposent sur des planchettes qui forment sur les nattes claires de longues raies brunes. Ils s'agenouillent, se relèvent, s'agenouillent de nouveau, baisent la terre, toujours tournés vers la Mecque : ils ouvrent leurs mains dans cette même direction et les élèvent, à la hauteur des oreilles, en forme de pavillons. Nous nous gardons bien de sourire : tout ce qui est sincère commande le respect. Ces mêmes musulmans ne seraient-ils pas tentés de rire de certaines de nos cérémonies ?

Les piliers qui supportent le grand dôme hémisphérique, flanqué de quatre demi-coupoles appuyées sur les bas côtés, sont énormes. La décoration intérieure est uniforme, bleu, blanc et or. Les vitraux et les faïences ont été choisis de façon à répandre sur l'ensemble une teinte bleu pâle qui donne l'impression de la jeunesse et de la fraîcheur : il semble que tout cela soit achevé depuis peu. Or, l'édifice fut terminé en 1665.

Au sud de la mosquée se trouvent de nombreuses dépendances, des écoles, des fontaines pour les ablutions, des hôpitaux, un bazar, et des turbés, sortes de salles d'apparat où le regard des passants pénètre librement par les fenêtres à hauteur d'appui. On trouve ces turbés sur quantité de points à Constantinople, aux abords des mosquées particulièrement. Les cercueils des sultans y sont entourés de ceux des divers membres de leur famille : ils sont tous recouverts d'étoffes précieuses ou de tapis ; un gros cierge est au pied, le turban que portait le sultan est au haut bout. Ce que l'on voit, ce sont simplement des caisses vides ou sarcophages (Sandouka) : les corps sont inhumés audessous et recouverts d'une plaque de marbre blanc.

Le drogman voudrait bien nous entraîner au Séraï, qui occupe la pointe orientale de Stamboul ; mais nous ne nous laissons tenter, ni par le vieux sérail, déserté par les sultans, et qui n'a guère que l'attrait d'un musée de souverains; ni par la Sublime Porte, grand édifice moderne d'assez mauvais goût et qui, grâce à son appellation, fait, dans les livres, et de loin, grande figure. La vue seule du pavé de la cour nous fait frémir. Le drogman, dans l'espoir secret de nous engager à visiter des choses dépourvues à nos yeux d'intérêt, nous avait fait serrer de près les vieilles murailles du sérail, et nous nous trouvons à la fin sur un point culminant d'où nous aurons à gagner Sainte-Sophie, sinon par les toitures, du moins en nous enfonçant, de haut en bas, dans un couloir enfermé dans de hautes murailles et très penté. Nous avons horreur de tout ce qui peut ressembler aux improvisations puisées dans les livres, dans les guides : aussi cette entrée, qui ressemble à un chute, n'est pas pour nous déplaire : elle n'avait qu'un inconvénient. Nous étions en pleine transpiration, et la sensation, dans le couloir, allait presque jusqu'au froid : quand s'écartent les lourdes et raides tentures qui masquent la porte par laquelle nous allons pénétrer dans Sainte-Sophie, nous sentons sur nos visages une bouffée d'air tiède qui nous rassure.

On va nous chercher des babouches au dépôt qui est à la grande entrée, plus usitée, plus solennelle, et nous pénétrons, traînant la babouche, dans le narthex : c'est un péristyle qui a soixante mètres de long sur dix de large. A l'autre bout, s'ouvre la grande porte de bronze, par laquelle nous sortirons.

Du narthex, plusieurs portes donnent accès dans la basilique. On nous conduit à une porte centrale et on écarte brusquement les tentures : l'effet dépasse tout ce qu'on peut attendre.

C'est un éblouissement.

Je fais quelques pas en arrière, dans le narthex, pour me procurer de nouveau la sensation que je viens d'éprouver, et l'analyser à mon aise. M⁰ Marbaux, qui n'est pas moins vivement impressionné, reste long-temps immobile, muet, gravant dans sa pensée, comme en des notes d'audience, les diverses particularités qui le frappent ; puis il se met en marche. Le drogman, qui sait sa basilique sur le bout du doigt, attend avec impatience un mot qui, comme la baguette du miracle, fera jaillir la source de son inépuisable bavardage.

L'iman, qui le connaît à raison de ses fréquentes visites, le félicite d'amener aujourd'hui de véritables connaisseurs. « Les deux dames que vous accompagniez dernièrement, lui dit-il, étaient deux têtes bien vides et bien légères. »

« L'iman veut parler, me dit le drogman à l'oreille, des deux dames russes qui sont à l'hôtel. La mère se plai-gnait de n'avoir pas de siège à la portée de la main, elle est toujours lasse ; et la fille n'avait d'yeux que pour l'iman ; je lui fis observer que celui-ci, très pieux, était scandalisé de leur indifférence en présence d'un monument qui, d'ordinaire, excite l'enthousiasme. Ma-demoiselle de Novichef me répondit : « Dites-lui qu'il « n'est qu'un sot ; la mosquée m'intéresse moins que « lui : il ne le voit donc pas ? » — Je me gardai bien de traduire. »

J'ai alors regardé attentivement l'iman : c'est un superbe gars, à la barbe noire, aux traits fins et distin-gués ; son turban, d'une éclatante blancheur, encadre et fait valoir sa virile beauté.

Les nattes qui couvrent le sol sont relevées pour que nous puissions admirer le dallage de marbre ; **sous** les dalles sont dissimulés les orifices qui plongent dans l'immense citerne qui est au-dessous de nous.

« Quoi! dit M* Marbaux, c'est sur une citerne qu'on a osé édifier! Et l'édifice a déjà duré treize siècles et demi! Je demeure confondu! »

Le drogman intervient, et, après avoir rafraîchi sa mémoire par un coup d'œil jeté à la dérobée sur un petit volume, il dit timidement : « Aussi les voûtes qui supportent les fondements reçurent-elles une chappe de ciment de vingt-cinq pieds d'épaisseur. »

Notre silence méditatif l'enhardit ; il nous débite par petits paquets tout son volume : « Ce n'est pas sous le vocable d'une sainte que fut placée la basilique érigée par Constantin dans la vingtième année de son règne : c'est à la Sagesse divine (ἅγια Σοφία) qu'elle fut consacrée. L'exil de saint Jean Chrysostome fit naître une émeute dans laquelle une partie de l'édifice fut brûlée. Reconstruite par Pulchérie, la basilique fut entièrement consumée dans le grand incendie qui, sous le règne de Justinien, dévora une partie de la ville à la suite de l'émeute connue dans l'histoire sous le nom de Nika. C'est l'édifice relevé par Justinien que nous admirons aujourd'hui.

« Sainte-Sophie est bâtie sur un rectangle d'une longueur de soixante-quinze mètres (sans l'abside) sur soixante-dix de largeur. C'est au centre du rectangle que s'élève la coupole ; elle a la forme d'un arc surbaissé, ayant trente et un mètres de diamètre au niveau du tambour. La hauteur est de soixante-cinq mètres au-dessus du sol. La base est percée de quarante fenêtres cintrées. »

. M* Marbaux remercie poliment le drogman et le prie de laisser maintenant la parole à l'édifice lui-même.

L'iman nous suit ; il fait observer au drogman, qui avait croisé ses mains derrière le dos, que cette posture n'est pas convenable. Nous nous demandions, à ce moment même, comment on laissait aux fidèles la faculté de s'étendre sur les nattes et de dormir, la tête contre un pilier. Il fait frais ; mais est-ce bien le lieu où l'on doit faire sa sieste? C'est une indécence que de croiser les mains derrière le dos ou de garder ses souliers : mais on peut s'étendre, les pieds nus bien entendu, les croiser et dormir.

Les nattes sont posées de travers : elles sont placées dans la direction de la Mecque. L'orientation de l'édifice laisse à désirer, la divine sagesse n'avait pas prévu le successeur qu'on lui a donné, et n'avait pas songé à l'orientation de la Mecque.

Une fois la visite minutieuse terminée, Mᵉ Marbaux s'arrête sur le seuil de la porte qui nous ramène au narthex : il peut alors, sans crainte des observations de l'iman, me livrer ses impressions : je regrette de n'avoir pu les noter sur l'heure ; la chaleur et le coloris du maître auraient pu être, dans une certaine mesure, conservés.

« Cette coupole, dit-il, a été surbaissée, pour qu'elle fût moins lourde : toute surbaissée qu'elle est, elle s'enlève ; plus on la regarde, plus elle se creuse et paraît s'éloigner de nous. Par quel artifice les artistes de génie qui l'ont créée ont-ils donné, à cette énorme calotte de plus de trente mètres d'ouverture, cette légèreté aérienne qui lui imprime une sorte de mouvement ascensionnel? — Ils l'ont simplement éclairée en dessous. Ce n'est pas le haut qu'ils ont troué pour faire tomber la lumière : la lumière monte, jaillissant du pourtour inférieur, et fait monter la coupole avec elle.

Les quarante fenêtres de la base font le miracle.

« Les lanternes, qui sont implantées au sommet de nos dômes, produisent, vues de l'extérieur, un effet gracieux ; les coupoles elles-mêmes, au lieu d'être trapues, sont creusées en plein cintre et posées sur des tambours qui les relèvent encore : c'est de la bâtisse hautement perchée, et la difficulté vaincue n'est pas des moindres. Le spectateur juge du premier coup d'œil l'effort qu'il a fallu, et le cote en hauteur. S'il se place, à l'intérieur de l'édifice, sous le dôme, l'effet est amoindri : pourquoi? Parce que la trouée d'en haut fait un cône de lumière qui se répand dans l'édifice vers le bas, en laissant dans l'ombre la calotte tout autour : celle-ci s'alourdit et paraît descendre ; plus éclairée, elle remonterait.

« Ce n'est pas seulement là-haut que les artistes ont tiré de la distribution de la lumière un parti merveilleux : ils l'ont jetée à profusion, dans l'édifice, par ces fenêtres de droite et de gauche, si nombreuses et pleinement ensoleillées. C'est que loin d'avoir à cacher dans une ombre sépulcrale des murs mornes et dénudés, ils avaient à faire resplendir l'or et le marbre, les pierres précieuses, les colonnes géantes, les revêtements magnifiques, dans les grandes lignes architecturales, savamment brisées ou courbées pour concourir à l'effet grandiose de ce monument unique, paré comme une châsse et grand comme l'idée chrétienne qu'il matérialisait et rendait visible.

« Ce rectangle n'a-t-il que soixante-quinze mètres sur soixante-dix ? D'où vient qu'il paraît bien plus long, bien plus large? C'est encore l'idée créatrice qu'il faut interroger. Placez-vous, par la pensée, au centre d'un rectangle : les quatre angles droits, à la rencontre des

côtés rectilignes, arrêtent la vue, l'emprisonnent en
quelque manière. Si l'on écorne, au contraire le rec
tangle de façon que les côtés paraissent ne pas se
se joindre, l'effet opposé se produit : l'espace s'élargit,
les murs latéraux semblent se reporter en arrière de la
ligne qu'ils occupent en réalité. L'élargissement paraî
tra plus grand encore, si les angles supprimés sont
remplacés par d'immenses niches qui fuient le regard
et dont il faut chercher la courbe, noyée dans l'ombre,
derrière deux grandes colonnes soutenant la demi-
coupole qui, très haut, ferme la niche et la relie aux
lignes d'ensemble.

« Ces murs eux-mêmes qui ferment les côtés du rectangle sont-ils pleins?

« Non, ils sont aussi évidés que le permet la masse
énorme qu'ils doivent supporter. Des colonnes, au delà
desquelles il faut chercher, dans une obscurité rela-
tive, la limite dernière de l'édifice, se superposent au
rez-de-chaussée et au premier étage qui forme le
gynécée d'aujourd'hui. Au bas, énormes, au-dessus
plus dégagées, elles portent allègrement la charge
colossale et, par un effet d'optique bien connu, contri-
buent à faire paraître l'ensemble plus élevé.

« Rome bâtissait solidement, lourdement peut-être.
Ce sont des Grecs qui ont apporté ici les dons précieux
de leur race, la mesure, la grâce, l'harmonie des
ensembles. Sur les muscles noueux des athlètes romains, ils ont jeté la pourpre triomphale. Ils ont fait
plus : aux cultes multiples de la vieille Grèce, pouvaient suffire des temples de dimensions médiocres.
Pour l'idée nouvelle, pour la Sagesse unique et toute-
puissante, il fallait créer des proportions, des formes
jusque-là inconnues. Il fallait à la basilique, placée au

sommet du monde nouveau, l'unité, la grandeur, la beauté, dans la pleine lumière.

« Que de difficultés vaincues! Si les voûtes qui couvrent ces dalles de marbre venaient à disparaître, songez à la hauteur vertigineuse qui se dresserait devant nous. Les artistes grecs qui se sont unis pour concevoir et créer un monument si imposant et si simple que le premier regard l'embrasse tout entier, pour le parer de tant de grâces et lui donner cette force qui semble pouvoir défier les siècles, tout en le laissant vide et sans appui intérieur, méritaient mieux que d'être à peine nommés dans les annales humaines. Il a fallu que je vienne à Constantinople pour apprendre leurs noms!

« C'est le souffle puissant du christianisme qui les a inspirés. On peut dire que c'est son œuvre, et son empreinte est telle qu'il règne encore ici, visiblement. L'Islam a pris la place; il ne sait pas l'occuper, la remplir.

« Voyez ce vide immense.

« Sur cette tribune de gauche, un vieillard immobile apprend à un enfant, qui se balance en chantant sur un ton traînant et nasillard, les versets du Coran. Seule, cette voix grêle trouble le silence. Quelques dormeurs, quelques croyants en prière, trois femmes qui causent à voix basse, et c'est tout. L'Islam a le culte du vide : pas une statue, pas un tableau; la reproduction de la figure humaine est sévèrement interdite. Voyez ce qui reste des anges aux ailes brillantes qui remplissaient les quatre pendentifs de la coupole : leur tête a été remplacée par une étoile, et d'une chose merveilleuse qu'il a détruite l'Islam a fait un non-sens. Sur ces murs immenses, il a suspendu quelques disques verts

qu'il a faits grands pour couvrir le plus de place possible, et il y a tracé des versets du Coran : on dirait
des cerceaux de cirque enluminés. Une courte ban-
nière pend tristement au-dessus du degré où monte
l'iman pour dire la prière : c'est, paraît-il, un tapis sur
lequel Mahomet s'est agenouillé.

« Ce n'est pas pour être traitée de la sorte que fut
édifiée Sainte-Sophie : ce vide est le fruit de la violence, cette psalmodie de l'enfant est une moquerie, le
sommeil et la prière même de ces hommes aux pieds
nus, une profanation. Cette solitude attend l'heure de
la résurrection. Belle et lumineuse, si elle n'est plus
parée, Sainte-Sophie épie le retour du bien-aimé. Le
fait brutal a ses jours comptés; ces marbres semblent
éternels et peuvent attendre. Ma pensée, devançant
les temps, remplit d'une foule recueillie cette enceinte
déserte; j'entends les chants sacrés et l'encens s'élève
vers le Dieu réparateur. Sainte-Sophie, purifiée par un
second baptême, néophyte plusieurs fois séculaire,
chante les louanges de Celui qui a porté au monde la
paix, l'amour, le renoncement et la certitude de l'au
delà.

« Je ne puis m'empêcher de faire un retour sur nous-
mêmes.

« Avons-nous progressé en enfermant l'idée chrétienne dans l'ombre épaissie de nos cathédrales gothi-
ques? en chargeant le vieux sol gallo-romain de ces
lourdes masses qui encombrent nos églises ou qui
pèsent, au dehors, sur leurs flancs prêts à s'ouvrir?
Une large nef, d'où l'on puisse bien voir l'autel où
s'accomplit le mystère sacré, où l'enseignement divin
puisse être facilement entendu; des bas côtés pour la
circulation; du jour partout, puisque les offices doivent

être suivis le livre en main : tel est, semble-t-il, l'ensemble le mieux approprié au culte chrétien; il ne fallait pas chercher des combinaisons meilleures. L'idéal était réalisé et Sainte-Sophie devait servir de type aux innombrables églises que la foi allait édifier. Saint-Marc seul s'en est inspiré. Les mosquées de l'Islam ont su à leur tour tirer d'une imitation qui n'a rien de servile les chefs-d'œuvre de l'art ottoman.

« Nos nefs étroites, démesurément allongées sous la pression latérale des bas côtés encombrés d'autels et de grilles, et surchargés d'ornementations parasites, aboutissent à un chœur fermé où l'éloignement permet à peine de distinguer ce qu'il est essentiel de voir et d'entendre. Les piliers énormes interceptent la vue, brisent la voix du prédicateur, obscurcissent le jour tombant de trop haut, ajoutent au froid et à l'humidité. Dans nos pays aux hivers longs et pluvieux, c'est la lumière qu'il fallait soigneusement capter. Nos églises sont des cryptes. Ce ne sont pourtant pas des morts qui se réunissent pour chanter et prier, ce sont des vivants; laissez-les jouir de la lumière des cieux.

« Je ne sais pas ce que sera Montmartre qui devra se plier aux besoins dévotieux de nos générations et offrir aux trains pieux, comme autant de gares d'arrivée, des autels spéciaux. Mais je me félicite des tendances nouvelles de la grande nef et du chœur : ceux qui souffrent, pensent et prient sont à l'aise sous ces larges voûtes qui les unissent dans un élan commun vers le tout-puissant Consolateur. »

En sortant de Sainte-Sophie, nous passons rapidement devant les *Turbés* qui l'entourent. Des Sélim, des Murad, des Mustapha ont fait élever, au pied de ses contreforts et comme dans son ombre, ces sépultures coquettes que nous regardons à peine : on en trouve de pareilles à chaque pas! Nous examinons au contraire avec le plus vif intérêt la fontaine d'Ahmed, située sur la petite place qui est derrière Sainte-Sophie. C'est certainement un des plus riches échantillons de l'art turc. La fontaine est carrée; elle est en marbre blanc, flanquée aux quatre angles de rotondes formant saillie et percées de larges ouvertures avec grillage en bronze finement ouvragé. Les ouvertures sont séparées par des colonnettes. Le soubassement présente une auge de marbre où tombe l'eau des robinets, quand ils coulent; ils étaient en disponibilité le jour de notre visite. Je passe sur les inscriptions, les ornements plaqués, les dates; je note la toiture, qui fait une saillie très considérable au-dessus de l'édicule dont elle suit les contours pleins de grâce; elle est retroussée comme les couvertures des pagodes chinoises. Elle est couverte en plomb et surmontée de cinq clochetons avec dômes dont les flèches dorées sont terminées par des croissants. L'effet de l'ensemble est ravissant : c'est un modèle à consulter. Ce n'est ni grec, ni romain, ni renaissance, ni décadence, ni empire, ni ce que vous voudrez : c'est du Turc, qu'on ne peut ne pas trouver fin, élégant et distingué.

De l'église au cirque! De Sainte-Sophie à l'Hippodrome. (At Meïdan, place aux chevaux.) Faisons comme ces émeutiers du Bas-Empire qui mettaient le feu à la ville pour un rien, pour une syllabe mal lue ou pour venger l'échec d'une couleur préférée. « *Panem et circenses* », dit M· Marbaux. *Circenses*, c'est bien ici, mais *panem?* Remontons en voiture; nous n'aurions jamais fini nos *circenses* avant l'heure du déjeuner.

Le drogman est déconfit : il n'a jamais eu affaire à des gens qui n'écoutent pas et qu'il faut, au contraire, écouter.

XXXIV

SCUTARI.

A peine avions-nous déjeuné, ce matin, que la figure souriante du docteur Perrin venait nous inviter à passer l'après-midi, sous sa haute protection, à Scutari. M⁰ Marbaux, qui attendait toujours la réponse à la note (il l'a eue en rentrant), accepte avec empressement. Les deux dames de Novichef sont de la partie, M. Vorozof aussi. L'armée n'a pu être prévenue à temps, car les deux gardes du corps seraient déjà là.

Tandis que nous nous empaquetons dans les voitures, je manœuvre de façon à confier les dames au docteur et à M⁰ Marbaux ; je reste seul avec M. Alexis Vorozof.

— Vous ne m'en voulez pas ? lui dis-je.

— S'il y avait entre nous un commencement de haine ou de jalousie, je ne serais pas là. S'il y avait un malentendu, je vous demanderais une explication loyale ; je ne vous demande rien. Je ne vois que trop ce qui s'est passé.

— Croyez bien que je ferai de mon mieux pour éviter...

— Vous n'échapperez point à de nouvelles insistances. J'espère décider ces dames à quitter Constantinople. Je suis fatigué d'un séjour qui ne m'a valu que des ennuis : j'insisterai pour avoir une solution. Je ne comprends pas qu'elle soit retardée par celles-là mêmes qui ont le plus grand intérêt à en finir.

Comme je regardais fixement M. Vorozof, car ce propos ne laissait pas que de me surprendre, il ajouta :

— Je ne me fais aucune illusion sur les défauts que peut avoir mademoiselle de Novichef ; je connais et j'apprécie ses qualités. Je ne vous parle pas de sa beauté : elle tenterait un saint. J'ai fait le bilan, il y a long-temps déjà : il est ce qu'il est. Ma parole a été donnée et acceptée ; revenir en arrière n'est plus possible, ni à elle ni à moi. J'ai un devoir à remplir ; ne serait-ce que par devoir, j'irai jusqu'au bout. Je vous estime heureux, mon cher monsieur, d'être libre, de n'être point enchaîné comme je le suis : enchaîné, oui, je suis enchaîné.

Et, après un moment de silence, M. Vorozof ajouta :

— Si vous le voulez bien, nous changerons de con-versation. Un dernier mot seulement : quoi qu'il ar-rive, souvenez-vous que vous avez été averti par un homme d'honneur qui ne veut pas qu'on puisse vous surprendre et vous tromper.

Le pont retentit sous les pieds des chevaux ; le bois et le fer ajoutent leur sonorité au brouhaha des pas-sants ; nous procédons tant bien que mal au règlement, toujours laborieux faute de tarif, de la course, et nous nous glissons par une des brèches du garde-fou sur un des pontons latéraux. Une fois installés sur le vapeur qui va à Scutari, nous appartenons au docteur qui nous montre au passage tout ce qui peut nous intéresser. « Encore une œuvre française, nous dit-il en nous mon-trant les quais qui émergent à peine. L'entrepreneur général est un des noms connus du percement de l'isthme de Suez : M. Duparchy est, en même temps, un des principaux actionnaires de la Société des quais de Constantinople, de laquelle il tient l'entreprise. La société est représentée ici par un administrateur délégué, M. Granet, un de nos anciens ministres. La société ne reçoit aucune subvention; elle se remboursera en prélevant sur toutes les marchandises qui utiliseront ses quais, et pendant un nombre d'années déterminé, une redevance qui doit l'enrichir, si les prévisions d'une augmentation inévitable dans les transactions se réalisent.

« A cette œuvre magnifique devrait se souder une autre œuvre, l'établissement d'un pont qui remplacerait celui que nous venons de quitter et supprimerait les sales pontons qui l'enserrent. Stamboul et Galata devraient être reliées, par-dessus les mâts des navires, par une voie aérienne rattachée aux flancs de leurs coteaux. Londres vient de donner l'exemple (*Tower-Bridge :* pont de la Tour). »

Notre voyage n'est peut-être pas étranger aux transformations du port; nous nous taisons, M⁰ Marbaux et moi.

Le docteur continue ses présentations : nous voici dans le Bosphore. Tandis que nous filons sur Scutari, là, devant nous, sur la côte d'Asie, le vapeur laisse à droite la tour de Léandre. Sur notre gauche, la côte d'Europe étale, à mesure que nous avançons dans le grand courant que nous envoie la mer Noire, les hauts quartiers de Galata, les jardins, les palais de marbre blanc, les coquettes villas qui, sur une étendue de plusieurs kilomètres, bordent le Bosphore ou s'étagent sur le flanc des coteaux. Le spectacle est merveilleux; nous le retrouverons le jour où nous remonterons le Bosphore jusqu'à la mer Noire. Mais nous ne pouvons nous empêcher de sourire quand le docteur nous rappelle ce qu'a pu écrire l'un de nos grands poètes : « Le

Bosphore, dit-il, c'est une rue d'eau où les vergues s'accrochent, en passant, dans les branches des arbres plantés sur les rives. » Licence poétique s'il en fut ! Dans sa partie la plus étroite, le Bosphore est large de 550 mètres ; ailleurs, il mesure jusqu'à 1,000, 1,200 et 2,000 mètres. Pour s'accrocher aux branches des rives, les vergues devraient montrer beaucoup de parti pris.

Quant à la tour de Léandre, mademoiselle de Novichef témoigna d'une singulière curiosité. « Il était donc bien épris ce pauvre Léandre ? dit-elle. Il se noya à l'aller ou au retour ? Au retour, c'est plus vraisemblable. » — Nous avons quelque peine à garder notre sérieux.

Heureusement l'occasion était trop bonne pour que le docteur la manquât. Il fit diversion et rétablit les faits, suivant son expression favorite. « Le nom de la tour de Léandre, dit-il, a prévalu, mais c'est avec raison que les Turcs persistent à appeler tour de la Fille (*Kis-Koulessi*) la tour blanche bâtie sur ce petit rocher, et surmontée d'un clocheton servant de phare. C'est en traversant l'Hellespont, aujourd'hui les Dardanelles, que se noya le jeune Grec d'Abydos. La légende turque raconte qu'on avait prédit au sultan Méhémed que sa fille mourrait piquée par un serpent. Il fit élever cette tour sur l'îlot qu'aucun reptile ne pouvait atteindre, et y enferma la princesse. Le fils du shah de Perse ayant entendu vanter sa beauté, lui fit parvenir un bouquet de fleurs qui, dans leur langage, devaient traduire ses sentiments. Un aspic s'était glissé parmi les fleurs et piqua la jeune fille, qui allait mourir, quand l'amoureux apparut et, suçant la blessure, sauva la princesse. Le mariage allait de soi ; mais il ne dut pas avoir lieu dans cette tour, qui, comme vous le voyez, ne pouvait guère contenir que le prince, la princesse et l'aspic. »

« Un peu au delà de Scutari, continue le docteur, voyez-vous cet enfoncement dans la terre d'Asie ! On l'appelle Éukus-Liman (Port du Bœuf). Encore une légende ! C'est là que fut enlevée Europe, sœur de Cadmus ; elle fut transportée sur la rive opposée du Bosphore par Jupiter, métamorphosé en taureau ! Enlevée, est-ce bien le mot juste ? Elle a bien dû y mettre du sien pour s'asseoir commodément sur la croupe et prendre le taureau par les cornes. Le père des dieux et des hommes avait choisi un singulier déguisement ! »

Le docteur est content. Nous le sommes aussi, car nous allons enfin mettre le pied sur la terre d'Asie et voir une ville bien musulmane, que la civilisation n'a pas réussi à entamer. Nous débarquons dans une sorte de hangar, ombragé, où l'on prend du café, sur le bord même de la mer qui vient couvrir de son écume le sable fin où nous posons les pieds. A l'ombre d'un vieux bateau tiré à terre, une épave ignoble s'agite, heurtant la poupe et portée par la vague. Personne, parmi les milliers de passagers qui circulent sur l'appontement, ne songera à faire débarrasser la petite plage de cette dangereuse et nauséabonde putréfaction : c'est comme une première page sale. Le livre qui va s'ouvrir devant nous vaudra-t-il mieux ?

Les rues de Scutari sont formées de deux rangées assez espacées, de maisons basses, à rez-de-chaussée uniforme, ouvert dans toute sa hauteur comme dans toute sa largeur ; il montre d'emblée au passant tout ce que vend ou produit le boutiquier assis, les jambes croisées, sur le rebord du plancher faisant saillie à quelques centimètres au-dessus du sol. Il y a quelquefois un petit étage en haut : on y aperçoit de la rue quelques meubles des plus simples ; les murs sont blanchis à la chaux ; c'est le logis de la pauvreté, sinon de la misère. Nous marchons sur d'énormes blocs de pierre qui ont résisté, ou cédé, sous le passage de charrettes à bœufs ; il s'est formé de grands trous, où le pied s'engage, pour en sortir meurtri, disloqué et quelquefois odieusement trempé. Nous retrouvons ici les tableaux qui nous ont frappés sur les marches de la mosquée de la sultane Validé : seulement, ici, les femmes font le choix ; les hommes, immobiles, prennent du café ou du *mastic* en fumant dans les boutiques ou sur le pas des portes.

Les femmes turques, enveloppées dans leur féredjé et blafardes sous leurs voiles, la plupart mal chaussées, vont et viennent, babillent, marchandent, tâtent les bêtes mises en vente. Tant que le soleil n'est pas couché, elles vont seules partout ; personne n'y trouve à redire. Mais dès que le soleil est sous l'horizon, il leur est interdit de se montrer.

Nous voyons beaucoup de soldats, et le type musulman est presque le seul qui se montre dans les rues. Le docteur nous signale au passage quelques rares Juifs, Grecs ou Arméniens ; pas d'Européens. Scutari est la métropole de l'islamisme ; le sol en est considéré comme sacré. C'est dans son cimetière, aux luxueux turbés, que se font inhumer les musulmans de condition élevée. Même à l'état de poussière, ils veulent affirmer hautement leur foi et faire bande à part : acte de dévotion, mais non d'humilité ; que de chrétiens leur ressemblent !

Les musulmans qui nous regardent passer ont l'air pacifique, indifférent surtout : c'est ici pourtant que fut

fondée la dynastie des Ottomans aux sanglantes destinées ; c'est ici que se formèrent les bandes innombrables qui s'abattirent sur l'Europe. On paraît avoir bien
oublié les farouches conquérants qui s'élancèrent de
cette pointe de terre. A-t-on du moins conservé leur
foi ? Je veux le croire. La maladie occidentale, le nihilisme dans les cieux, proche parent du nihilisme sur la
terre, n'a peut-être pas encore énervé ces Orientaux
qui devaient bien se battre pour une idée derrière les
héroïques levées de terre de Plewna. Que Dieu leur
fasse la grâce de croire en lui longtemps encore : le
nom importe peu, et la forme ou le culte ; mais hors de
lui, point de salut. Telle est l'opinion du docteur.

A en juger par le nombre des bêtes à laine qu'on
égorge, la foi n'est pas près de s'éteindre. L'acheteur
enlève sur son dos la pauvre bête vendue, il tient d'une
main une des pattes de devant posée sur son épaule,
et de l'autre main une des pattes de derrière pressée
contre sa ceinture. La tête de la victime, ainsi prome-
née, se balance à droite et à gauche, au-dessus de la
chevelure humaine, qui se mêle à la laine longue et
drue.

— Vous me demandez, reprend le docteur, qui a pu
se reposer tandis que nous nous attendrissons aux
bêlements des brebis emportées, ce qu'il y a à voir à
Scutari ? Voici : on montre un cimetière et l'on va voir
les derviches hurleurs.

— Mais, docteur, fait observer madame de Novichef, vous êtes bien appelé quelquefois en consultation
par ici ?

— Je crois bien, madame.

— Oh ! alors, abstenons-nous d'aller au cimetière :
quelque réclamation, injuste certainement, pourrait

sortir de terre, et cela nous gênerait. Un médecin ne va jamais aux enterrements ni aux cimetières.

— Je vous revaudrai cela, madame, à votre première migraine. Si le cimetière vous fait peur, — pour moi, — n'arrivons pas au sommet de la colline. En nous élevant un peu, nous aurons une vue magnifique.

— Une vue magnifique! Mais, il n'y a que cela à Constantinople. Il est entendu que Scutari est en amphithéâtre et rend de ce côté-ci du Bosphore le service que Galata lui rend sur l'autre bord. Les deux villes sont tour à tour le panorama l'une de l'autre. A quelle heure hurlent les derviches?

— Vous tenez beaucoup à les entendre? dit M⁰ Marbaux; soit, il faut hurler avec les loups.

Et nous voilà marchant, cahin-caha, par les rues au pavé pénétrant, le long des ruisseaux noirâtres, jusqu'au couvent (téké); c'est une maison en bois, à deux étages, de très modeste apparence, sans autre ornement que des versets du Coran sur des écriteaux. La salle des séances est rectangulaire, très simple. Les cris sauvages qui partent de là auraient dû faire fuir madame et mademoiselle de Novichef; ces cris leur plaisent, les attirent. Nous entrons pendant un assez court silence; tandis que nous promenons nos regards sur l'assemblée, un hurlement ébranle la maison. Nous distinguons des têtes et des corps qui s'agitent en cadence, à la façon hideuse de certains disloqués de nos cirques, et à de très courts intervalles sortent des poitrines de ces hommes arrivés à une précision toute tudesque dans leurs délires et leurs convulsions, des vociférations qui n'ont rien d'humain. Nous sortons écœurés et assourdis. Quoi! c'est là l'usage qu'on ose faire de l'intelligence humaine, disciplinée jusqu'à l'absurde et rabaissée à l'imitation des fureurs des bêtes fauves !

Le docteur dit solennellement :

— En Europe, si l'on dressait un enfant ramassé dans la rue, à de pareils exercices pour attirer les badauds à la baraque, on poursuivrait pour mauvais traitements. On ne doit guère connaître les vieux jours dans cette confrérie de fous : le cerveau doit éclater ou les vaisseaux de la poitrine doivent se rompre. Dussent-ils hurler de douleur et de regret, je fermerais le téké des derviches de Scutari et je les enverrais se faire soigner à l'hôpital : doucher et purger, il n'y a que ça.

— Vous êtes orfèvre, monsieur Josse., dit madame de Novichef.

— Il faut plaindre les agités, les faire soigner s'ils y consentent, mais les fuir, conclut sérieusement M. Alexis Vorozof ; cloîtrés, ils ne font de mal qu'à eux-mêmes. Il ne faut pas fermer les tékés ; les tékés ont du bon.

Le docteur, qui était d'un avis contraire quelques instants auparavant, se rangea à l'opinion de M. Vorozof, et donna longuement d'excellentes raisons scientifiques à l'appui. M⁰ Marbaux, quand il parut avoir fini, dit simplement : « *Optime, Thomas.* »

En repassant sur l'appontement du bateau qui nous ramènera à la Corne d'or, nous constatons encore la présence de l'immonde corps en putréfaction que la frange d'écume enlève et ramène dans un perpétuel va-et-vient ; personne, nous exceptés, n'en paraît incommodé et de nombreux consommateurs, à l'ombre d'un large figuier, prennent leur café à quelques pas de là. La nature achèvera à son heure l'œuvre de transformation : l'homme n'aura rien fait pour l'aider et pour se protéger. Scutari est la terre sainte de l'Islam !

8

XXXV

AMOUR OU DEVOIR!

M⁰ Marbaux a reçu la réponse à la note qu'il avait rédigée. Je l'accompagne dans sa chambre ; après le dîner, il me donne quelques instructions pour demain. Quand je redescends au petit salon, madame de Novichef ne tarde pas à avoir la migraine, qu'elle a toujours à sa disposition, et nous laisse seuls, sa fille, M. Alexis Vorozof et moi.

Dès les premiers mots, je comprends qu'il y a dans l'air un orage et que je ferai sagement de me mettre à l'abri, comme la mère ; mais on me retient. J'espère que le docteur va arriver. Oh ! ces médecins, ils ne sont jamais là quand on a besoin d'eux.

— Nous allons vous quitter bientôt, mon cher monsieur Duchâtel, me dit M. Vorozof. Nous sommes appelés à Odessa pour des affaires urgentes. L'une d'elles, la plus urgente peut-être...

— Serait mon mariage, interrompit mademoiselle de Novichef. Mon tuteur me donne des conseils : il entend m'imposer ses préférences. Je veux réfléchir. Ma mère a raison, ce n'est point un mari, c'est un maître qu'on veut me donner.

— Non, un ami, un protecteur. Madame votre mère ne veut pas qu'on vous donne un maître, est-ce afin de conserver tout son empire sur vous ? Dominer est toujours cher aux femmes : pour madame de Novichef, qui n'a pas de situation personnelle, c'est plus qu'une satisfaction d'amour-propre, c'est une nécessité. C'est du moins ainsi que votre tuteur, dont vous connaissez la loyauté, juge une attitude bien surprenante, quand on songe à un passé tout récent, aux conseils, aux encouragements, aux habiles préparations dont le mariage, alors ardemment désiré, était l'objet. La volte-face est complète depuis la mort de votre père : et je suis aujourd'hui honni, après avoir été, je puis le dire, recherché.

— Oh ! recherché !

— Le mot vous déplaît ; je ne parle que de madame Novichef. Je ne suis pas assez sot pour supposer que l'effet de mes mérites a été tel que les rôles aient été renversés. Vous et moi, nous n'avons rien à nous apprendre ; nous savons ce que nous avons été l'un pour l'autre dès les premiers jours et nous n'avons pas à épiloguer sur nos sentiments. Mais madame de Novichef m'a témoigné dès le début la plus vive sympathie ; elle professait ouvertement que j'étais fait pour assurer le bonheur de sa fille ; elle a écarté tous les obstacles ; elle nous a jetés dans les bras l'un de l'autre.

Sur ces mots, je vis se crisper le visage de mademoiselle Laure de Novichef ; je lisais clairement dans les traits de M. Vorozof que l'expression n'avait pas dépassé sa pensée et qu'il en attendait l'effet.

— Décidément, lui dit mademoiselle de Novichef, se contenant avec peine, vous avez aujourd'hui des expressions qui ne sont pas heureuses.

M. Vorozof, d'une voix calme et sur un ton grave, répliqua après un court intervalle :

— Mademoiselle Laure, je suis un galant homme. J'ai mis mon nom et ma fortune à vos pieds. Je ne sais pas ce que c'est que de retirer ma parole : à votre égard surtout, je me tiens pour indissolublement lié. Je ne vous rendrai pas votre liberté, je ne puis pas vous rendre votre liberté. Votre mère vous pousse à la reprendre : prenez garde ! demandez-vous quel usage vous pourriez en faire. Si vous n'avez plus pour moi une affection sur laquelle j'avais le droit de compter, songez au devoir ; votre mère n'est pas là, ce mot la ferait sourire. Que de fois j'ai vu ses lèvres esquisser ces sourires perfides qui ont été trop souvent la condamnation de vos meilleures inspirations ! Ce n'est pas pour moi seul qu'il y a un devoir à remplir ; vous n'êtes pas moins tenue que moi. Votre liberté n'est plus entière, vous n'oseriez point porter ailleurs une affection qui pourrait avoir de redoutables surprises...

« Ces paroles sont d'un ami sincère, je ne veux pas invoquer d'autre titre pour être écouté.

« Je ne veux pas surtout invoquer mon amour ; l'amour est toujours entaché d'égoïsme et, partant, suspect.

« Je veux que vous vous sentiez aimée plus pour votre âme que pour votre beauté ; or votre âme est en péril. Je suis jaloux de votre honneur, de votre dignité de femme. Je veux vous protéger et vous défendre, parce que je le dois ; il m'est douloureux de penser que, faisant mon devoir, j'ai pour adversaires votre mère, hélas ! et peut-être vous-même. J'irai néanmoins jusqu'au bout. »

Et se tournant vers moi, M. Vorozof ajouta :

— Cette explication, qui était nécessaire, devait avoir lieu devant vous. Vous êtes loyal et plein de délicatesse ; j'ai voulu, quoi qu'il puisse arriver, que vous ne puissiez douter de la mienne et vous obliger à rendre de moi ce témoignage, vous, mon cher ami, et vous aussi, ma Laure bien-aimée : « C'était un homme d'honneur. »

« Laure, je désire que nous partions demain ; si votre mère vous décide à rester, je partirai seul. »

Et s'inclinant, M. Vorozof déposa sur la main de sa fiancée un long baiser.

Mademoiselle de Novichef se dressa, pâle, retenant à grand'peine les larmes qui tremblaient sur le bord de ses paupières. Elle nous tendit la main, sans mot dire, et se retira.

— Qu'avez-vous fait de l'œillet ? me dit M. Vorozof dès que nous fûmes seuls.

J'étais fort embarrassé, ne sachant pas ce que signifiait une telle question. J'avais mis dans un petit vase, rempli d'eau, la fleur, qui s'était fanée et qu'on avait enlevée, sans que j'y prisse garde. Je dis simplement la vérité.

M. Vorozof, me prenant les deux mains dans les siennes, me dit :

— Que Dieu soit loué ! Vous n'aimez pas.

Et m'ouvrant un petit portefeuille parfumé, il me montra, parmi nombre de lettres dont l'écriture ressemblait à toutes les écritures de femmes, du moins au premier aspect, un œillet desséché.

— Mais vous avez là une photographie !

— Chut ! Que de choses dans cette petite poche ! La photographie et les lettres ne doivent pas faire bon ménage ; si l'œillet pouvait parler et nous redire leurs querelles !

Puis il ajouta :

— C'est une vieille photographie ! N'allez pas croire à l'infidélité de mon portefeuille : l'œillet suffirait pour ma justification.

XXXVI

IRÈNE.

Remonté dans ma chambre, je songeais soucieux à l'explication pénible qui avait eu lieu devant moi, et aux sous-entendus, aux dessous que je ne pouvais démêler avec certitude. Mademoiselle de Novichef était sortie comme anéantie ; pardonnerait-elle jamais à M. Vorozof de lui avoir parlé, devant moi, un langage si sévère ? Vorozof avait la satisfaction visible d'avoir dit et fait ce qu'il croyait ne pouvoir différer plus long-temps ; et j'étais pour beaucoup moi-même, je ne pouvais en douter, dans cette détermination.

Je me rapproche de ma fenêtre pour respirer la fraîcheur du soir : « Voulez-vous éteindre ? » me dit, du sein de l'obscurité, une voix pleine de douceur. La fenêtre, qui causait ainsi, était toute grande ouverte ; la rue est silencieuse au-dessous de nous, et les rares passants ne se doutaient guère de la petite comédie amoureuse qui allait se jouer dans les frises de ce théâtre improvisé.

Je baissai vite la rampe ; autrement dit, j'éteignis ma bougie et j'attendis.

— Vous devez vous demander si je suis folle, me dit la voix.

Je m'attendais à ce début, j'ai toujours entendu dire que c'est ainsi que l'on commence. Je me garde bien de répondre : ni oui, ni non. J'aime mieux interroger.

— Savez-vous, dis-je, si on donnera *Faust* demain ?

— Je le demanderai à ma tante : la troupe est descendue chez elle.

— Vous allez chez votre tante quelquefois ?

— Souvent.

— Seule ?

— Jamais.

— Le jour ou la nuit ?

— Le jour.

— Qui vous accompagne ?

— Ma mère presque toujours, quelquefois Hélène.

— Votre sœur ?

— Non, la petite qui va et vient dans la maison.

— Celle qui regarde toujours par ici ?

— Oui, elle est d'une curiosité ! Méfiez-vous, dès que vous l'apercevrez.

— Et votre petit nom ?

— Irène. Si vous m'écrivez, n'employez que l'anglais ou l'allemand : chez moi, on parle le turc, le grec et le français ; pour l'italien, nous le comprenons, nous ne le parlons pas. Hélène ne sait ni lire, ni écrire : chiffonnez le papier, pour qu'on voie que c'est une écriture sans importance.

La porte s'ouvre là-bas au fond et me montre le palier éclairé : Hélène est sur le seuil de la chambre, et j'entends la mère gronder au-dessous, dans la cage de l'escalier. La fenêtre ne causera plus : elle se ferme brusquement, sans un mot d'adieu.

Si jamais j'arrive à franchir la rue, quelle sera mon humiliation ! Cette jeune polyglotte, qui ne demande qu'à apprendre, aura six langues, si j'ai bien compté, pour dire son émotion, je ne pourrai soutenir la conversation qu'en français, et tout le monde sait que le français est une langue pauvre.

Nos braves grammairiens la voudraient riche pour les amoureux. C'est par le verbe aimer qu'ils nous initient aux finesses de nos conjugaisons. Aimer est le fond de la langue. Si nous n'en savons généralement qu'une seule, c'est la bonne : qui sait aimer sait tout. Saint Augustin, qui s'y connaissait, a dit : *Ama, et fac quod vis*.

XXXVII

LES RAMYAN.

J'ai travaillé, sans broncher, toute la matinée. Mᵉ Marbaux, tout guilleret, est entré chez moi, aux premiers cris des vendeurs au détail, chargés comme des éléphants. Et je me suis mis à écrire sous sa dictée. Je hasarde, de loin en loin, quelques observations qui sont accueillies avec cette bienveillance qui ne coûte rien aux hommes vraiment supérieurs.

Après avoir bien travaillé, nous nous décidons à aller porter nous-mêmes le mémoire en réponse, pour nous dégourdir les jambes. On nous a retenus à déjeuner. J'ai fait la connaissance d'un jeune homme distingué, qu'on a gardé à déjeuner, comme nous, après avoir fait prévenir chez lui. Ce jeune homme est un Arménien, de mon âge ; son père a, dans la rue Mahmoudié, à Galata, un magasin achalandé. J'apprends, et je ne m'en étonne plus, que le père, M. Ramyan, le fils aîné, ingénieur en chef de l'entreprise, et le fils cadet, qui restera attaché au commerce paternel, savent, outre l'arménien qui est leur langue propre, le turc et le grec, que tout le monde parle à Constantinople, et, de plus, le français et l'anglais. Je demande à l'ingénieur, mon voisin à table, comment il a appris ces deux langues : j'ai appris moi-même les règles dans la grammaire, sans professeur, et j'ai beaucoup causé français avec des Français, anglais avec des Anglais. De plus, j'ai lu et je lis encore tous les journaux de ces deux langues, qui sont imprimés à Constantinople. Rien ne vaut l'usage et le langage courant.

Je ne suis pas fâché de faire connaissance avec des Arméniens : ils passent pour être aussi habiles que les Grecs, et, au besoin, aussi juifs que les Juifs. Nous aurons sans doute d'excellents rapports avec la famille Ramyan, qui veut nous recevoir à sa propriété de Prinkipo (une des îles des Princes). Je noterai avec soin les particularités qui me paraîtront dignes d'intérêt.

Je dois, en attendant, faire mon profit des observations échangées au sujet du français et de l'anglais. Personne à table ne se doutait que j'avais, au lycée, suivi le cours d'anglais et que j'étais un des bons élèves. Nous avions un excellent professeur qui possédait à merveille tout ce qu'un homme instruit peut savoir de Shakespeare, et ce n'est pas dans les journaux que nous apprenions la langue. Le *Times*, le *New-York Herald* nous auraient appris la langue dont on se sert : mais alors le cours eût été déconsidéré. Parlez-moi de la mort de César ou de Coriolan ! Et le meilleur moyen de savoir l'anglais n'est-il pas de remonter à trois cents ans en arrière ? Cassius, César, Brutus, Antoine avaient le meilleur des langages, celui de Shakespeare, mais ils ne pourraient se faire entendre dans les rues de Londres : on nous apprenait la littérature anglaise, mais l'anglais, point. Jamais notre professeur ne parlait anglais : or, un peu moins de conférence, et un peu plus de conversation, tel eût été certainement l'avis de nos Arméniens, qui apprenaient une langue pour en tirer profit, non pour en tirer gloire. Que m'est-il resté de mon cours ? Le souvenir des dissertations ampoulées de Cassius, César, Brutus et Antoine : quant à leur langue, je n'ai pas à la regretter, c'est une langue morte, ou peu s'en faut.

XXXVIII

L'HIPPODROME.

Le docteur était venu nous voir à l'heure où le café nous réunit d'ordinaire dans le petit salon. Il avait laissé sa carte : au crayon, il avait ajouté « et M. Léonidas Androclès, son ami ». Nous lui écrivons un mot pour le prier de venir demain dîner avec l'ami qui l'avait accompagné. Et nous partons, le drogman a côté du cocher, pour le marché aux chevaux (At-Meïdan) que nous avons ajourné avant-hier, « vu l'heure tardive ».

Nous voici sur ce rectangle caillouteux, large de soixante-quinze mètres sur une longueur de trois cents environ, qui fut l'hippodrome des Byzantins, tant de fois ensanglanté par les querelles des factions rivales. De cet hippodrome, qui était entouré d'un double rang de colonnes et chargé de statues, que reste-t-il ? Des monuments qui l'enchâssaient, des bains de Zeuxippe, de la bibliothèque impériale (l'octogone), de la voie monumentale qui, passant entre les bains de Zeuxippe et l'octogone, faisait communiquer le « Forum Augustéon » et le « Forum de Constantin », rien ne subsiste. Trois débris marquent seuls la ligne centrale, le grand axe de l'ancien cirque. Le sol que nous foulons est fait de ruines, de débris plutôt, car on ne voit pas trace des formes qu'ont pu revêtir, aux jours de splendeur, les pierres, le marbre, le ciment qu'on semble avoir concassés ; c'est comme un éboulis de pierres qui s'est tassé et nivelé, et qui a submergé, ainsi qu'une lave figée aujourd'hui, les parties inférieures des trois grandeurs solitaires, délaissées, seuls témoins d'un passé si glorieux. Tout autour, à leur pied, des fouilles récentes ont été faites pour mettre à nu leurs bases : on peut juger de combien le sol s'est exhaussé ; l'immonde cuvette, dont les rebords sont enflés encore du rejet des terres fouillées, a plus de trois mètres de profondeur. J'aurais voulu là un bout de grille, et le parasite qui vit des monuments publics et les fait vivre : un garde, devrait être attaché à ces trois débris et, au besoin, tendre la main pour eux. On donnerait volontiers quelques paras pour leur entretien et leur mise en état : ils font mal à voir ; ils subissent les derniers outrages.

Si le présent est misérable, quel glorieux passé !

Ce n'est pas aux musulmans qu'il faut demander le respect artistique et le goût : ils ont une polka pour air national ! Pas de peintres, pas de sculpteurs. Le Coran proscrit la reproduction, par images, de tout ce qui est animé. L'architecture, heureusement, a échappé à cette interdiction barbare : l'Orient a tiré de l'ogive et de la coupole des effets merveilleux. Dans le détail, dans l'ornement, dans la décoration à jour, il excelle. Mais ne lui demandez pas davantage. Les civilisations qui brillèrent avant que le Prophète eût apporté la vraie lumière au monde, sont sans intérêt pour lui. Les musulmans ici se sont mis à collectionner, à cataloguer dans des musées ; mais on sent qu'ils imitent, ce n'est pas par goût et spontanément ; ils n'ont pas le sens et l'entrain. Leur esprit reste étroit ; ils vont jusqu'à la jalousie pour certaines de leurs richesses nationales, non point parce qu'elles sont marquées du cachet de l'art, mais parce que, vues par les infidèles, elles seraient profanées.

Allez donc dire à ce peuple que rien ne serait plus facile que de faire une place admirable de cette plate-forme de l'antique hippodrome, voisine de Sainte-Sophie, ornée déjà de la mosquée d'Ahmed, un vrai chef-d'œuvre, et entourée d'édifices publics, qu'il faudrait relier et harmoniser ! On devrait bien une telle réparation à l'obélisque de Théodose, à la colonne Serpentine, à la pyramide Murée, trop longtemps outragés.

L'obélisque de Théodose n'est, paraît-il, que la moitié de l'obélisque érigé à Héliopolis par le Pharaon qui vivait près de deux mille ans avant Jésus-Christ. C'est un monolithe en granit rose, qui a dû longtemps attendre, sur la plage où on l'avait débarqué, un architecte assez hardi pour le porter sur le plateau où nous sommes et l'y dresser. Une inscription en grec et en latin nous a conservé le nom de l'empereur Théodose et de l'architecte Proclus, et, comme pour notre obélisque de la place de la Concorde, les diverses opérations et les engins mis en usage ont été indiqués par de fines sculptures sur le monument lui-même. La hauteur est de trente mètres. La base du monolithe repose sur quatre dés en bronze posés aux quatre angles du piédestal en marbre. Les bas-reliefs du piédestal sont d'une sculpture assez grossière.

La colonne Serpentine est formée de trois serpents qui s'enlacent dans vingt-neuf tours : c'est un bronze vert du plus bel effet. Malheureusement, les têtes manquent. Elles supportaient un trépied d'or consacré à Apollon, et la statue du dieu lui-même. Il ne reste que cinq mètres environ de la partie inférieure de la colonne. Les fouilles, qui ont creusé la cuvette d'où elle jaillit, ont permis de constater qu'à partir du troisième repli et jusqu'au treizième, figurent bien, comme l'avaient dit les auteurs grecs, les noms de trente et une cités grecques qui avaient pris part aux journées de Platée et de Salamine. La colonne avait été fondue pour perpétuer ces glorieux souvenirs, et c'est devant le temple de Delphes qu'elle avait été érigée. De Delphes au marché aux chevaux, de Stamboul! Tout humiliée qu'elle est, toute tronquée, la colonne rend encore témoignage des grandes journées de Platée et de Salamine et redit la gloire de cette Grèce, motte de terre où naquirent l'Art et la Poésie, et à qui le monde entier devrait payer tribut! Que serions-nous, si la Grèce n'avait point existé? Par pitié, que les Grecs qui habitent Constantinople, — c'est le fonds même de la population, — se cotisent pour acheter à leur colonne une concession perpétuelle et rendre à ce monument, qui témoigne de la grandeur de leur race, les honneurs d'une sépulture décente, s'ils ne peuvent mieux faire.

La pyramide Murée, construite en pierres sous un Constantin qui régnait au commencement du dixième siècle, était autrefois revêtue de plaques de bronze doré avec figures en relief. Elle donne l'idée d'un homme pris par les voleurs, et dépouillé, honteux de sa nudité. Les voleurs, c'est nous! Ce sont les croisés latins de la quatrième croisade qui le mirent à nu. On voit encore les trous où étaient scellés les crampons retenant les plaques. Les assises de pierre sont déchaussées, rongées par le temps. Le ciment est remplacé par la poussière que le vent jette à la face du monument, qui s'appelait, qu'on appelle encore quelquefois « le Colosse ». Le pauvre Colosse ne paraît plus se tenir debout que par miracle : c'est un squelette. Si on le revêtait à nouveau de ses plaques de bronze doré, il se redresserait, brillerait au soleil, aveuglant ceux qui aujourd'hui le conspuent. La forme, le vêtement, la parure, pour un monument, n'est-ce pas tout ? que sommes-nous, nous-mêmes ? Des squelettes parés de vie : horribles, sans ce manteau.

C'est au bout de l'At-Meïdan que furent écrasés les Janissaires ; ils s'étaient retranchés, près de leur caserne, dans l'emplacement appelé El-Meïdan (marché aux viandes). La mitraille, puis l'incendie des bâtiments où ils s'étaient réfugiés, eurent raison de leur tyrannie : l'Empire ottoman fut-il sauvé ou affaibli ? Ces quelques milliers de soldats de fer étaient pour Mahmoud devant l'ennemi un boulevard formidable, en temps de paix un danger permanent. Créés pour la conquête, barbares héroïques, ils étaient les vrais dépositaires de la pensée, aujourd'hui émoussée et pacifique, de l'Islam, qui avait eu la folie et les grandeurs de nos croisades. Accommodé à l'européenne, l'Islam n'est qu'une secte religieuse de plus, traitant par ambassadeurs et par consuls ; il se laisse discuter ; on le pousse, il recule. Gardez-vous cependant de croire qu'il est perdu. Constantinople n'est qu'une tête de pont qu'on pourra lui enlever : mais il lui reste l'Asie, intacte, barbare, toute neuve encore, fourmillant d'hommes sobres et robustes, qui se lèveraient pour la défense de leur sol et de leur foi. Ils ont peu à perdre, et ils croient tout gagner en embrassant la Mort.

D'autres ont été invincibles chez eux.

Il y a six mille kilomètres de Constantinople à Bagdad.

« La tête de pont » nous offre, à côté de l'At-Meïdan, un chef-d'œuvre de l'architecture des sultans, la mosquée d'Ahmed ; précédée d'une cour (ou harem) qu'entoure un portique soutenu par des colonnes de granit égyptien. On accède dans la cour par une porte de style arabe, et l'on a devant soi une fontaine, dont le pourtour est formé par six colonnes et des arcades en ogive. Le Sultan peut se rendre à cheval jusqu'à sa loge dans l'intérieur de la mosquée.

Cet intérieur est grandiose : quatre piliers circulaires, cannelés, quatre tours, pourrait-on dire, puisqu'ils mesurent trente et un mètres de circonférence, soutiennent le dôme principal, dont le tambour est flanqué de quatre demi-coupoles. Des tourelles octogonales sur coupoles surbaissées s'élèvent aux quatre angles de l'édifice.

Dès la porte d'entrée de la cour, nous remarquons l'ornementation qui est devenue la caractéristique de l'architecture arabe : les chapiteaux sont taillés en biseaux, représentant une multitude de petits prismes disposés par étages et brillants comme les facettes des stalactites.

Les murs intérieurs sont couverts de faïences turques, encadrant d'innombrables plaques dorées sur lesquelles se détachent des incrustations de jaspe, d'agate, de lapis-lazuli. Cette mosquée vient après Sainte-Sophie dans la hiérarchie du culte ; elle a le dépôt de l'étendard du Prophète, qui ne se déploie qu'aux occasions solennelles où le salut et l'honneur de la Patrie s'abritent sous sa protection et invoquent son prestige.

Des substructions, des fontaines à demi ensevelies, des voûtes en partie écroulées, ne nous retiennent pas longtemps. Le drogman nous montre la « maison de Justinien ». On ne peut croire que cette sorte de maison campagnarde ait jamais été la maison d'un tel maître ; la petite Sainte-Sophie (ancienne église des saints Serge et Bacchus), sorte de réduction de la grande Sainte-Sophie ; puis enfin des citernes, toutes sans eau, et envasées. Nous descendons dans celle qui porte le nom pompeux de Citerne des mille et une colonnes (*bin bir Diréh*), dont l'accès est très facile. Ses colonnes, au nombre de deux cent vingt-quatre, au dire du drogman, sont formées de trois tronçons réunis par des manchons et rangées sur quinze lignes parallèles. Leur moitié inférieure plonge dans les boues durcies que les siècles y ont accumulées, et sur ces stratifications, qui laissent néanmoins au-dessus d'elles un espace libre de dix mètres au moins de hauteur, nous voyons installés des dévidoirs de soie, et les ouvriers, d'un pied léger, courent et s'agitent à travers les colonnes. Il fait très froid, et Me Marbaux presse le pas pour remonter à la surface. Nous autres avocats, nous avons un dévidoir qui ne s'accommode pas de l'humidité de ces lieux : à la moindre imprudence, gare Cauterets !

Tandis que nous remontons, le drogman nous jette dans les jambes un bien gros chiffre : la citerne, à l'origine, devait contenir trois cent vingt mille mètres cubes d'eau environ ! De quoi alimenter pendant plusieurs années la population de Constantinople !

« Permettez-moi une question, me dit tout à coup Me Marbaux : est-ce que vous vous souvenez de l'histoire du Bas-Empire ? — Je l'ai oubliée, lui ai-je répondu.

D'ailleurs, tout ce que j'en ai su aurait facilement tenu dans le casque de Bélisaire. — Quant à moi, reprit M⁰ Marbaux, je ne l'ai jamais sue. A partir de Justinien, je n'ai jamais eu dans ma pauvre tête que des noms, et des dynasties, sans consistance, formes flottantes, comme les ombres de la *Divine Comédie*. Il faudra relire Montesquieu : c'est le minimum de ce que nous devons à cette terre, dont nous sommes les hôtes. Je me souviens seulement des dernières lignes, qui sont fort belles : « Je n'ai pas le courage de parler des misères qui suivirent : je dirai seulement que, sous les derniers empereurs, l'Empire, réduit aux faubourgs de Constantinople, finit, comme le Rhin, qui n'est plus qu'un ruisseau lorsqu'il se perd dans l'Océan. »

XXXIX

CE QU'ON DEVRAIT FAIRE, CE QU'ON FAIT.

Nous avons trouvé à l'hôtel la réponse de l'ambassadeur de France, à la demande d'audience que M⁰ Marbaux lui avait adressée :

« MONSIEUR,

« En réponse à la lettre que vous avez adressée à Son Excellence M. l'Ambassadeur, M. Cambon me charge de vous faire savoir qu'il sera heureux de vous recevoir, ainsi que votre secrétaire, demain jeudi à onze heures du matin.

« Agréez, Monsieur, l'assurance de ma considération distinguée,

« P. DE MARGERIE. »

Voilà qui est parlé : « Son Excellence M. l'Ambassadeur » sonne bien. Mais, alors, que deviendront les droits de l'homme ? — Ils se tireront de là comme ils pourront : moi, je suis ravi, et j'aime bien que mon ambassadeur ici soit aussi « Excellence » que les autres.

Nous ne manquerons pas au rendez-vous.

On joue *Faust* ce soir. Je ne sais pas encore si M. Alexis Vorozof aura décidé madame de Novichef et sa fille à partir avec lui ou s'il sera parti seul.

Monté pour faire un bout de toilette, j'ai du temps devant moi avant que le canon de l'arsenal ait marqué la fin du jour ; c'est la façon des Turcs de sonner l'*Angelus*. Ils s'obstinent à compter les heures autrement que nous ; nous comptons à la franque, eux comptent à la turque. Ils divisent le jour en douze heures, qui prennent fin au coucher du soleil, par conséquent à sept heures quarante aujourd'hui.

Pour les Turcs, il sera une heure de nuit quand nos montres marqueront huit heures quarante, deux heures de nuit, quand nos montres marqueront neuf heures quarante, et ainsi de suite jusqu'à demain matin. Le jour recommencera quand cette période de douze heures de nuit sera épuisée.

Comme nulle règle précise ne détermine, pour le vulgaire, le coucher du soleil, et qu'il a lieu, d'ailleurs, plus tôt ou plus tard suivant les saisons, il y a toujours, dans le calcul des heures à la turque, des variations considérables. Le passage du soleil au méridien est un point de départ bien préférable ; mais les horlogers doivent trouver que tout est pour le mieux : le gâchis fait qu'on recourt à eux, comme les épidémies profitent à la Faculté. Et les cadrans, comme Janus, ont deux visages, qui ont l'air de se moquer l'un de l'autre.

A l'hôtel, nous comptons tous à la franque : nous dînons à huit heures du soir. Faust, notre voisin, car le théâtre d'été est très proche, compte aussi à la franque, et c'est à neuf heures et demie qu'il prendra la coupe de ses aïeux « qui tant de fois fut pleine ».

Que faire, en attendant, dans mon gîte ? Je songe.

Ma voisine ne tarde pas à se montrer. Sa toilette lui sied à ravir ; elle voit l'effet produit et rougit de plaisir. Elle met un doigt sur la bouche, elle fredonne pour mieux masquer son jeu ; elle va et vient dans la chambre, appuyant bruyamment sur le parquet, pour que de l'étage inférieur on ne puisse pas la supposer à la fenêtre. Le doigt sur les lèvres défend de parler ; mais, un peu en arrière, je puis envoyer des baisers : ce langage muet va bon train.

> Mais... à la porte de la salle,
> Ils entendirent du bruit.

Elle détale au plus vite, et, ne pouvant la suivre, comme le camarade de la fable, je recommence à songer.

Est-elle jolie ? Sa figure est de celles dont on dit : Elle n'est pas mal.

Son teint est blanc, avec quelques taches de rousseur, à peine apparentes, et comme effacées ; on voit la place, on les devine. Les sourcils sont bien dessinés, les yeux grands, les cils longs. Les cheveux châtains, ondulés et relevés forment au front une superbe couronne. La bouche est petite et les lèvres sont d'un beau coloris, bien appétissant. Le nez et le menton laissent à désirer : ils sont, le premier trop gros, avec des narines toujours prêtes à palpiter ; le second, trop maigre, trop pointu, finissant mal un visage où il semble n'être point chez lui. Les lignes du cou sont irréprochables. On le sait bien, et on porte volontiers la tête en arrière pour faire valoir la rondeur, les attaches, les plis à mi-hauteur. Ah ! si l'on pouvait changer le menton !

Voilà le dehors ; qu'est le dedans ? La physionomie, loin d'être hardie, est rêveuse et teintée de tristesse ; la pauvre enfant est faite pour aimer, plus peut-être que pour être aimée. On pourra avoir du goût pour elle : c'est la passion, le dévouement, le sacrifice, la mort prématurée peut-être, qui seront son lot. Si elle succombe, ce n'est pas la corruption qui l'aura poussée à terre ; dans tout ce qu'elle fait, il y a un sérieux et une dignité qui commandent le respect. Comment n'a-t-elle pas joué d'abord la comédie de l'indifférence ou de l'indignation ? C'est qu'elle est sincère et naïve ; or, c'est bien, cela. Pourtant, du premier coup, dès le premier billet, prendre feu de la sorte, est-ce admissible ? On ne peut en vouloir longtemps à une femme qui rend les armes à tout ce qu'on se sent de mérite. Aurai-je ce soir, dans un entr'acte de *Faust,* la clef d'une situation de famille que rien ne me permet de deviner ? Irène souffre peut-être ; Irène est trop naturellement sérieuse pour qu'il n'y ait pas au fond de son âme une douleur, un dégoût peut-être.

Mais de quel droit me suis-je en étourdi imposé à l'attention de cette enfant ? C'est une âme que je violente : de quel droit ? Je suis à cent lieues d'aimer ; je ne vais pas au delà du désir, et, faute de mieux, je profite, pour égayer mes moments perdus, d'une distraction que j'ai, — non pas sous la main, ce serait grave, — mais de l'autre côté de la rue ; tout se passe, — et se passera, — dé balcon à balcon, sans l'échelle de soie. Mais si j'avais jeté dans cette âme endolorie la semence de souffrances nouvelles ? Serais-je sans reproche ? N'aurais-je pas la honte ? Honte et remords ? Je flétris et je déshonore, autant qu'il est en mon pouvoir. Je joue un rôle qui, tout considéré, m'humilie ; je dois jeter ce masque, sous lequel je rougis. On ne badine pas avec l'amour — et l'honneur.

M'étant ainsi adressé les plus vifs reproches, je décide que je me placerai au théâtre de façon à bien voir Irène, et que je tâcherai de lui parler.

XL

LA SCÈNE ET LA SALLE.

C'est seulement vers le milieu du dîner que nous avons été fixés.

Mademoiselle Laure aime à faire une entrée utile : avant de s'asseoir, elle distribue, de droite, de gauche, des sourires qu'elle gradue suivant l'importance qu'elle attribue aux divers personnages. Les deux représentants de l'armée prennent, sur un petit geste royal, place à ses côtés ; la mère, à son tour, fait son entrée quelques minutes après ; mais elle s'assied inaperçue. M. Vorozof n'est pas là : sa place n'est pas marquée. Personne n'en souffle mot.

— Je prendrai votre bras tout à l'heure pour aller au théâtre, me dit mademoiselle de Novichef, tandis qu'on sert le café : j'ai à vous parler.

Madame de Novichef fume. M⁽ᵉ⁾ Marbaux cause, et les deux officiers lui donnent la réplique : l'un par gestes; l'autre, par l'un des trois mots *oui, non, parfait*. Ce sont les trois seuls mots qu'il ose hasarder, quoiqu'il sache la langue française : sa réputation à cet égard est bien établie, ses notes en font foi, son avancement aussi.

Nous n'avons pas un long parcours à faire. Le théâtre est au haut bout du jardin des Petits-Champs, qui est de l'autre côté de la rue. Ce jardin public est taillé dans un coin d'un ancien cimetière turc, dont le surplus s'étend encore, comme une tache lépreuse, sur le flanc de la colline qui porte Péra. On paye un léger droit d'entrée : l'obole des morts, sans doute. Puis on tourne à droite, et par une allée montante, on arrive au théâtre. Les places sont moins chères que chez M. Garnier.

Ce qu'on appelle le théâtre d'Été est une énorme baraque. Les pieds du spectateur se posent à terre, ou plutôt sur une couche de petits graviers qui remplace les tapis. Sur ce que l'on appelle les fauteuils d'orchestre, s'étend un plancher qui serait mieux sous nos pieds, il a la coupe et l'enfoncement du chapeau chinois. Il est supporté par des montants en bois d'un piteux effet. Les côtés de cette sorte de grange sont fermés par des planchés, mais jusqu'à la hauteur de deux mètres seulement. En deçà des fauteuils d'orchestre, une large toile à voiles abrite les secondes et les troisièmes places contre le serein; les bouffées de vent fouillent à leur gré les spectateurs de tout rang. La toile, au-dessus, s'élève et s'abaisse comme animée. Tel est le théâtre d'Été de Constantinople, à qui l'on prête plus d'un million d'habitants. C'est Guignol, vu à travers un verre grossissant. Les caprices du vent tout à l'heure vont projeter à droite, à gauche, au fond, ou refouler sur la scène les roulades et les effets les mieux préparés. Heureusement, la troupe italienne qui est venue faire la saison n'est pas trop mauvaise : on l'applaudit. Mais on l'applaudit beaucoup plus les jours où il fait trop froid : le moyen, pour se réchauffer, est excellent.

Il faut bien que je dissipe une illusion, qui doit être partagée par beaucoup de nos lecteurs : le climat de Constantinople n'est pas aussi chaud qu'on pourrait le croire, les nuits y sont très fraîches. On pourrait donc se passer d'un théâtre ouvert à tous les vents. Les bords méditerranéens de la France, et, surtout aux deux bouts de l'arc, les massifs maritimes des Alpes et des Pyrénées, sont plus chauds que Constantinople et tout aussi secs. On ne voit ici ni le palmier, ni l'oranger, ni le citronnier, ni le grenadier, ni le cédratier, ni le jujubier, ni l'eucalyptus, qui vivent en pleine terre dans les Alpes maritimes et en Roussillon. L'aloès, là-bas, fleurit et se propage de façon à former les haies des vignes : ici, il vit, et c'est tout. Il n'en était point ainsi du temps de Candide : « Pangloss, Candide et Martin, en retournant à leur petite métairie, rencontrèrent un bon vieillard qui prenait le frais à sa porte sous un berceau d'oranger. » — Et, plus loin, Pangloss, philosophant suivant son habitude, représente à Candide que tous les événements sont enchaînés, et que s'il n'avait point fait ceci, s'il n'avait point été là, s'il n'avait point perdu tous ses moutons du pays d'Eldorado, il ne mangerait pas ici des cédrats confits et des pistaches. « Cela est bien dit, répondit Candide, mais il faut cultiver notre jardin. »

Si, à cette époque, Candide récoltait des cédrats et des pistaches dans son jardin de Constantinople, la terre a dû sensiblement se refroidir depuis. La bise de la mer Noire, obéissant à l'appel de couches chaudes de l'Archipel et de la Grèce, souffle glaciale dans le long couloir du Bosphore, et l'hiver le thermomètre doit descendre très bas. Il doit y avoir beaucoup de médecins par ici, si les malades aiment à mourir suivant les règles. Le théâtre d'été est une des inventions ingénieuses, je le crains, de la médecine.

J'étais bien décidé à n'encourager ni Irène, ni Laure : comment se fit-il qu'en pénétrant dans la grange à musique, je cherchai vivement des yeux la place qu'Irène pouvait occuper ? Quant à l'autre, à qui j'avais offert mon bras, comment résister et ne pas répondre à ses douces pressions ?

De ces deux femmes, l'une riche, titrée, fort belle ; l'autre pauvre sans doute, de condition modeste, laquelle pénétrerait le mieux le sens caché de cette musique de Gounod, dans les quelques phrases divines que l'on doit dire, chantées à peine ?

J'étais placé de façon à bien voir Irène, qui était au bout opposé des fauteuils d'orchestre, disposés en arc de cercle ; Laure, assise à ma gauche, était charmée, parce qu'elle pensait que je n'avais d'yeux que pour elle, puisque j'étais toujours de côté, tourné, inattentif à la scène. Elle eût parlé tout le temps, si je l'eusse écoutée : elle ne s'intéressait qu'à l'effet qu'elle devait produire sur les spectateurs, dont beaucoup en effet la lorgnaient. Si, à l'entr'acte, on avait pu la hisser sur la scène, il ne lui eût point déplu de mettre sa toilette et sa figure à l'épreuve de la lumière crue de la rampe et de récolter les admirations qui ne pouvaient manquer. Cabotine au fond, ayant soif de jouissances, de celles qui ne vont pas sans mise en scène, elle était faite pour les villes d'eaux, les grandes plages, les premières, et les courses. Par quelle étrange aberration avait-elle

lié partie avec cet homme fin, lettré, délicat, que sa
mère avait peut-être aimé la première? Ah! celle-ci
était bien coupable, je ne pouvais en douter ayant entendu Vorozof et compris le silence accablé de sa fille :
bien coupable envers sa fille d'abord, qu'elle avait si
mal élevée et si mal dirigée; mais bien plus coupable
encore au regard de l'honnête homme dont elle avait à
jamais attristé l'existence, en le séduisant pour le
compte de sa fille en véritable mère d'artiste !

A l'autre bout de la rangée, pâle et douce, est assise
Irène. Quand l'attention autour d'elle est captivée par
la scène, elle se tourne un peu plus vers moi et ses yeux
cherchent les miens, formant à la musique de Gounod
un accompagnement que le maître n'avait pas noté. Il
était doux à cette âme souffrante d'associer ses hésitations, ses craintes, ses espérances, aux émotions de
Marguerite. Irène effeuillait avec elle la modeste fleur
qui devait lui livrer le secret d'un cœur encore douteux :
avec elle, elle ouvrait son âme aux caresses de l'amour;
elle rêvait qu'elle posait sa tête, comme Marguerite,
sur l'épaule du bien-aimé et se laissait prendre tout
entière aux aveux brûlants de Faust. Mais quand arrive
la sérénade de Méphisto, le ricanement horrible qui la
termine sonne comme un avertissement d'une applica-
tion trop facile, trop cruelle : pas de baiser, ma mie,
sans la bague au doigt! La pauvre enfant ne soutient
pas, sans faiblir, la poussée tumultueuse qui, de son
cœur troublé, monte à son cerveau. Elle est sur le
point de s'évanouir; puis elle se reprend : ses yeux ne
cherchent plus les miens. Elle se détourne doucement,
s'arrête un instant dans ce mouvement de recul comme
pour regarder plus attentivement la scène, mais bientôt, plus décidée, elle se détourne tout à fait. Je

n'aperçois plus que le contour de sa joue, son oreille artistement fouillée, ses cheveux brillant sous la lumière d'un réflecteur voisin. Les torsades blondes semblent peser sur sa tête inclinée en avant. La pauvre enfant est née pour souffrir : elle cherchera le bonheur, le donnera peut-être, mais n'aura pour sa part que la souffrance qui, pour les natures d'élite, est le dernier mot de toutes les jouissances humaines.

M'est-il permis de porter le désordre dans cette âme virginale, si peu préparée encore aux mécomptes de l'existence?

Derrière l'enfant, la famille dont elle est l'espoir, le soutien peut-être, se dresse et s'indigne de cette légèreté de cœur, de cette lâcheté, qui se fait un jeu de triompher de la faiblesse et de la dignité d'une femme.

— Je vois bien, me dit mademoiselle de Novichef, que vous êtes préoccupé de ce que j'ai à vous dire. Voici la fin de l'acte : allons tourner en rond, suivant l'usage des citadins de Péra, dans leurs Petits-Champs.

Nous plaçons à une table Mᵉ Marbaux, l'armée toujours fidèle, et madame de Novichef, et, tandis que le garçon va chercher des rafraîchissements, nous tournons en rond, et j'écoute.

XLI

LES PETITS-CHAMPS.

La crise n'est qu'ajournée, me dit mademoiselle de Novichef : M. Vorozof est parti seul. Il va faire, dit-il, ses adieux à tous les siens, revoir les lieux où s'est écoulé son enfance, prendre ses dispositions dernières.

Au retour, il me fera connaître sa volonté suprême. Il m'a parlé, ce qu'il n'avait jamais fait, d'une personne dont il avait demandé la main : il veut la voir aussi. J'ai bien vite compris qu'il ne m'en parlait qu'afin de réveiller ma jalousie : mais on ne réveille pas les morts. M. Vorozof m'est absolument indifférent.

— Vous voulez évidemment que je vous questionne, ai-je dit à mademoiselle de Novichef : si je me trompe, dites-le. — J'ai continué : M. Vorozof vous est indifférent, aujourd'hui ; il ne l'était pas avant votre départ pour Nice et pour Paris.

— Peut-être ; qu'en savez-vous?

— A moins de supposer que vous êtes fous, vous, votre mère et lui, il faut bien conclure des propos que vous échangez que vous avez formé une sorte de famille. Les liens sont relâchés, je le veux bien ; mais vous ne sauriez nier que vous n'ayez été attachée.

— Moi! voyez mes mains : vous chercheriez en vain la trace.

— Les marques que peuvent laisser les liens matériels s'effacent vite : mais d'autres liens existent qui laissent une trace ineffaçable. L'œil ne l'aperçoit pas, mais le cœur la devine. M. Vorozof a sur vous je ne sais quelle autorité qui vous pèse, mais que vous ne sauriez méconnaître. Il vous aime, et il s'évertue à adoucir le plus qu'il peut les désirs qu'il vous témoigne ; mais au fond, ce sont des ordres, et vous résistez, parce que vous ne voulez pas obéir. Vous entendez de plus en plus reconquérir votre liberté ; mais vos efforts mêmes, pour la reprendre, montrent que vous l'avez aliénée.

— Mais qu'a donc pu insinuer M. Vorozof?

— M. Vorozof ne m'a fait aucune confidence qui

puisse vous alarmer. J'ai écouté avec attention ce qu'il vous a dit; j'ai vu votre attitude; j'ai suivi ce que je pourrais appeler le jeu de votre mère. De mes observation, j'ai dû tirer des conclusions erronées peut-être, mais qu'aucune indiscrétion de M. Vorozof n'a influencées.

Mademoiselle Laure de Novichef, qui était oppressée, respira plus librement. Elle avait craint, cela était visible, que dans un échange familier d'impressions de jeunesse, M. Vorozof n'eût donné à entendre qu'il existait dans ses rapports avec la mère, avec la fille, quelque chose de plus que ce que permet de supposer un projet éventuel de mariage. « Une sorte de famille » avait fait froncer les sourcils de ma belle interlocutrice, et amené sur son visage un trouble et une pâleur qui témoignaient d'une émotion profonde. Rassurée maintenant, elle reprit, avec une nuance marquée de gaieté ironique :

— Eh! oui, M. Vorozof m'aime. Et je suis enchantée d'être aimée. En fait d'amoureux, ce qui abonde ne nuit point. C'est une si grosse affaire que le mariage! Je voudrais pouvoir battre beaucoup de cartes, avant de tourner celle que j'honorerai du nom pompeux de mari : je voudrais être sûre de tourner le roi, dussé-je mettre beaucoup de rois dans le jeu.

— Mais cela s'appellerait tricher?

— Tricher, quand on joue sa vie! Quoi de plus naturel? Si je ne tourne pas le roi, — et le roi qui me plaît, — c'est que j'aurai été bien malhabile : je n'aurai pas su le mettre dans mon jeu. Vorozof n'admet pas que je batte mes cartes, et c'est toujours lui que je suis condamnée à tourner : je finirai par le tirer du jeu, je ne serai plus exposée à...

— Mais pourquoi avoir songé à lui, qui ne songeait pas à vous? Il allait se marier, m'avez-vous dit.

— C'est ma mère qui... Je ne veux plus de M. Vorozof : est-ce clair? Je n'en veux à aucun prix. Je suis la maîtresse de ma destinée, je ne consentirai jamais à lier mon existence à celle de cet homme. Ma mère a été, sera toujours mon mauvais génie. — Je vous en conjure, oubliez ce que je viens de vous dire. — Je suis seule au monde, si ma mère vient à me manquer. Mais je vois bien que je dois pourvoir seule aux nécessités de mon avenir, et que ma mère doit suivre, non précéder. Je la marierais volontiers, si j'avais quelqu'un sous la main.

— Battez vos cartes, mademoiselle.

— Méchant! Je n'ai pas trouvé le chemin de votre cœur ; je vous parle trop ouvertement ; j'oublie que nous autres femmes, nous ne devons jamais quitter nos grimaces, nos mines et les voiles sous lesquels nos vrais sentiments peuvent se dissimuler et surprendre l'ennemi, l'homme. Mais êtes-vous bien sûr de m'échapper? Votre indifférence est, plus que vous ne pensez, voisine de la passion. Vous êtes froid, réservé tout au moins, parce que je vous laisse philosopher. Vous époussetez mon âme, armé d'une loupe ; pour mieux voir, vous grossissez démesurément! Vous voulez avoir le secret de mon tic tac intérieur, et le pourquoi de mes variations. J'avance, pourquoi? Je retarde, pourquoi encore? Je suis une sotte de me laisser ainsi tourner et retourner. Vous faites des observations et vous les notez ; et le temps vole. Je vous convierai à des occupations moins abstraites. J'ai vu combien votre sensibilité est facile à éveiller : par là je vous tiendrai. Si j'ai été assez mal défendue contre vous, qui sentez bien l'empire que vous avez pris sur moi, je veux, à mon tour, prendre l'offensive ; je sais le défaut de votre cuirasse. Je suis excédée de cette psychologie qui détaille et met en petits morceaux, croyant mieux voir quand elle a détruit. Je veux être telle que je suis, et puisque je suis belle, vous attaquer en usant de mes armes. Je vous défie : gardez-vous.

Ses yeux étaient brillants, sa joue empourprée. Dans cette foule qui s'agitait autour de nous, tournant comme nous, nous étions seuls, absolument seuls. L'attaque était vive ; je me jurais de me défendre et je me raidissais. Je sentais, non loin de mon cœur, la chaleur moite du bras, et les balancements du corps, que je devinais admirable, ramenaient un peu plus de douce pesanteur, ou l'allégeaient. Le silence était plus dangereux pour moi, qui n'avais plus l'ardeur des répliques intellectuelles et le soutien des subtiles analyses ; je retombais sous l'influence de la matière provocante, armée de sa resplendissante beauté et m'offrant le combat, sûre de me battre. J'allais devant moi, comme dans un rêve, décidé à lutter et déjà envahi, bien près de souhaiter la défaite. Nous avions, vers le fond du jardin, un espace moins éclairé à traverser. Laure s'arrête et, me regardant bien en face :

— N'ai-je pas le droit d'aimer ? dit-elle. S'il m'aime, tant pis ! Pourquoi reviendrait-il ? L'éloignement amène l'oubli. Pourquoi faut-il que cette épave flottante vienne heurter le bateau que je veux chargé de fleurs et qui portera nos amours ? S'il faut fuir, fuyons. Et si ma faiblesse a besoin d'un protecteur, je le trouverai en vous. Mais, non, il n'osera point revenir. Et je serai toute à vous.

Cette haleine parfumée, haletante, qui m'enveloppait, avait ajouté, dans un murmure : « Je t'aime ! »

Les Petits-Champs et la foule qui nous entourait ? Madame de Novichef ? M⁰ Marbaux ? Les deux excellents officiers ? Tout était oublié. Dieu sait à quelles folies nous pouvions nous laisser aller, quand la réalité vint brusquement se rappeler à nous : M⁰ Marbaux, souriant, était là : « J'ai ramené au théâtre madame de Novichef et ces messieurs, dit-il ; je me suis chargé de vous suivre et d'aider votre descente. C'est un petit voyage en aérostat que vous venez d'opérer. Tout le monde était le nez en l'air, attentif à vos moindres mouvements. Allons nous reposer. Mademoiselle de Novichef, voulez-vous bien prendre mon bras ? »

« Anges purs, anges radieux », braillait la grange musicale, tandis que, sous le couvert de M⁰ Marbaux, nous défilions, tous les yeux braqués sur nous, au milieu des chuchotements et des rires étouffés derrière les éventails.

Mon Dieu ! que je me sentais petit garçon et que de beaux serments j'ai faits avant de quitter le jardin !

XLII

COURSES ET VISITES.

Nous avions ce matin le rendez-vous à l'ambassade. Nous devions ensuite à un avocat français la visite qu'il nous avait faite à l'hôtel, un jour où nous étions sortis. Sa carte portait témérairement un nom de rue et un numéro. Saurons-nous le découvrir ? C'est l'avocat conseil de l'adversaire : M⁰ Marbaux et moi, nous ne le connaissons encore que par les notes échangées.

On ne monte pas à l'ambassade de France, on y descend; on monte à l'ambassade d'Allemagne, qui a, naturellement, l'aspect et la forme massive d'une caserne et qui domine le Bosphore; les Anglais, par leur jardin, sinon par les constructions de leur ambassade, dominent la Corne d'or. Pour nous, Français, nous descendons, par une pente très rapide, de la rue de Péra dans la cour et de la cour dans le jardin qui forme l'étage inférieur, au-dessous du palais. Nous sommes introduits auprès de M. Cambon après quelques minutes d'attente; nous avions, de l'avant-salon que nous quittons, la vue d'un jardin avec une échappée merveilleuse sur le Bosphore et l'entrée de la Corne d'or.

M. Cambon est aimable : il accueille avec distinction M⁰ Marbaux et son humble secrétaire. La conversation porte naturellement sur les Capitulations, et M. Cambon nous engage vivement à ne pas rentrer en France sans avoir vu M. Gagé, notre consul général. Aux termes des Capitulations, M. Gagé est juge et il passe pour n'avoir jamais eu de jugement cassé. C'est pour notre ambassadeur un collaborateur excellent. Dans ces pays lointains, tant valent l'ambassadeur et le consul général, tant vaut la patrie. Tout le monde nous félicite d'être si bien représentés.

Nous apprenons de M. Cambon qu'il ne faisait que rentrer des eaux de Brousse et qu'il allait, sous peu de jours, s'installer pour la saison chaude à Thérapia. Nous avons donc choisi heureusement notre temps pour être reçus. Nous emportons la carte qui sert d'introduction au Sélamlick : c'est demain vendredi que nous verrons le Sultan sortir de son palais pour aller à la mosquée voisine. La carte est personnelle et indique que le Cavass de l'ambassade accompagne les Français qui y sont désignés.

Les chevaux qui ont eu l'audace de nous descendre à l'ambassade par le couloir qui se détache de la rue de Péra ont l'audace de nous remonter. Nous demandons au cocher, qui s'essuie le front, car il y a quelque fatigue à de tels exploits, s'il connaît la rue et le numéro désignés sur la carte de notre confrère. Il nous répond que non et il nous explique, en français d'écurie, que cette rue est indiquée comme faisant partie de Galata : elle doit donc être en pente et taillée en degrés. C'est à pied qu'il faudra se mettre à chercher. M⁰ Marbaux, à ma prière, retourne à l'hôtel en voiture et je vais seul courir après le logis du confrère byzantin.

Je suis la rue de Péra jusqu'au tunnel. Sur une petite place, au bout de la rue, débouche un chemin de fer funiculaire qui, en une minute et demie et moyennant une rétribution minime, descend les voyageurs de la croupe où Péra est assis aux bas quartiers de Galata, tout près du pont de la Corne d'or. Ce chemin de fer, qui monte et descend sans cesse, rend les plus grands services : encore une œuvre française dont Byzance s'est enrichie. Dans l'un des wagons, un rideau forme une retraite dans laquelle, si elles le désirent, les femmes turques peuvent s'isoler.

La rue de Péra est numérotée et son nom indiqué sur les maisons formant coin de rues; que de fois il a fallu répéter le nom et que de numéros on a dû inscrire : plus de cinq cents ! Pour un tel résultat il n'a pas fallu moins que la violence des siècles. Partout ailleurs il faut savoir d'intuition; ni noms de rues, ni numéros. Les échantillons de peuples divers qui séjournent ici finissent par savoir : cela suffit. Les étrangers, cela ne compte pas.

Avant d'arriver à découvrir le logis dans lequel le confrère rend des services, j'ai dû entrer dans vingt-deux maisons différentes. Et encore m'étais-je heureusement pourvu du concours d'un homme que, sur la mine, j'avais embauché. Ne me dites donc pas d'éviter de juger sur la mine. Mon homme avait des vêtements usés, mais ils avaient été assez bien coupés; il ne faisait rien, il fumait; mais, quoique coiffé d'un fez, il n'avait pas dans l'attitude l'immobilité qui dénonce le Turc : il bougeait. Et ses yeux me regardaient, interrogatifs comme ceux du chien qui attend et qui a faim. Je me hasardai : j'allai vers lui, mais il avait deviné que je pouvais avoir besoin de lui et il venait vers moi, en qui il avait reconnu un Français en quête. Je lui tendis la carte. « Vous êtes, me dit-il, dans le quartier des avocats; pour la rue indiquée, je ne la connais point. Nous allons la chercher. »

Les avocats se sont généralement logés autour de la Banque ottomane, à Galata, au centre des affaires; certaines rues, dans le quartier, forment promenoir à la hauteur des toitures des maisons de la rue au-dessous. J'ai parcouru en tous sens ces gigantesques degrés, reliés transversalement par des ruelles infectes d'ordinaire, mais très propres en temps de pluie, car alors elles forment autant de cascades. Je ne conseillerai jamais à un asthmatique de venir plaider par ici. Pour comble de malheur, les avocats sont généralement logés très haut dans les maisons placées soit sur les rues, soit sur les glissoires transversales. Nous n'entrions que dans les maisons où nous voyions, à gros caractères, sur des plaques luisantes ou sur de modestes planchettes, s'étaler des noms suivis de la désignation, en toutes langues, de la profession d'avocat. Nous n'avons découvert le confrère que nous cherchions qu'à la vingt-troisième maison ! Au prix de quelles sueurs, ô mon Dieu ! J'ai pu alors me rendre compte de l'exactitude de l'adresse : c'était bien rue de la Banque, mais de la vieille Banque, car la Banque ottomane est à l'étage au-dessous, sur une belle rue à tramways ; la vieille est restée perchée.

Logée maintenant dans un palais magnifique, la Banque ottomane s'était montrée jusqu'en 1892 de goûts plus que modestes. Elle occupait une sorte de caserne, pareille à ces casernes de douane qu'on voit aux frontières d'Espagne et d'Italie : grands murs blancs sans la moindre saillie, petites fenêtres, intérieur divisé et subdivisé en grands et petits dés blanchis à la chaux, portes basses avec, au-dessus d'une toiture vulgaire, une prétention unique : un mât sur lequel on hisse le pavillon national dans les jours solennels. En face de cette ancienne caserne des écus ottomans, se présente un terrain qu'on qualifie de *découvert,* parce qu'il est couvert, non de maisons, mais de vieux débris de constructions attendant l'heure de leur vallée de Josaphat. Un peu au delà se trouve un monument qui a des prétentions historiques : c'est le logis de l'ancien gouverneur des Génois ; ceux-ci avaient planté au-dessus cette grosse tour de Galata, toujours intacte. La solide maison du gouverneur porte la marque de leur fabrication : assises alternées de pierres de taille et de briques, voûtes à l'intérieur, portes de fer jusque dans les chambres, solides barreaux aux fenêtres.

Nous avons eu la curiosité d'entrer, non par la grande rue où la maison a fière mine et trois étages, mais par la rue d'en haut où, plus modeste, elle a un étage sur rez-de-chaussée. De ce côté-ci, quatre hauts degrés en bois, placés extérieurement, donnent accès dans une salle basse, voûtée, où dort un Turc. Tandis qu'il s'éveille, nous lui demandons notre chemin. Il ne répond rien ; mais comme il n'y a qu'un escalier au fond de la salle, nous attaquons les degrés, encore plus élevés que ceux de l'extérieur. Nous arrivons essoufflés au palier sur lequel s'ouvre le cabinet que nous cherchons depuis si longtemps. On nous offre tout de suite du café. La glace est rompue ; que n'en est-il de même des deux escaliers aux marches de géant ! S'exposer à se rompre le cou dès qu'on a à consulter un avocat ! Quel sera donc le sort réservé à ceux qui auront perdu leurs procès et auront à discuter le chiffre des frais et honoraires ?

Je congédie mon cicerone, Grec bien entendu : jamais un Turc ne se serait dérangé. Il a dû me trouver généreux, car il me quittait à regret, et, regagnant la Banque ottomane, il se retournait souvent ; comme la nymphe aux saules, il s'arrangeait de façon à n'être point perdu de vue.

Mais je n'eus plus besoin de lui : l'adversaire, trop aimable, — c'est toujours comme cela entre avocats quand ils ne plaident point, — voulut absolument me retenir. Il envoya prévenir Mᵉ Marbaux de ne pas m'attendre et, après déjeuner, il m'offrit une promenade en caïque ; ce que j'acceptai. Nous filons rapidement parmi les grands vapeurs qui se balancent entre Galata et la Pointe du Sérail, et nous remontons le Bosphore jusqu'à la hauteur du palais de Dolma Bagtché. Au retour, notre unique marin, blond comme un homme du Nord et taillé en hercule, décrit dans le port une courbe plus large, et, plus éloignés de la côte, nous embrassons mieux l'ensemble d'un panorama qui varie à chaque coup de rames. De l'échelle de Top-Hané au Grand-Pont, on voit le long de l'eau les plus misérables échoppes qu'on puisse imaginer : les maisons sont posées de travers; quelques-unes ont été consumées par les incendies, si fréquents à Constantinople, et présentent des carcasses vides, des murs noircis et menaçants. Personne ne paraît se préoccuper d'un tel voisinage : c'est en effet dans les masures encadrées de ces ruines que s'entassent les bureaux des grandes compagnies de navigation. Les quais en construction feront honte à ces tristes débris, et l'on peut espérer que ces vieux quartiers seront transformés prochainement. Vues de loin, ces vieilleries font un décor charmant. Au-dessus s'étalent, gracieusement étagées, des maisons qui semblent avoir mis sur leurs vieilles joues des couleurs pour plaire encore, qui sollicitent l'étranger, pimpantes, coquettes, se redressant de leur mieux et brillant, au soleil couchant, des milliers de feux de leurs fenêtres. Je me garderai bien de me laisser séduire par leurs avances. Ce sont les bas quartiers de Galata qui sont devant nous, infects d'eux-mêmes, infectés par les envois des rues supérieures suspendues aux flancs des collines. Le spectacle est admirable, mais croyons-en nos yeux : n'allons pas, à l'exemple de saint Thomas, recourir à des vérifications; il est inutile de percer du doigt le décor, je sais qu'il y a plaie.

Nous avons débarqué à l'angle du pont de la Corne d'or, où fourmillent les caïques se disputant l'étroit espace. Notre marin nous fait lestement passer, nous portant presque à bras tendus, de son caïque sur un caïque voisin, et de celui-ci sur un autre. Quand nous touchons terre, je suis tout fier de mes progrès d'équilibriste : je ne me savais pas de si belles dispositions, et j'aurai moins peur désormais des caïques. J'ai vu, au passage, des bureaux, des grands livres, des guichets : je lève la tête ; de gros caractères, jadis dorés, m'apprenant que j'ai longé le Crédit lyonnais. On peut dire qu'il est là comme le poisson dans l'eau. A pic, dans la mer ! n'est-ce pas la défier ? Certes, le Crédit lyonnais est solide : mais, grand Dieu ! que la culbute serait facile !

XLIII

VERTU FLOTTANTE.

Décidément, cette heure, pendant laquelle je reste seul dans ma chambre sous prétexte de faire un peu de toilette avant le dîner, me sera fatale : il semble que les tentations me guettent. Je ne demande qu'à bien faire : mes réflexions sont toujours suivies de résolutions excellentes ; si je fais quelque sottise après avoir résolu de n'en pas faire, je suis désolé, et mes regrets me ramènent aux réflexions, suivies de résolutions excellentes. Je ferais indéfiniment le tour du cercle, si par bonheur l'occasion de faire des sottises ne manquait : et le mécanisme s'arrête à « bonnes résolutions ».

Vous savez ce qui s'est passé au jardin des Petits-Champs. Je ne demandais pas mieux que de m'endormir et de me réveiller au cran « bonnes résolutions ».

Or, voici ce qui est advenu : en me glissant dans mon lit, j'étais convaincu que je ne pourrais pas m'endormir, tant j'étais honteux et confus. Contrairement à toutes les prévisions, je dormis à merveille, et je me suis réveillé frais, dispos, et point du tout accablé. Je me prenais en pitié ; je me traitais comme le dernier des hommes : rien n'y faisait, j'étais frais, dispos, et point du tout accablé. Il y avait en moi deux êtres, dont l'un faisait la morale à l'autre, et l'autre s'en souciait médiocrement. Il en eût été différemment, si je n'avais point fermé l'œil de la nuit. Mais, ayant bien reposé, j'étais tout guilleret : j'avais eu le sommeil du juste et je me réveillais pécheur impénitent. Dans de telles dispositions, la moindre occasion pouvait me perdre.

L'occasion, hélas ! n'a pas tardé : elle apparaît sous les traits d'un négrillon qui fait partie du personnel. Il dépose sur une table une lettre et disparaît. Je connais ces caractères, ce parfum pénétrant : mademoiselle de Novichef m'a écrit à Vienne, c'est encore elle qui m'écrit. Que de chemin parcouru de la première lettre à celle-ci ! Je n'ose pas rompre le cachet : mon rôle de vertueux flottant n'est pas fait pour plaire à une telle femme : elle me donne peut-être congé.

On frappe à ma porte. C'est le docteur : il me présente son ami, M. Léonidas Androclès. Je me hâte de les introduire l'un et l'autre chez Me Marbaux, et je reviens dans ma chambre pour lire à mon aise le billet. Mais il est écrit que j'en serai empêché. Tandis que je romps le cachet, j'entends la fenêtre voisine glisser, et une petite boule de papier vient tomber sur ma table. Elle rebondit sur le parquet et roule sous le lit.

Que faire ? Est-ce Laure, est-ce Irène qui presse le plus ? Laure n'est plus sous le scellé, et je puis entamer la lecture : mais Irène a roulé sous le lit. Je ne puis la laisser décemment à terre ; je vais sortir, et une indiscrétion est bien vite commise. Je me couche à plat ventre sur le tapis et j'allonge le bras : croiriez-vous que c'est juste à ce moment que Me Marbaux, le docteur et M. Andoclès rentrent dans ma chambre ? Le docteur a reconnu l'écriture de l'enveloppe et sourit. Me Marbaux me tend la main pour m'aider à me relever et sourit. M. Androclès lui-même ne peut se défendre de se moquer de moi. Mon Dieu ! je suis bien puni et, cependant, je n'ai point péché.

XLIV

LÉONIDAS ANDROCLÈS.

Mais c'est une trouvaille que ce Léonidas Androclès, que nous avons eu à dîner !

Je ne m'étonne pas que son ami éprouve le besoin fréquent de « rétablir les faits » ; Léonidas Androclès pourrait dire : « Laissez-moi les embrouiller. » Il n'est pas de question sur laquelle il n'ait une opinion à donner ou plusieurs, car il change souvent d'opinion, mais il tient ferme à celle qu'il avance ; c'est son plat du jour, il le recommande, il insiste, et il faut en manger. Me Marbaux a été fort intéressé par notre nouvel ami qui sait, mieux que personne, tout ce qu'on désire apprendre sur Constantinople, et qui ne se trouve pas dans les livres. L'entourage du Sultan n'a pas de secrets pour lui. Sur le chapitre du cœur, seulement, M. Androclès est fort réservé. Sur tous les autres chapitres, il ne tarit pas : c'est un anecdotier. Il n'est pas nécessaire de le secouer : le fruit est mûr et tombe de lui-même.

Ce petit homme, bien fait, ne perdant pas une ligne de sa taille, a le malheur d'être au delà de la cinquantaine : il repasserait volontiers en deçà. Il porte la barbe en pointe ; il tond de près ses joues, parce qu'elles grisonnent, mais laisse plus de liberté à ses moustaches et à la pointe du menton, parce que, par là, la couleur est moins fâcheuse. Ses cheveux en brosse, son front bien dégagé, ses sourcils épais, son nez fin, ses yeux vifs et pénétrants, achèvent de donner à son visage l'air crâne qu'il n'affecte pas, mais sans lequel on ne concevrait pas que pût exister ce bout d'homme bien trempé qui s'appelle Léonidas Androclès.

Son français prend quelquefois des licences pleines de charme : il pense en grec et traduit à mesure, plaquant sur notre langue des tours de phrases et des images que nul de nous n'oserait patronner : de la part d'un étranger, on les accepte volontiers, comme ces menus cadeaux que distribuent les voyageurs à leur retour, et qui, nous montrant des goûts, des besoins et des industries ignorés, nous révèlent un homme nouveau, l'homme de là-bas.

Androclès sait tout ce qui se passe de la Corne d'or à la place du Taxim, qui est au bout de la rue de Péra : il dédaigne Stamboul, il nomme les personnages qui honorent en ce moment Péra de leur présence, et qui demain seront au Sélamlick. Il nous y accompagnerait, s'il n'était engagé ailleurs. Il nous fera les honneurs du Bosphore, de Galata à Boyouk-Déré. « Pour le Grand Bazar, je suis indispensable, dit-il : vous ne me connaîtrez que quand nous aurons traité ensemble, comme ils le méritent, quelques-uns des voleurs qui exercent là leur industrie ; ils sont tous Juifs ou Arméniens : ils me craignent comme le feu.

10.

— Il y a bien aussi quelques Grecs, dit le docteur.

— Notre nation a ses lies comme les autres, mais vous conviendrez, docteur, que nous faisons à Constantinople une autre figure que ces Juifs et ces Arméniens, ramassis de voleurs embusqués au Grand Bazar.

— Vous avez dit « notre nation » : considérez-vous la Grèce comme finissant à la Thessalie et à la vallée de Tempé? ou bien, quelles limites lui attribuez-vous? »

A cette observation de M⁰ Marbaux, Androclès répond vivement :

— La Grèce s'étend partout où ses enfants transportent et imposent sa langue et son génie : Constantinople est à nous, les Turcs n'en sont que les gardiens. La banque et le commerce sont aux mains des Grecs. Vous entendez partout, dans la rue comme dans les salons, retentir notre langue. C'est de la corruption de nos trois mots (εις τήν πόλιν) que les Turcs ont tiré le nom de Stamboul. A leur entrée à Constantinople, ils refoulèrent nos pères et les parquèrent dans un quartier dont ils prirent le surnom de Phanariotes ; mais, depuis, les Phanariotes ont reconquis leur ville, et ils gouvernent, s'ils ne règnent pas. Nous vivons en excellents termes avec les Turcs, dont le naturel est bon. Nous leur prêtons la vivacité de notre intelligence et notre habileté en affaires : ils nous protègent de leur force, en bons géants. Nous les soufflons, nous les secourons : ils demeureraient immobiles s'ils n'étaient point excités. Ils ne tireraient aucun parti de la situation merveilleuse de cette ville qui a pour rue principale le Bosphore avec ses maisons de droite en Europe, ses maisons de gauche en Asie! Cette rue débouche sur deux places : la mer Noire, la mer de Marmara.

— Vous avez donc quelque espoir pour la nation hellénique?

— J'ai une certitude. L'avenir est aux Grecs ; lointain, sans doute, mais les peuples peuvent attendre. La civilisation grecque a pu triompher de l'action destructive exercée pendant des siècles par la barbarie et la servitude; elle n'a pas reparu au grand jour pour disparaître de nouveau dans les ténèbres. Elle s'étendra, tôt ou tard, jusqu'au Danube, par la conquête pacifique de toutes les nationalités, faibles aujourd'hui parce qu'elles sont divisées, puissantes un jour par la fédération qui les portera au premier rang. Nous attendrons. La situation actuelle est supportable : nous ne tremblons ni pour nos familles, ni pour nos biens, ni pour le culte de nos pères. Nous n'avons pas à songer à des coups de force : les lumières, qui se répandent de plus en plus, feront leur œuvre; et des cœurs unis dans une foi commune, la rénovation de notre état social et politique passera dans les faits. Les peuples ne peuvent pas plus que les individus se soustraire à la fatalité : c'est la consolation des Turcs, c'est notre espérance.

— Que ferez-vous des Arméniens?

— Ils sont si peu nombreux ! D'ailleurs, pourquoi s'occuper des Arméniens ! Ils sont trop habiles pour ne pas se tirer d'affaire tout seuls. L'Arménien est un « débrouillard ». Quand vous voyez un homme superbe, aux formes pleines, à la physionomie intelligente, sans distinction pourtant, au teint coloré, à l'allure décidée, ne vous laissez pas tromper par le fez qu'il porte : c'est non pas un Turc, mais un Arménien. Si vous vous approchez de lui, il se met à sourire. Habile trafiquant, il saura vite ce que vous désirez et vous le vendra, sauf à l'acheter, pour vous le livrer. Sa caractéristique est le sourire bon enfant, toujours prêt, à l'ombre d'un grand nez qui fait l'étonné au milieu du visage.

— Les Juifs se placent-ils au-dessus ou au-dessous des Arméniens?

— Au-dessous; nos Juifs sont capables de tout, plus peut-être qu'ailleurs : j'entends parler du domaine des affaires. C'est l'exagération, le grossissement des procédés, qui est la règle chez eux : ils font horreur et ils en tirent profit; ils invoquent leur misère pour qu'on croie qu'ils gagnent peu, et ils triplent la valeur de leurs marchandises. Une insulte se passe par profits et pertes : vendre, tout est là : qu'importe un mot? Ce sont les écus qui comptent. Nos Juifs se poussent dans les contrefaçons, et quelques-uns y font de belles fortunes. Ils parlent entre eux un jargon qui est « un solde » de la langue espagnole, dans laquelle ils ont commencé à commercer, à leur arrivée ici. Ils sont, en effet, originaires d'Espagne, et le dialecte qu'ils conservent est un mélange d'espagnol et d'hébreu. Ils sont, comme les Arméniens, toujours prêts à vendre dans toutes les langues.

— Sont-ils de bons soldats?

— Qui, les Juifs? Mais ils ne font pas de service, pas plus que les Arméniens, pas plus que nous, ajoute en riant M. Androclès. Le Sultan n'admet que des musulmans dans ses armées; nous ne sommes accueillis que dans les administrations publiques, et là, ne le répétez pas, nous sommes les maîtres. L'armée nous sert : nous ne servons pas. Et permettez-moi d'ajouter que le Sultan a raison : s'il est à la tête d'une nation qu'on considère comme simplement campée en Europe, la logique voudrait que cette nation ne comptât que des soldats. En fait, les Turcs, médiocres sous d'autres rapports, sont des soldats excellents. Si la Turquie organisait militairement toutes les forces vives dont elle dispose, sans rien abandonner à des besoins de parade, de pure imitation, factices plus que réels, elle pourrait redevenir le soldat redoutable qu'elle fut jadis sur terre, le champion de l'Islam, en face des hypocrisies de la protestante Angleterre, des convoitises septentrionales, et des doucereuses caresses des catholicités voisines, Autriche et Italie, ces dames sœurs.

« La France n'a rien à prendre à la Turquie : c'est donc son meilleur ami. Elle pourrait trouver, dans le soldat turc, en un commun besoin, un camarade qui ne serait pas une quantité négligeable. La France est déjà et deviendra de plus en plus, par ses colonies, une puissance musulmane. Permettez-moi de boire à la grandeur de ces deux peuples qui devraient marcher la main dans la main. Pour nous, Grecs, nous ne demandons pas mieux que de continuer les affaires, sous une protection de plus en plus large, s'inspirant de plus nobles idées et comptant plus à la franque qu'à la turque. »

Léonidas Androclès était heureux d'avoir pu donner à ses idées une forme précise, dans le désir de montrer quelque valeur personnelle devant l'homme éloquent qui lui donnait modestement la réplique. Rien ne rend sot comme la sottise des gens qui nous entourent; rien n'excite et n'éveille comme la supériorité d'un auditeur à qui nous désirons plaire. Mᵉ Marbaux, heureux de témoigner à M. Androclès sa sympathie, lui dit que les Grecs n'étaient point dégénérés; que la sève de cette race jadis si puissante n'était point épuisée; que le monde lui est redevable des règles suivant lesquelles

nous jugeons encore ce qui est vrai, ce qui est beau, ce qui
est bien ; que la Grèce avait le droit de dire à l'Europe,
comme jadis le Cynique à Alexandre : « Ote-toi de mon
soleil, je ne te demande pas davantage. » « Je bois à
mon tour, dit en finissant M⁰ Marbaux, à la Grèce, à la
vôtre, pleine de foi dans son avenir, parce qu'elle se
sent la légitime héritière de ces grands Hellènes que le
bon Plutarque opposait aux puissantes figures de l'histoire romaine. »

M. Léonidas Androclès était debout : il nous parut
qu'il avait grandi. Il essuya silencieusement une larme
qui tremblait au bord de ses paupières.

Le docteur, qui sait que les émotions prolongées
sont périlleuses, nous ramène à des considérations plus
rapprochées de la terre : il témoigne sa surprise de
n'avoir aperçu ni madame de Novichef, ni sa fille.
M. Androclès, qui les connaît, naturellement, nous
indique exactement la situation, que nous ne savons
que trop. Nous le laissons dire. Le docteur, après lui,
rétablit les faits ; nous le laissons dire également. En
somme, il était acquis que M. Vorozof était parti fort
mécontent et que le mariage était indéfiniment ajourné
par ces dames. M. Androclès fit, en quelques mots
vigoureux, le procès de la mère, qui prétendait bien
être Grecque de naissance, mais qui n'avait jamais rien
précisé, de peur, sans doute, de désagréables surprises.
« Quant à la fille, fort belle, dit-il, mais audacieuse, mal
élevée, égoïste, perverse, sans consistance, de mauvaise foi, dangereuse, je la tiens pour capable de tuer,
sans le moindre remords, ce pauvre Vorozof, qui n'est
plus pour elle qu'un embarras insupportable. »

Le docteur, en sa qualité d'amoureux en disponibilité, devait rétablir les faits et prendre la défense de la

fille, en abandonnant la mère aux foudres helléniques.
« Mademoiselle de Novichef, dit-il, n'est qu'un reflet ;
elle est suggestionnée : supprimez la mère et mettez à
sa place, dans la direction de cette jeune fille névrosée,
une autre volonté qui s'impose, et vous aurez un changement absolu dans l'être complexe que mon ami vous
peignait tout à l'heure des plus noires couleurs. Que
M. Vorozof persiste et épouse, mademoiselle Laure
deviendra, transformée par sa domination, une femme
aimante, sincère, éprise des idées les plus généreuses
et les plus élevées. Que M. Vorozof échoue, ce qu'à
Dieu ne plaise, la mère achèvera de faire, de sa fille, la
plus dangereuse des femmes. M. Vorozof ne trouva
parmi nous que des amis regrettant amèrement qu'un
homme de sa valeur se fût laissé circonvenir et eût
engagé sa parole.

— Il a fait plus, ajouta tristement M. Androclès, il a
donné son cœur : il juge peut-être, mais il aime à la folie,
et il souffre cruellement du présent, tout en conser-
vant quelque espérance dans l'avenir. Il partage les illusions de mon ami le docteur, qui s'imagine connaître les
âmes, parce qu'il manie les organes dont les âmes
tirent les fils. Ce pauvre M. Vorozof pense qu'il a une
mission à remplir : purifier cette âme souillée par le
contact de l'impureté maternelle et la conquérir au
bien. Tristes illusions ! il n'y a plus rien à tenter :
mademoiselle de Novichef est pire que sa mère.

— Oh ! s'écria le docteur.

— Je suis de l'avis de M. Léonidas Androclès », dit
d'une voix grave, ses yeux fixés sur les miens, M⁰ Marbaux. C'était comme le prononcé d'un jugement défi-
nitif, irrévocable.

Après quelques instants de silence, M⁰ Marbaux,

revenant au ton enjoué qui lui était familier, annonça
que nous étions invités à passer la journée de dimanche
prochain aux îles des Princes. « Je ne vous ai pas consulté, dit-il, j'ai répondu que nous acceptions. Nous
partirons samedi soir et nous reviendrons lundi matin,
en longeant la côte d'Asie. C'est M. Romyan, père de
l'ingénieur arménien près duquel vous avez déjeuné
ces jours-ci, qui nous offre l'hospitalité de son chalet
de Prinkipo.

— Mais je connais beaucoup le père et l'ingénieur,
dit M. Androclès. Si vous voulez, docteur, nous partirons dimanche matin pour Prinkipo, après que vous
aurez mis vos malades à l'heure par un léger coup de
remontoir ; et nous rencontrerons ces messieurs, après
déjeuner, sur la terrasse de l'hôtel Pandolfo.

— C'est parfait. Rendez-vous général, dimanche, à
Prinkipo. »

XLV

LES DEUX LETTRES.

Me voici seul ; les deux lettres sont là. « Pire que
sa mère », a dit M. Androclès, et le maître a approuvé.
Vais-je m'empoisonner en respirant le parfum de cette
fleur vénéneuse ? Nous verrons bien. La lettre, la
voici :

« MON CHER AMI,

« Je reçois une lettre menaçante de M. Vorozof.
« Il m'annonce son prochain retour. Il m'adresse une
véritable sommation, il parle en maître, déjà ! Il veut
absolument que je rentre en Russie avec lui.

« Il ne dit pas un mot de ma mère : n'est-ce pas une indignité de plus?

« Il ne faut pas que M. Vorozof nous trouve ici ; nous avons résolu de nous réfugier dans le voisinage de Constantinople, chez un ami qui est prêt à nous recevoir. Peut-être nous installerons-nous simplement dans un hôtel, sous un nom d'emprunt. Dans tous les cas, je vous écrirai de Prinkipo pour vous fixer.

« Prinkipo est une des îles des Princes, qui sont dans la mer de Marmara, en vue de Constantinople, vers le golfe d'Ichsmidt.

« Vous ne trahirez pas notre retraite ; mais ne la respectez pas, c'est une retraite pour tous, excepté pour vous.

« Votre vieux professeur de droit, votre avocat célibataire, insexuel sans doute, a été d'une insolence hier soir ! Rien ne me vexe comme ces politesses à froid. Si jamais je puis le griffer, je n'y manquerai pas. Vous m'obligerez beaucoup en ne lui parlant jamais de moi. Il ne m'aime point, je le sens, et j'avoue que je ne puis pas le sentir.

« Ma mère s'était laissé prendre à ses airs doucereux !

« Décidément, elle baisse.

« Une bonne pension à cette excellente maman, et, fouette cocher ! Voilà mon désir bien arrêté. Je ne veux pas rester en Russie. Je veux voyager.

« Voyager à deux ! Parcourir à deux la terre, que nous verrions de loin en loin, aux relais, aux moments de repos ! Le vrai monde, ce serait vous pour moi, moi pour vous. Que vous importerait le reste ?

« Dites, voulez-vous ?

« Vous seriez gêné, peut-être, et n'oseriez pas m'embrasser !

« N'ayez donc pas peur du maître ; vous êtes assez grand garçon pour l'envoyer promener, et sa férule n'est pas faite pour vos mains, qu'il me tarde bien de sentir dans les miennes.

« LAURE. »

Et nous allons dimanche à Prinkipo ! « Le vieux professeur de droit » a fait, en acceptant l'invitation, une belle besogne ! Il semblera que je cours après cette folle. Je crois que « le vieux professeur de droit » et l'ami Léonidas ont raison. Déjà, la mère est sacrifiée. Et la fille s'imagine qu'en la jetant ainsi par-dessus bord elle me tentera ! Mais que ferait-elle de moi, quand la traversée m'aurait épuisé, et que, sans force, je n'aurais plus d'affection que pour le repos et l'inerte sommeil ? Par-dessus bord, moi aussi !

Mais j'oubliais, pour la houleuse mer de Marmara et les îles des Princes, le petit fossé sur le revers duquel je n'aperçois plus la robe crème avec des nœuds cerise. La pauvre enfant, depuis la sérénade, n'a plus soulevé ni store, ni rideau, ni châssis. Je ne l'entends plus chanter ! Sa petite voix, juste, mais grêle, montait quelquefois du rez-de-chaussée à mon balcon, coupée par le dialogue grondeur de la mère.

Don César s'asseyait auprès d'un soupirail ardent et lisait les billets doux du comte, trouvés dans le costume volé :

> Je m'assieds là : je lis les billets doux du comte ;
> Et, trompant l'estomac et le cœur tour à tour,
> J'ai l'odeur du festin, et l'ombre de l'amour.

Si j'ai mieux que l'odeur du festin, je n'ai, comme don César, que l'ombre de l'amour ! Il lisait les billets doux du comte : je lis les miens, et je ne suis pas plus avancé que lui !

Mais, aussi, pourquoi voyager?

> Hélas! dirai-je il pleut :
> Mon frère a-t-il tout ce qu'il veut ;
> Bon souper, bon gîte, et le reste?

Mon Dieu! qu'il y a loin d'ici à Paris : ici, l'ombre ; là-bas, la réalité. « Bon souper, bon gîte et le reste. » Pourquoi voyager?

Il faut bien pourtant lire ce malheureux papier; il sent bon. Je pensais bien qu'il se serait parfumé au contact de l'autre. Parfumé! Une ombre de plus que ce parfum !

« Monsieur Camille, je suis sûre que vous ne m'aimez pas. Vous le faites pour passer le temps. Ne vous fâchez pas, si je vous dis cela ; mais je crois que j'ai plutôt raison que tort. J'ai bien des choses à vous expliquer, mais je ne puis pas l'écrire. Si je pouvais sortir, je vous le dirais. Pardonnez-moi.

« IRÈNE. »

L'orgueilleuse Laure essayerait vainement d'écrire de la sorte : elle est trop compliquée pour dire, en termes naïfs et simples, ce qui est l'objet de ses soucis. Irène ne fait pas de phrases inutiles, et ses premiers mots nous ouvrent son cœur : « Je suis sûre que vous ne m'aimez pas. » Et cependant, les faits sont là qui protestent, des baisers plein la main, un billet, toutes les simagrées de l'amour. « Vous le faites pour passer le temps. » Et la pauvre enfant se hâte de demander pardon d'avoir pu douter : « Ne vous fâchez pas, si je vous dis cela. » Elle insiste, mais faiblement, sur la duplicité de l'amant : « Je crois que j'ai plutôt raison que tort. » Mais gardera-t-elle rancune ? S'indignera-t-elle de la comédie ? Eh ! le peut-elle ? Il est trop tard, elle s'est laissé prendre, et le témoigne naïvement. Elle veut, loin de chercher à l'éteindre, ranimer la flamme. Sous le prétexte, toujours le même, de la nécessité d'une explication, elle provoque, sans le vouloir peut-être, une réponse périlleuse, qui fixera un rendez-vous. C'est grave, ce qu'elle a à dire, à expliquer : elle ne peut l'écrire. La conséquence forcée, prévue, espérée, est celle-ci : il faut nous voir. Elle sent toute la gravité d'une situation ainsi définie, et, pour en atténuer le péril, elle veut laisser croire qu'elle ne pourra sortir, se le persuader à elle-même peut-être. Au fond, elle a l'espoir qu'on avisera : s'il est absolument nécessaire de se voir, de s'expliquer, c'est à l'autre de dire où et comment ; le dira-t-il ? Il le dira. Et que deviendra alors le pauvre oiseau qui se débat contre les petites grilles qui forment sa cage, mais qui le protègent contre tous les hasards de la liberté ? Que deviendra-t-il si une main audacieuse, mais pardonnée d'avance, vient se poser sur sa tremblante prison ? — Et le dernier mot est celui-ci : « Pardonnez-moi, j'ai osé douter de votre amour ! »

Pauvre Irène !

Ta passion sincère et profonde me remue ; mais ma pitié te suffit-elle ?

N'as-tu pas le droit de réclamer mon amour en échange du tien ? Peux-tu aimer, et n'être aimée que « pour passer le temps » ? Peux-tu donner toute ton âme, et de ce sacrifice n'être payée qu'en banales et grossières caresses ? Ton amour t'élève ; seul, hélas !

je me sens comme cloué aux satisfactions terrestres, impur en face de ta pureté, que le premier baiser aurait à jamais flétrie. Fuis loin de moi; fuis, comme je dois moi-même fuir cette autre impureté qui me conviait tout à l'heure. Laure de Novichef est loin de se douter qu'elle m'inspire de l'horreur et du dégoût; et toi, pauvre petite Irène, tu ne sauras jamais que c'est par respect pour toi que je m'interdis de te répondre. Si tu tombais dans mes bras, je ne suis pas un ange, et l'enfer se réjouirait; mais je me réveillerais honteux de la violence qui aurait livré à ma seule sensualité ton âme surprise. Garde ta pudeur, je garderai ma dignité. Je dédaigne le plaisir que m'offre mademoiselle de Novichef, et j'irais voler ton honneur pour satisfaire aux mêmes vulgaires désirs! Dieu me garde de m'avilir et m'épargne la honte de moi-même!

— D'autant mieux que vous éviterez ainsi des complications de toute sorte, disait sur le seuil de la chambre M⁰ Marbaux : il y a toujours la rue entre deux.

J'avais relu, à haute voix, la lettre d'Irène, et dit sur un beau ton déclamatoire les belles phrases qui précèdent : quelle sottise! M⁰ Marbaux, croyant que j'avais affaire à quelque indiscret, venait à mon secours et s'était arrêté, stupéfait, sur le seuil. Je m'étais confessé sans le vouloir.

— Méfiez-vous, dans tous les cas, de la petite qui a les yeux constamment fixés sur nos deux fenêtres. Je suis surveillé, comme vous; vous me compromettez, mon ami, vous me compromettez.

C'est sur ces mots que le vieux professeur de droit se retira, en éclatant de rire, dans sa chambre, — insexuelle, — comme aurait dit mademoiselle de Novichef.

XLVI

HÉLÈNE.

Je mets en ordre quelques notes que m'a remises M⁰ Marbaux, en attendant l'heure du déjeuner ; nous l'avons demandé pour dix heures, afin d'être des premiers, en bonne place, sur le passage du Sultan se rendant à la mosquée.

Le garçon a profité de l'occasion pour me faire savoir que madame et mademoiselle de Novichef avaient quitté l'hôtel, avec leurs bagages, mais qu'elles ne s'étaient point embarquées pour Odessa, le vapeur ne partant pour cette ville que dans l'après-midi.

J'ai laissé tomber mon rideau, pour voir sans être vu, mais la fenêtre d'en face n'a pas sourcillé. Je me penche un peu pour voir l'étage inférieur : on va, on vient ; je ne puis voir que le bout des robes : pas le moindre bruit de voix.

Ah ! voici l'ennemi ; l'espionne que m'a signalée narquoisement M⁰ Marbaux fait son apparition à la fenêtre du rez-de-chaussée. Mais, à propos, M⁰ Marbaux regardait donc lui aussi ! Comment a-t-il remarqué que nous étions surveillés ? Il est bien vrai que la fillette qui répond au nom d'Hélène lève fréquemment la tête et promène ses regards curieux sur nos deux fenêtres indistinctement. Je puis, à mon aise, me venger de l'espionne, en l'espionnant à mon tour. Elle est brune, avec des yeux noirs magnifiques, des cheveux noirs de jais, coupés en rond, un nez retroussé et mutin et des lèvres charnues, qui s'ignorent encore, mais qui sont marquées pour la sensualité. Cette enfant peut avoir de treize à quatorze ans. La nature a déjà beaucoup fait, dirai-je pour ou contre elle? C'est un fruit dont la maturité approche et qui appelle la main du passant.

A la faveur de mes rideaux transparents, je ne perds pas un seul de ses mouvements de jeune chatte ; elle est tout entière au rôle qu'elle joue par plaisir, par désœuvrement ou par ordre. Elle ne croit pas être vue et se livre comme si elle était dans une chambre bien close. Elle fait le guet à la fenêtre grillée du rez-de-chaussée, près de la porte d'entrée. La grille de la fenêtre est scellée de façon à laisser en avant de l'appui en pierre de taille un espace libre dans lequel sont encastrés des pots de fleurs. La tête de la fillette, vive et rougie par la besogne qui paraît la passionner, apparaît au-dessus des fleurs, tandis que penchée elle embrasse de ses regards toujours en mouvement la rue et nos fenêtres. Mᵉ Marbaux est surveillé ; regarde-t-il comme moi ?

L'enfant s'était d'abord huchée sur une chaise, mais elle trouve plus commode de s'agenouiller, et sa tête, que ce changement a ramenée plus bas, se loge comme une fleur énorme dans les feuilles grêles des fuchsias. Dans cette position nouvelle, je voyais sa poitrine, déjà bombée, exempte encore du corset, se poser, comme dans des moules complaisants, sur deux pots dont les hôtes, fuchsias tremblants, se pressaient, refoulés par l'enfant contre la grille. Sous l'étoffe grise qui dissimulait mal leur ardeur juvénile, les seins tendus semblaient prendre en pitié les petites dentelures des feuilles ; ils étaient autrement armés et le montraient. Toujours en mouvement, la petite chatte semblait peu se préoccuper du mécontentement des fuchsias qui, dans leurs pots formant coupe, se balançaient au va-et-vient tantôt lent, tantôt plus accentué. La physionomie de la fillette avait exprimé une sorte de surprise d'abord, un vague plaisir ensuite, et enfin une sensation vive et sans ambiguïté. Elle eut honte sans doute et, par un brusque mouvement en arrière, elle se releva et disparut en fredonnant dans le vaste appartement sombre. Elle reparut quelques instants après à la fenêtre placée de l'autre côté de la porte. Ici, plus de fuchsias ; je vis ses yeux se tourner alanguis vers les arbustes relevés et dignes, heureux, semble-t-il, de n'être plus refoulés. Au coin de la rue apparaît la mère ; la fillette jette un dernier coup d'œil sur la chambre que M⁰ Marbaux occupe et quitte son observatoire. Sa faction est terminée ; évidemment la mère avait donné des ordres. Nous sommes suspects ; moi, je le suis moins que « l'avocat vieux garçon ».

XLVII

LE SÉLAMLICK.

Nous sortons du Sélamlick.

Nous avons assisté à un spectacle bien curieux ; à lui seul, il vaudrait peut-être le voyage.

Que de gens vont à Rome pour voir le pape et entendre sa messe ! C'est le pape ottoman que nous avons vu tout à l'heure. Il n'était point entouré de vieux cardinaux faisant effort pour se redresser et luttant contre la mort prochaine ; il n'était point protégé par quelques hallebardiers de ballade. Il traînait à sa suite tout un peuple de maréchaux, de généraux, de colonels ; il

avait, pour le garder et l'acclamer, des milliers de soldats prêts à mourir sur un signe de ce souverain qui
est le maître absolu des âmes et des corps.

Les visiteurs sont reçus sur la présentation de la carte
de leurs ambassadeurs respectifs, dans des pavillons dont
les appartements en enfilade font face à la mosquée dans
laquelle le Sultan va venir prier. Il doit descendre par
une large voie dont la pente est très accentuée ; l'entrée
des pavillons se trouve sur un petit terre-plein planté
d'arbres et situé par côté vers le haut de la rampe. La
mosquée Hamidieh, de construction récente, est posée,
éclatante de blancheur, sur une vaste terrasse, du côté
opposé à celui qu'occupent les pavillons et en contre-
bas de ceux-ci. Les grandes grilles qui donnent accès
sur cette terrasse sont ouvertes et les troupes s'éche-
lonnent tout autour de la mosquée. Nous ne perdrons
de vue le Sultan que quand il sera à l'intérieur du
coquet édifice qui brille sous un soleil ardent, à quelques pas de nous. Le Sultan décide quelquefois que la
cérémonie aura lieu au téké des derviches, à la mosquée
d'Erthogrul, récemment édifiée, elle aussi, plus bas
encore, à un des tournants de la rampe qui monte
à Jildiz-Kiosk (kiosque de l'Étoile), dont le Sultan a
fait sa résidence favorite. Aujourd'hui, c'est la mosquée Hamidieh qui sera honorée de la visite du mo-
narque.

Les troupes se massent en bon ordre le long de la
rampe ou dans les allées latérales qui s'étagent au-dessus
et au-dessous de la mosquée. La cavalerie se tient en
contre-bas ; l'infanterie de marine, l'artillerie et les
divers échantillons des corps de fantassins occupent la
partie supérieure de ce plan incliné, tailladé par des
terrasses superposées. Ces terrasses elles-mêmes sont

reliées entre elles par une grande voie formant circuit et aboutissant à la terrasse principale qui porte la mosquée. Quand toutes les troupes ont pris la place qui leur est assignée, le coup d'œil présenté par ces masses se détachant sur le fond de verdure des gazons et des arbustes, sous un soleil qui tire une flamme du moindre mouvement, est vraiment merveilleux. Nous sommes non loin de la crête du coteau sur lequel le Sultan a établi ses jardins et son palais de Jildiz-Kiosk ; et par la large trouée qui s'ouvre devant nous, nous dominons le vallon que nous avons suivi tout à l'heure sous la protection du cavass de l'ambassade ; sous nos yeux charmés se pressent de riches constructions, des jardins superbes, des allées touffues, remplies d'une foule bariolée et bruyante ; l'encadrement lointain est formé par le Bosphore, la Corne d'or, la pointe du sérail et les lignes fuyantes de la mer de Marmara.

Tandis que les troupes défilent, gagnant leurs divers emplacements, on offre aux hôtes du Sultan une tasse de café : il est excellent.

Une première alerte : les fils du Sultan apparaissent à la grande porte monumentale par laquelle il se montrera à son tour, et qui est sur notre gauche, tout au haut de la rampe. Le fils aîné tient la tête ; il monte à cheval devant nous et va rejoindre le poste qui lui est assigné. Il commandera tout à l'heure un escadron de cavalerie.

Peu après débouche, au haut de la rampe, une sorte de procession, sans bannières, mais non pas sans croix. Rangés sur deux files, des hommes généralement trop bien portants et sanglés dans leurs uniformes chamarrés de décorations, généraux, pachas, hauts dignitaires du palais, descendent la rampe, laissant libre le milieu qu'une lance continue d'arroser. Ils passent très gras, mais très raides ; il ne faudrait pas leur demander de se baisser. Au demeurant, pas de succès.

Succès très vif, au contraire, pour les cinq voitures qui viennent ensuite ; elles font passer sous nos yeux, il serait inconvenant de dire sous notre nez, — quelques dames de la cour : que d'intrigues, sans doute, pour être ce jour-là au nombre des élues! Leur curiosité a pu être satisfaite, mais point la nôtre. Nous avons pu voir et admirer des toilettes des *Mille et une nuits,* vaporeuses, des flots de gaze lamée d'or et d'argent, des dentelles et des yeux brillants, bien ouverts, dévorant le spectacle éphémère qui anime pour quelques minutes le néant d'une existence cloîtrée. Les dames s'agitent et se bousculent autour des fenêtres, dans les pavillons. « J'ai très bien vu », dit l'une d'elles; « Je n'ai rien vu du tout », dit une autre d'un ton pincé. Nous n'avons rien vu, nous autres messieurs, que des tissus et des yeux ; en revanche, nous nous sommes, pour voir, montrés autant que le permettaient les dames des premiers rangs. Peut-être avons-nous tort de nous montrer naïvement tels que nous sommes. Nous aurions intéressé bien plus vivement ces grands yeux curieux, si, à notre tour, nous nous étions mis un peu de soie sur le nez.

Des costumes de plus en plus dorés descendent la pente ; la garde impériale envoie ses détachements; au signal strident d'une trompette, toutes les troupes portent les armes et toutes les têtes se découvrent. Le Sultan, en voiture découverte, passe devant nous au pas de deux magnifiques chevaux : en face du Sultan est assis un homme d'une superbe figure. On dit autour de nous que c'est Osman-Pacha. Les broderies de son

costume font ressortir la simplicité du vêtement impérial : une redingote noire à col droit et à une rangée de
boutons noirs, sans ornements, sans la moindre décoration. C'est une stambouline. Le fez est celui de tout
le monde. Cette simplicité ferait tache dans cet ensemble où éclatent tant de couleurs, si ce n'était une
simplicité voulue : seul, le Sultan n'a pas de costume.
Il salue gracieusement de la main, se penchant à demi,
tandis que les troupes ébranlent l'air de leurs acclama-
tions. Il m'a paru fatigué : « Il peut trop, me dit M* Marbaux. Ceux à qui Dieu donne le droit de vie, de mort
et d'honneur sur des millions d'êtres humains, devraient être pétris d'un autre limon. Pourquoi tant de
puissance sur des épaules faibles comme les nôtres ? »
Et je pensais au petit gravier de Cromwell, dont parle
Bossuet.

Tandis que tonnait le canon, que tout acclamait et
adorait cette puissance, s'élevait tout à coup, au-dessus
et comme dans le ciel, l'appel à la prière du muezzin,
sorte de bêlement lointain. Seul, le turban du muezzin
apparaissait au rebord de la terrasse du minaret, ou-
vragée comme une dentelle et masquant le corps, qu'on
entrevoyait seulement. Rien n'interrompait la canti-
lène plaintive, noyée par moments dans le fracas qui
saluait le maître, mais surnageant dès que le grand
silence respectueux se faisait. Cette voix d'en haut,
affaiblie par la distance, parlait au nom de celui qui
seul est la force, et rappelait à ce peuple d'adorateurs
qu'il y avait une toute-puissance au-dessus de ce puissant auquel allaient toutes les pensées et toutes les
adulations. Déjà peut-être ses jours sont-ils comptés,
et la nature, qui le fit, se prépare-t-elle à le défaire.

On nous offre une tasse de thé, pendant que le

Sultan fait ses prières. Nous décidons de la prendre à l'ombre d'un beau figuier, sur la terrasse qui donne accès aux pavillons, la chaleur dans les salons étant étouffante. Nous sommes ainsi debout sur le couronnement du mur. Les troupes vont toutes remonter par le grand circuit jusqu'au-dessus de nous et défileront sous nos yeux, à nos pieds, avant de passer devant la fenêtre de la mosquée où le Sultan, à l'ombre, les attend. Il passera, après nous, la revue.

Si toutes les troupes turques tendent le jarret, marchent et acclament avec autant de précision que les sept ou huit régiments que nous avons vus au Sélamlick ; — si la cavalerie turque est telle, sur toute la surface de l'Empire ottoman, que celle qui a défilé devant nous ; — si l'artillerie (nous n'avons vu que les hommes) peut partout présenter des sujets pareils à ceux qu'on nous a montrés, la Turquie peut se vanter d'avoir une belle armée. Je désire qu'elle porte tous ses efforts sur l'accroissement de ses forces militaires. Elle sera une puissance militaire de premier ordre ou elle repassera le Bosphore : pour reculer, jusqu'où ? Dieu le sait. Elle sera, au contraire, courtisée, dès qu'on sera sûr qu'elle a une dot ; pour une nation, la dot, c'est l'armée. La flotte, au jour du contrat, ne représente que les espérances.

Quand la cavalerie, au grand trot, a disparu dans un nuage de poussière, le Sultan se montre sur les degrés qui accèdent à la mosquée. Tout le monde s'incline, et voici le maître tranformé en cocher. Le Sultan conduit lui-même la voiture qui le ramène au haut de la montée, vivement, tandis que se rue après lui, soufflant, suant, pestant sans doute, mais acclamant, la foule la plus dorée, la plus décorée, la plus enrubannée qui se puisse imaginer. Tous ces dignitaires courant après la voiture, quel spectacle! Et le maître fouettait les chevaux! Épouvantable montée! — Il y avait aussi, dans la cohue, quelques eunuques, grands, bronzés, de noir tout habillés, portant sans doute le deuil de leur passé, mais n'ayant nulle honte de leur présent. Ils glapissaient, et leur voix aiguë faisait autant de bruit qu'ils pouvaient : plus de bruit que de besogne, c'est leur devise. Du temps de madame de Sévigné, au témoignage de Tallemand des Réaux, on avait trouvé un euphémisme heureux pour désigner ces neutres : on disait qu'ils étaient incommodés.

Je voudrais bien savoir pourquoi, dès qu'une cérémonie a pris fin, tout le monde est pressé de partir, coûte que coûte : nous n'avions rien à faire, et beaucoup sans doute étaient dans le même cas. Je ne m'en suis pas moins donné un mal d'enfer pour découvrir notre cocher, et pour être des premiers à partir : je n'ai que trop réussi. Nous nous sommes plongés, à mesure que nous descendions, dans un nuage de plus en plus épais de poussière blanche. Les piétons, les voitures, les soldats, la cavalerie surtout avaient pulvérisé la croûte des chaussées; nous étouffions dans ces flots de poussière irrespirable.

Tout, hélas! finit par la poussière, la grandeur du Sélamlick, comme tout le reste.

Le négrillon, que je retrouve à la porte de l'hôtel, s'empare de moi, me brosse à grande force et rend à ma redingote toute blanche le lustre foncé qui brille sur sa figure bêtement souriante : quelques paras le rendent plus souriant encore.

XLVIII

LES DERVICHES TOURNEURS.

On nous assure que la règle est d'aller, au retour du Sélamlick, voir les derviches tourneurs, qui d'ailleurs tournent à deux pas de nous : leur také est, en effet, dans la grand'rue de Péra. Nous avions vu le také des derviches hurleurs de Scutari : celui-ci n'a pas meilleure apparence, et ce n'est pas sans hésitation que nous nous décidons à entrer.

Si le také (monastère) est aussi modeste, la salle des représentations est plus coquette : je l'appelle par son nom, puisqu'on y va comme au spectacle et que l'on paye. Les femmes ont des places réservées et grillées, les hommes se placent tout autour de l'enceinte sur laquelle vont pirouetter tout à l'heure les religieux Mèvlèvi : c'est un parquet uni et ciré, qu'entoure une balustrade à hauteur d'appui. Il faut se déchausser ou se tenir tête nue : bizarre alternative. Nous aimons mieux enlever nos chapeaux que nos souliers.

Nous avions remarqué, dans les rues, certains bonnets roux que nous retrouvons sur la tête de nos religieux : bonnets en feutre, épais de deux à trois centimètres, très hauts de forme. Le fez est un cône tronqué : le bonnet des derviches tourneurs se rétrécit un peu jusqu'à la moitié de sa hauteur, pour s'élargir au-dessus, mais sans que le plan supérieur, légèrement renflé, ait une circonférence aussi large que l'ouverture dans laquelle s'enfonce la tête. Les vêtements que portent les derviches sont flottants, de façon qu'obéissant au mouvement de rotation qui va leur être imprimé, ils forment autour du corps comme un tourbillon éclatant de blancheur.

Des prières précèdent, sorte de lever du rideau : intéressantes peut-être pour les musulmans, elles agacent les profanes par leur longueur, et les simagrées, les génuflexions qui les accompagnent. Enfin le petit orchestre qui fait rage par côté provoque la mise en branle. L'un des derviches, comme enivré par la musique monotone et insistante, ouvre les bras et les étend horizontalement. Il commence à tourner lentement sur lui-même, sans que ses pieds nus fassent le moindre bruit sur le parquet glissant. L'exemple est bientôt suivi, l'entraînement est général, et toute la bande est irrésistiblement lancée en tourbillon autour de la balustrade.

L'espace n'est pas très grand : tout ce mouvement est assez heureusement combiné et rythmé, pour qu'aucun choc ne survienne : c'est là la merveille qu'on vient admirer.

Je ne suis nullement enthousiasmé : M⁰ Marbaux, lui, est fort mécontent. « On hurlait à Scutari, on tourne ici; c'est une même folie sous deux manifestations différentes, dit-il. S'il est vrai que ces gaillards passent leur temps à se préparer, à s'entraîner, pour n'arriver en somme qu'à déplacer du vent, je trouve qu'ils pourraient faire de leur existence un meilleur emploi. On nous dit qu'ils sont riches et que de grands domaines, fondations pieuses, engraissent leur fainéantise; ils ont donc le moyen d'être secourables, et ils doivent l'être, quoique le fabuliste, pour ne pas jeter la pierre aux moines, ait accusé « les dervis » de retenir égoïstement les biens que Dieu prodigue à ceux qui font vœu d'être siens. Dans tous les cas, au lieu de leur apprendre à tourner, je les enverrais sur leurs terres, travailler au contact des fourmis, ensemencer, moissonner eux-mêmes; je méprise, et je proscrirais volontiers, tout ce qui est habileté stérile. Tout effort qui n'enrichit point notre âme, ou n'endurcit point notre corps, est vain et condamnable. »

Et moi, philosophant à ma façon, je me disais que la Loïe Fuller, sans la prétention d'accomplir un acte religieux, et simplement éclairée par des lampes électriques, sait autrement varier ses effets et est beaucoup plus intéressante.

XLIX

UNE BOUTIQUE A GALATA.

Nous avons rendu visite à M. Ramyan, chez qui nous passerons la journée de dimanche. Après les premiers compliments, il nous présente son fils cadet, qui doit prendre la suite de ses affaires. « Mon fils aîné, dit-il, a fait son chemin ; je ne crois pas que celui-ci aille si loin : il restera sur place. Le premier a couru après la fortune, et l'aura trouvée, j'espère. Celui-ci, Théodose, fera comme moi et attendra, sur cet escabeau, la fortune, qui viendra l'y trouver. » — Et son bon rire d'Arménien grossissait la plaisanterie. Était-ce la première fois que l'on faisait cette plaisanterie? J'en doute. Elle était prête et fut servie dès l'entrée.

Un croquis du milieu où nous sommes ne sera peut-être pas déplacé dans ces notes, photographies instantanées.

La boutique de M. Ramyan est un peu plus grande que la main : il le faut bien, puisqu'il y a un petit comptoir. MM. Ramyan père et fils au sud du comptoir, M⁰ Marbaux et moi, au nord. Nous sommes chacun sur un escabeau canné pareil à celui sur lequel M. Ramyan fils attend la fortune : ne demandez pas un cinquième escabeau. Le commis ne s'assied jamais : il est debout dans l'étroit espace qui, sur la droite, sépare le comptoir du mur ; à l'autre bout, le comptoir et le mur se touchent. M⁰ Marbaux et le père se font pendant ; nous nous faisons pendant, le fils et moi. Le commis est partie sur mon dos, partie sur le dos de M. Théodose.

Le comptoir a des dessous vitrés, remplis de marchandises ; des vitrines, également remplies, couvrent les bouts de mur qui vont du comptoir à la rue ; enfin la porte étroite a deux vitrines latérales, étriquées, flûtées, remplies aussi. Au-dessus de nos têtes, un grillage d'un mètre carré permet d'apercevoir des paquets qui forment, au premier, la réserve : ce grillage fait office de ventilateur, il ouvre l'œil sur le bas, quand par hasard on est en haut, en train de fureter dans les paquets.

Au plafond très bas, pendent des violons ; des flûtes, des hautbois, des clarinettes occupent la vitrine de droite ; les cornets à pistons et quelques confrères en fanfare occupent la vitrine de gauche. On apporte quatre cafés, avec les quatre verres d'eau, accompagnement d'usage. Le magasin est plein.

Mais on peut entasser. « C'est un violon que je veux », dit un Turc qui entre sans un mot de politesse, sans saluer. Le comptoir répond que les prix varient entre 1 et 12 medjidiehs (de 4 à 48 francs). Le client réplique :

« Descendez-les tous, je vais les essayer ». Le commis dé-
place au profit du chaland l'escabeau sur lequel on attend
la fortune, et le violonneux, bien assis, commence à faire
grincer les cordes. Le malheur veut qu'un autre client
vienne essayer les flûtes. M. Ramyan père passe son
escabeau au nouveau venu, et voici debout devant nous
le père et le fils, tandis que derrière M⁰ Marbaux les
violons, derrière moi les flûtes, font un sabbat épouvantable. Nous en aller au plus vite était tout indiqué ;
mais comment sortir? Le sol était, entre le comptoir et
la porte, couvert de violons et d'étuis de flûtes ! —
Sans mot dire, les clients, habitués sans doute à jouer
la difficulté, sortent dans la rue, sans lâcher l'instrument qu'ils avaient en main, et nous pouvons gagner
le seuil. Les acheteurs, sérieux et dignes, attendent,
pour rentrer, que nous ayons vidé les lieux.

Nous sommes encore sur le trottoir que déjà l'on
recommence à grincer et à flûter : les escabeaux, que
nous quittons à peine, ont fait le saut de carpe par-
dessus le comptoir; Théodose est assis sur l'un d'eux,
l'autre attend le père qui nous fait les honneurs du
trottoir. Le commis est toujours debout, aéré par le
ventilateur-grille du plafond.

« La maison est petite, nous dit M. Ramyan; mais je
serais content de la voir toujours pleine de clients. Lors
de la première guerre, la grande guerre de Crimée, nous
ne pouvions pas suffire aux demandes. J'ai fait ma fortune alors; aussi pour moi la guerre de Crimée, voyez-
vous, c'est tout. Tant que je vivrai, rien ne changera
chez moi; est-ce que je n'ai pas eu assez de place pendant la guerre de Crimée? Ici nous n'aimons pas les
changements : pas plus les clients que les marchands.
Ah! si les Français savaient rester tranquilles ! Vous me

direz que cela ne me regarde pas, mais ils seraient les maîtres du monde. Ça nous ferait plaisir, ça nous ferait plaisir. Mais ils remuent trop et sont toujours occupés à tout changer. Et c'est ça qui leur ôte la confiance. »

L

JULES OU MARDOCHÉE?

Nous avons eu hier, en sortant de table, des nouvelles de M. Vorozof : par qui?

Vous souvenez-vous de ce personnage qui nous accablait de renseignements et de politesses à notre arrivée en terre turque? Nous ne savions point son nom ; mais il s'était enquis du nôtre, dès qu'il avait mis le pied sur l'Orient-express, ne nous avait point perdu de vue à Constantinople et s'arrangeait de façon à pouvoir s'imposer à l'occasion sans en avoir l'air.

Le garçon de service au petit salon présente à Mᵉ Marbaux une carte : le nom « Jules Cordoba » ne nous dit rien. Le garçon ajoute : « Ce monsieur désire vous parler ». — Dès qu'il entre, je reconnais le personnage, et Mᵉ Marbaux, qui le reconnaît aussi, lui tend la main.

« Je vous apporte, nous dit M. Cordoba, des nouvelles de M. Vorozof. Je suis commissaire à bord du vapeur qui l'a conduit, il y a quelques jours, à Odessa. Il m'a fait promettre de venir vous voir ; je le reverrai sous peu. Il était accablé de tristesse, mais il ne m'a pas confié la cause de son chagrin. J'ai eu souvent l'occasion de voyager avec lui. C'est une nature loyale et distinguée. Je ferais tout au monde pour lui rendre cette gaieté charmante que je lui connaissais et qui semble l'avoir fui pour toujours. »

M. Cordoba attendait évidemment que nous lui donnions des nouvelles, tandis qu'il avait l'air de nous en apporter.

M⁰ Marbaux fit servir du café, avec le verre d'eau, et pria M. Cordoba de s'asseoir et de vouloir bien continuer. Mais il avait fini. Sans le moindre embarras, il se mit à parler d'autre chose, et entama Constantinople. Quelques répliques de politesse le comblèrent de satisfaction ; il mit à notre disposition sa famille et ses amis, qui avaient quelque crédit sur la place, disait-il. « Nous appartenons à la haute aristocratie juive, je ne vous en dis pas davantage. »

Quand il prit congé, je compris, à la pression de ses mains et au petit clignement d'yeux qui l'accompagnait, qu'il avait quelque confidence à me faire. Je le suivis donc jusqu'au vestibule : « Eh bien ! l'avez-vous vue ? me dit-il. C'est M. Vorozof qui me l'a recommandée. C'est une femme charmante, avec qui vous pouvez causer, elle parle français mieux que moi. J'ai cru comprendre que c'est une parente de M. Vorozof, venant à Constantinople pour faire quelques emplettes. Elle ne passera ici que quelques jours. Je l'ai, sur la recommandation de M. Vorozof, fait admettre à l'hôtel qui passe, vous le savez, pour être assez difficile, Dame ! une jeune personne seule ! Mais je sais qu'elle est aussi recommandée par le consulat russe. J'ai tenu à vous donner tous ces détails afin que vous fussiez fixé d'avance. Elle vous plaira. Je suis assez difficile, je connais l'article, je vous la donne pour une jolie personne, un morceau de choix. »

Il nous faut beaucoup pardonner aux étrangers qui

manient un peu lourdement une langue pleine de difficultés ; mais « je connais l'article » n'était point un hasard malheureux. C'était l'expression juste d'une pensée qui avait son cachet d'origine. Pour M. Jules Cordoba, il s'agissait d'un *article* comme un autre, et il tenait à passer pour connaisseur, n'étant pas de ces gens à qui l'on peut faire prendre martre pour renard ; je le crois bien, il était de la haute aristocratie juive !

Encore un sujet d'étonnement et d'humiliation ! Étions-nous assez loin de ce jargon hispano-hébreux dont on nous avait dit : C'est la langue propre aux Juifs. Il faudra que je demande à M. Cordoba (Jules) quelles sont les langues qu'il ne parle pas. Encore un *article* qu'il connaît à fond.

Recommandée par M. Vorozof, que vient faire ici, pour quelques jours, cette jeune fille, ou jeune femme, voyageant seule ?

Ne viendrait-elle pas relever la piste des deux fugitives et mettre M. Vorozof au courant de leurs faits et gestes ?

J'allais me coucher, quand arrive M. Léonidas Androclès qui m'entraîne aux Petits-Champs. M⁰ Marbaux ne veut pas nous accompagner, la nuit lui paraissant trop fraîche.

Dès que nous sommes seuls, M. Androclès m'annonce l'arrivée à l'hôtel d'une dame qu'il n'a fait qu'entrevoir mais qui lui a paru, sous sa voilette blanche, d'une grande beauté.

— Je connais, me dit-il, la personne qui l'accompagnait et qui lui parlait avec toute la démonstration de respect que prodigue un subalterne. C'est un Juif du nom de Cordoba ; il s'est affublé du prénom de Jules, plus commode en voyage que celui de Mardochée qu'il garde pour la famille. Questionnez les domestiques de l'hôtel, ils ne demandent qu'à jaser; mais n'allez pas leur donner des cents et des mille. Ces diables de Français ont la rage du pourboire; vous gâtez nos gens. Quelques paras, par-ci par-là, ça suffit. Je vais moi-même aller aux informations : il faut avant tout savoir à qui nous avons affaire. M⁰ Marbaux sait-il quelque chose de la nouvelle venue?

— Il ne sait même pas son arrivée.

— Chut! pas un mot; de mon côté, je ne dirai rien au docteur; nous verrons plus tard s'il faut le mettre au courant. A Prinkipo, après-demain!

— C'est entendu, à après-demain, à Prinkipo!

Quel singulier composé que l'homme! Voici une femme que je n'ai même pas vue, dont j'ignorais, il y a une heure, l'existence, et je ne pense qu'à elle! Lorgnette en main, mademoiselle de Novichef fouille à l'arrivée les bateaux qui accostent à Prinkipo et ne voit rien venir, pas même un billet! En face, on pleure peut-être; j'ai le calme de l'indifférence : je ne déclame même pas; et si je devais parler tout haut, ce ne sont plus des noms connus que M⁰ Marbaux pourrait surprendre sur mes livres. Je suis tout entier à de nouvelles émotions, simplement espérées, possibles! Quant à prononcer le nom nouveau, le pourrais-je? Cordoba Jules-Mardochée a oublié de me nommer l'inconnue. Je voudrais bien savoir ce qu'elle vient faire ici, cette jolie femme que M. Vorozof, amoureux, mais non pas d'elle, recommande et fait recommander.

Bah! tâchons de dormir : à demain, les affaires — amoureuses? — Je m'y perds, je ne sais plus où j'en suis. Il me tarde d'avoir vu la protégée de M. Vorozof;

sera-t-il, pour celle-là encore, question de délicatesse, de loyauté et finalement d'eau claire?

LI

GRAND BAZAR.

En reprenant ce matin le drogman, pour en finir avec Stamboul, M⁰ Marbaux lui a dit : « Pas de turbés ! vous les nommerez au passage, pour faire en conscience votre métier. » — Ceci est le turbé du sultan Mahmoud II, et voilà son cercueil, revêtu de riches cachemires : le turban a disparu, et c'est le fez qui l'emporte, avec une aigrette de héron et des diamants. Dont acte.

Voici la colonne brûlée, ou colonne de Constantin. Elle était formée autrefois de neuf morceaux de porphyre cylindrique, emboîtés les uns dans les autres. Le joint était caché par une bande qui dessinait une couronne de laurier; l'aspect était celui d'un monolithe. Une statue surmontait la colonne, dont la hauteur totale était de cinquante mètres. La hauteur n'est plus que de trente-cinq mètres. Mais, placée sur un point culminant, la colonne est encore vue de partout.

Elle fut transportée, sur l'ordre de Constantin, de Rome, où elle était ornée de la statue d'Apollon, à Byzance, où elle reçut, à la place, celle de l'Empereur. La foudre fit justice de cette orgueilleuse substitution, mais cinq ou six cents ans après; elle avait mis du temps à faire justice.

A cette occasion, mon cher maître me fait remarquer qu'il n'y a pas une statue sur la surface immense qu'occupe Constantinople. Et Lhomond lui-même,

serait-il né sur les bords du Bosphore, ne pourrait y
avoir sa statue. Dans ces derniers mois, un de nos
ministres bénissait en quelques jours un lot avantageux
de bronzes ou de marbres. Parmi d'autres célébrités
que j'ai oubliées, le nom de Lhomond me frappa.
Eo lusum, me disais-je, *liber Petri, turba ruit ou ru-
unt, do vestem pauperi*, sans compter la règle fameuse
du *que retranché*, que de titres à l'immortalité! N'avoir
songé à ériger ces règles en statue qu'en 1894, quelle
honte pour la France! Je gage que Noël et Chapsal,
ces frères siamois de la grammaire française, attendent
encore. La moindre notoriété vaut aux morts, qui ne
gênent plus, une statue avec fêtes et trains de plaisir ;
comme on n'a plus de maisons d'école à bâtir, on élève
des statues qui encombrent les foires et les marchés.
Je supplie qu'on fasse à la grammaire la part qui lui est
due : puisque c'est l'art d'écrire et de parler correcte-
ment, nos orateurs, nos journalistes doivent en faire
une question personnelle.

La mosquée de Nouri-Osmanieh (la lumière d'Os-
man) nous prend quelques minutes d'admiration, et
nous nous engouffrons dans le Grand Bazar ou Grand
Marché. Le mot turc est passé dans toutes les langues ;
il y a des mots nés heureux.

Ne craignez pas de description : je donne mes impressions, pas davantage.

Les vieilles églises de nos campagnes sont souvent
les anciennes églises du château seigneurial : le village,
formé autour du château par une sorte de cristallisation
séculaire, s'est détaché à la longue et vit de sa vie
propre, bâti souvent aux dépens des ruines du château.
La chapelle a survécu, sauvée par le culte, mais, mal
entretenue, elle a de nombreuses plaies, des lézardes,

et menace ruine. Il faut recourir à M. le conseiller général pour avoir quelques secours, ou plutôt à sa femme qui voit le curé. La sacristie, vieille excroissance sur le flanc de l'église, la soutient, l'entraîne, on ne peut le dire : ce sont deux vieilles gens qui font leur possible pour avoir leur messe le dimanche.

Le bazar où nous entrons est plus vieux encore, plus lézardé, plus humide, plus menaçant que la vieille église aux murs bouclés sous le poids du clocher, pénétrés par les pluies, émiettés par les rafales.

Le bourdonnement de cette ruche branlante aux mille alvéoles endort la pensée; la variété des marchandises étalées, les disputes des marchands, la nécessité de se défendre contre leurs insistances, la malpropreté des pavés et des rigoles, l'obscurité et, par intervalles, le grand jour, ne permettent pas de penser au péril; si l'on pouvait garder son sang-froid sous ces voûtes menaçantes, on se sauverait à grands pas. L'une des rues principales a, au milieu, une voûte soutenue par des bandeaux et des bas côtés tout aussi mal voûtés; les piliers qui supportent cette triple toiture sont inégaux, quelques-uns ont perdu leur aplomb. La lumière, qui tombe des vitrages malpropres de la voûte centrale, laisse dans l'ombre les magasins ouverts sur les bas côtés. Sur d'autres rues, ce sont des coupoles qui envoient la lumière et mamelonnent les toits. Partout, la pluie, en traînées verdâtres, coule d'en haut le long des piliers et des murs. Les rigoles, sans pente ou sur un plan trop incliné, sont tantôt des cloaques nauséabonds, tantôt de dangereuses glissoires. Tout est bien, pourvu que le marchand, tapi dans le fond, sous ce jour louche et équivoque tombant des voûtes, puisse happer au passage le chaland qui n'est pas fait à cette demi-obscurité et marche comme ébloui.

Nous serions bien vite séparés l'un de l'autre, M⁰ Marbaux et moi, car on nous prend par le bras, on nous
entraîne, tandis que le marchand qui nous avait arrêtés,
et qui nous regardait comme siens, invective les audacieux qui viennent le dévaliser de ses acheteurs. Notre
drogman, qui en a vu bien d'autres, s'interpose et
nous recommande de ne rien acheter. Il a plus loin des
affaires merveilleuses à nous faire faire : c'est à des
compères qu'il nous livrera, moyennant juste commis-
sion : les trente deniers de Judas. Tout drogman est
doublé d'un rabatteur.

Nous sommes sauvés !

J'avais dit à cet excellent Androclès que nous irions
sans doute visiter le bazar ce matin; il est là, il nous
a vus, il accourt. Le guide passe en queue et se laisse
guider.

M. Androclès demande ce que nous voulons acheter.

— Rien, répond M⁰ Marbaux, je viens pour voir,
non pour être volé.

— Eh bien! je veux, dis-je, tenter la fortune :
voyons les prix des vieilles armes.

Après quelques courses bizarres, rappelant les sauts
des cavaliers aux échecs, M. Androclès nous introduit
dans une sorte de sacristie qui s'embranche par un
petit couloir latéral sur une des grandes rues centrales.

— Vite du café pour M. Léonidas et pour ces messieurs, glapit une voix derrière une pile de cuirs gau-
frés. Et comment va monsieur Léonidas?

— *Kalla, kalla*, répond celui-ci. Pas de café, merci.
Descendez-nous de la voûte où ils sont appendus, ce
brassard, ce casque, la petite cotte de mailles et le
bouclier damasquiné. Votre prix?

— C'est trois cents francs.

— Vous vous moquez ! nous allons chez Démétrali.

— Vous ne me ferez pas cet affront, monsieur Léonidas. Des armes rehaussées d'or et de petits clous en cuivre ! Vous savez que j'ai connu monsieur votre père. De son temps, les affaires allaient mieux qu'aujourd'hui. J'ai toujours regretté de ne pas m'être mis dans les blés, comme lui. C'est du vrai persan, monsieur Léonidas, je puis vous le jurer sur la tête de mes enfants.

— Monsieur ne veut pas mettre plus de 150 francs. Nous irons chez Démétrali.

— Monsieur Léonidas, vous savez que vous êtes un ami, je vous mettrai les quatre pièces à 250 francs.

— Allons chez Démétrali.

— Monsieur Léonidas, nous mettrons ça à 245 francs. Il faut que tout le monde vive, nous sommes tous Grecs.

« *Tutti Romani*, me dit M⁰ Marbaux à l'oreille ; j'avais cru comprendre qu'il n'y avait céans que des Juifs et des Arméniens. Voici, à la retombée de la voûte, à l'angle de la fenêtre, une touffe de pariétaire : c'est la plante amie de l'humidité, elle vit dans les puits. Je crois bien que vos armes ont l'air vieux : comment ne seraient-elles pas rouillées ? Mais la foi sauve. »

Démétrali finit par nous offrir les mêmes armes à deux cents francs. Le fils de l'autre Grec nous a suivis : Démétrali prend peur et cède à cent cinquante francs. « Mon père radote comme tous les vieux, dit le fils à l'oreille de Léonidas : venez, je vous vendrai les quatre pièces à cent cinquante francs. »

Pour en finir, j'achète à Démétrali et au premier

Grec. J'ai songé à un de mes amis que je comblerai de joie; il aura la Démétrali, moi j'aurai « le vrai persan sur la tête des enfants ». J'ai pour cent cinquante francs du vieux neuf, peut-être, mais qui se vend bien plus cher à Paris.

M⁰ Marbaux, tandis que nous réglons, se met imprudemment sur le seuil du petit couloir conduisant à ce que j'appelais la sacristie. Quand nous sortons, nous le trouvons entouré de toutes sortes de gens qui, en toutes sortes de langues, lui offrent toutes sortes de marchandises. A la vue de M. Léonidas, qui se borne à se placer à côté de lui, tout disparaît comme par enchantement. M. Léonidas, modestement triomphant, se contente de dire : « Péra, Galata, Stamboul, je connais tout le monde : vous ne le croyiez pas, quand je vous le disais. »

L'ensemble des rues vouées à la même spécialité prend le nom de quartier. Nous visitons successivement le quartier des fourrures, approvisionné par le Caucase, la Sibérie, le Turkestan; le quartier des orfèvres, où nous remarquons quelques objets ayant un cachet oriental parmi quantité d'objets sans caractère déterminé; le quartier des tapis, où l'on présente à M⁰ Marbaux, à qui il plaît, un tapis, persan dont on demande douze cents francs. Je vous laisse à penser la scène que fait sur-le-champ M. Léonidas. En sortant, celui-ci nous montre en riant, non loin des écrivains publics qui se tiennent hors de l'enceinte, le Bit-Bazar, où s'entassent les vieilles défroques : le mot dit bien la chose, Bit-Bazar signifie Bazar des Poux.

Le drogman, dont les espérances ont été coupées à ras de terre, dit un mot tout bas à M. Léonidas : « Essayons », dit celui-ci. Nous prenons une rue extérieure, nous marchandons au passage quelques menus objets d'ambre, qu'on tourne sous nos yeux, et nous arrivons à un bazar qui est comme la réduction de celui que nous quittons. « Tout ici est de choix », nous dit gravement, et son accent nous ferait croire que nous sommes à Paris, un monsieur fort bien mis, poli, mais l'œil luisant ; une sorte de chef de rayon du Bon Marché ou du Louvre. Notre terrible Léonidas l'interpelle : « C'est aujourd'hui samedi, et vous avez ouvert ! » — Pas de réponse. — « Ces messieurs n'entendent rien payer pour votre accent parisien. Faites-nous des prix raisonnables, ou nous partons. » — Pas de réponse. — On étale des tapis, des armes, des soieries, des cuirs ouvrés ; M. Androclès et le marchand causent comme une paire d'amis. Grec et Juif font assaut devant nous et font valoir la variété de leurs connaissances commerciales. Mais brusquement, à propos d'un tapis que M⁰ Marbaux avait eu l'imprudence de regarder et de palper, l'assaut courtois devient un duel d'insolences, et le petit Léonidas eût certainement giflé, sans notre présence, le Juif, si doucereux tout à l'heure, qui maintenant se redressait en sifflant comme un serpent sous la pression du pied. Nous nous sauvons au plus vite ; l'orage éclate sur le drogman : « Combien vous donnet-il, ce Juif, pour que vous lui ameniez du monde ? Si j'apprends jamais que vous recommandiez sa maudite maison, vous aurez de mes nouvelles. Un Grec, qui se respecte, ne doit rien accepter de ces gens-là. — Monsieur Léonidas, réplique le guide, croyez bien que je ne lui pardonnerai jamais la scène indigne qu'il vous a faite. »

Nous échangeons un coup d'œil, M⁰ Marbaux et moi. Il est regrettable que le docteur ne soit pas là : il aurait eu une belle occasion de rétablir les faits.

Nous insistons pour que le bouillant Achille-Léonidas Androclès partage notre déjeuner : mais il n'accepte qu'une place dans notre voiture. Nous le retrouverons demain aux îles des Princes. Le docteur sera là et le calmera, dût-il lui tirer une palette de sang.

LII

LA SULEYMANIEH.

Immédiatement après déjeuner, nous reprenons Stamboul.

Nous voici sur un vaste terre-plein qui porte le nom : Place du Sultan Bayazid ; c'est le sommet, taillé en plateau, de la plus haute colline de Stamboul ; d'un côté de la place, la Bayazidieh (mosquée de Bayazid, bâtie en 1498) nous présente un très beau portique de forme ogivale, en marbre bleu et rouge. Vingt colonnes monolithes le soutiennent. Sur la porte est une grande niche de marbre en mitre à stalactites. A l'intérieur, nous retrouvons les gros piliers de la mosquée d'Ahmed et, de plus, deux énormes colonnes de granit rouge supportant deux arcs plus petits que les grands arceaux en plein cintre de la coupole principale. C'est la mosquée aux pigeons, descendance, entretenue par une dotation spéciale, de deux pigeons que, suivant la légende, Bayazid aurait achetés à un pauvre lui demandant l'aumône.

De l'autre côté de la place, le Séraskérat s'élève en arrière d'une vaste esplanade ornée d'une sorte d'arc de triomphe et de la tour du Séraskérat qui, vue de Péra, présente l'aspect d'un minaret énorme. Presque entièrement construite en marbre, cette tour porte une galerie vitrée circulaire, poste de veilleurs chargés de signaler les incendies. Ronde vue de loin, elle est, en réalité, taillée à seize facettes planes. Le balcon de ce gigantesque minaret manque ; le chapiteau de cette colonne énorme manque aussi. On qualifie le monument de tour ; à vrai dire, il n'est ni minaret, ni colonne, ni tour ; il produit toutefois, à distance, dans son éclatante blancheur, le meilleur effet sur ce profil de monuments, colonnes, minarets ou coupoles, couvrant les collines de Stamboul.

La mosquée de Chah-Zadé (mosquée du Prince impérial) vient ensuite. C'est un monument expiatoire, mais il n'a rien de triste, ni de théâtral. Il est, au contraire, d'une élégante simplicité, d'un style très pur, d'une ornementation délicate. L'édifice carré supporte une grande coupole hémisphérique. Quatre demi-coupoles pèsent sur les bas côtés, et les angles sont ornés de quatre petites tourelles. La cour extérieure a un portique à colonnes alternées de granit et de marbre ; les arceaux sont alternativement blancs et rouges. Mais ce sont surtout les deux minarets qui sont remarquables. Polygonaux à facettes plates, aux nervures saillantes, ils portent chacun deux balcons dont les encorbellements et les galeries sont fouillés et découpés avec un art infini.

Nous passons près de l'aqueduc de Valens, en mauvais état, empâté dans des massifs de maisons qu'il domine. Nous l'avons vu des hauteurs qui sont en face : que de gens, comme l'aqueduc de Valens, ne devraient être vus que de loin ! Il y a deux escaliers sur les flancs de la muraille pour monter sur l'aqueduc et se promener. Il doit se trouver des gens pour monter et se promener sur l'aqueduc ! Deux étages superposés, arcades en plein cintre, vingt-trois mètres de hauteur : Guide, vous pouvez passer.

Enfin, nous voici devant la Suleymanieh (mosquée de Suleyman Ier), bâtie de 1550 à 1566 : l'architecte, célèbre en Orient à juste titre, s'appelait Sinan.

C'est ce même Suleyman Ier le Magnifique, le Grand, le Législateur, qui avait fait bâtir l'élégante mosquée que nous admirions tout à l'heure, pour perpétuer son regret d'avoir sacrifié son fils Méhémed à la cruelle Roxelane, la sultane trop aimée.

Ici, le Magnifique a voulu faire grand et triompher de Sainte-Sophie même. La coupole a soixante et onze mètres au-dessus du sol, six mètres de plus que celle de la grande basilique chrétienne.

La Suleymanieh n'est point à demi enfouie; elle trône au contraire et domine, entourée d'un imposant cortège. Autour du vaste terre-plein, planté de cyprès et de platanes, dont elle occupe le centre, s'élèvent de nombreuses dépendances : des hôpitaux, des écoles, des médaris (académies), une école de médecine, des bains, des bibliothèques, un séminaire, et, pour la part des pauvres, de modestes tables d'hôte qui reçoivent les indigents et les élèves besogneux. C'est auprès de cette reine des mosquées que réside le Cheyk-el-Islam, chef de l'islamisme.

Ici, le Quirinal de Jildiz-Kiosk et le Vatican de la Suleymanieh ne se font pas la guerre.

La cour ou harem, qui précède la mosquée, est dallée de marbre blanc; chacun des coins a son minaret; le centre est occupé par la fontaine aux ablutions, et le pourtour est fermé par un portique aux arceaux en ogive de marbre alternativement blancs et roses, posés sur vingt-quatre colonnes. Chaque arceau est surmonté d'une coupole comme la porte d'entrée. Les deux colonnes, placées près de cette porte, sont en porpyhre; les vingt-deux autres sont en marbre blanc et en granit rose, placés alternativement. Cette cour magnifique prépare l'esprit aux fortes impressions que l'édifice lui réserve.

La porte, en marbre blanc, a trois niches, celle du milieu plus grande que les deux autres, délicatement sculptées et relevées de dorures. Le dessin de l'intérieur s'éloigne sensiblement de celui de Sainte-Sophie. Le rectangle, long de soixante-neuf mètres, large de soixante-trois, est divisé en trois nefs. Au centre s'élève la grande coupole ayant vingt-six mètres de diamètre, soutenue par quatre piliers carrés, massifs, énormes, mais point lourds d'aspect. Entre les deux massifs, de chaque côté, se dressent de grosses colonnes de porphyre, hautes de vingt mètres, qu'on prétend provenir de l'ancien temple de Diane à Éphèse et dont les chapiteaux, en marbre blanc, soutiennent une galerie circulaire réservée aux femmes. Deux grands arceaux, percés de fenêtres, jettent une abondante lumière dans la partie centrale. Sur ces arceaux latéraux repose le dôme hémisphérique qui, en avant et en arrière, porte sur deux demi-coupoles. Une dizaine de petites coupoles s'élèvent sur les bas côtés.

A la base du dôme central, nous retrouvons la rangée de fenêtres dont nous avons déjà dit, ailleurs, l'effet merveilleux; nous constatons, de plus, l'existence d'une étroite galerie que des escaliers extérieurs permettent d'atteindre : on assure que, de cette galerie, on perçoit distinctement tout ce qui se dit dans la grande nef ou dans les bas côtés, même à voix basse.

La décoration intérieure est comme celle de la mosquée du bout du pont, bleu, blanc et or.

Derrière une grande grille en cuivre, sur l'un des bas côtés, nous remarquons un amoncellement de malles et de ballots : l'iman, qui nous accompagne, nous explique que ce sont des trésors confiés à la garde de la mosquée. La poussière, qui les recouvre, témoigne que les déposants ne viennent pas fréquemment vérifier le bon état de leur dépôt, ni le retirer : qu'est-ce donc que ces trésors dont on ne se soucie guère ? La mosquée pourrait bien n'avoir à garder que des trésors imaginaires.

Il nous reste encore à voir la Laleli-Djami (mosquée aux tulipes), qui ne remonte qu'à 1760 et dont la coupole repose sur un tambour octogonal ; la Sélémich, très simple, due encore à Suleyman Iᵉʳ ; la Méhémédieh (mosquée de Ghazi-Méhémed), qui fut, en 1465, bâtie sur l'emplacement de l'ancienne église des Saints-Apôtres, où les empereurs étaient inhumés. Cette vaste mosquée nous avait frappés, lorsque nous l'aperçûmes du grand Pont pour la première fois : un grand dôme central, comme porté par une coulée de dômes, telle fut alors notre impression. La grande coupole s'élève à soixante-dix-huit mètres. Autour d'elle se groupent quatre demi-coupoles, séparées par des tourelles accompagnées elles-mêmes, aux angles des bas côtés, par quatre coupoles secondaires. N'insistons pas sur le portique ogival et les colonnes du harem, sur la porte d'entrée, sur les minarets à double balcon avec encorbellements formant chapiteaux et galeries pleines. Mais retenons, à l'intérieur, l'inscription en lettres d'or qui figure sur une tablette de marbre encadrée de lapis-lazuli : « Ils prendront Constantinople ; heureux le prince et l'armée qui accompliront cela. » Quand on édifiait la mosquée, la prophétie de Mahomet était accomplie depuis peu. La prophétie ne dit pas si Constantinople sera reprise. Voilà quatre siècles et demi écoulés déjà !

Qui croyait à une si longue occupation parmi ces Grecs tremblants qui s'étaient groupés autour de leur patriarche après la chute de la ville, et qui s'étaient réfugiés au Phanar, là, devant nous, en le fortifiant à la lueur des lanternes (φαναρι) ?

Ces *Phanariotes*, race souple et éveillée, ont subi péniblement d'abord, puis allègrement, le fait accompli : ils sont devenus les hommes d'État de ces barbares ; ils ont conquis leurs conquérants. Ceux-ci, aujourd'hui, voient s'amoindrir le patrimoine de la conquête, tandis que la fortune des *Phanariotes* s'étend et se consolide. On sait l'opinion de M. Léonidas Androclès sur l'avenir qui leur est réservé. En attendant, ils ont déserté le vieux quartier de Stamboul, et c'est du haut de leurs palais de Péra qu'ils interrogent l'horizon. Ils peuvent attendre. Le présent est plein de douceur, et l'avenir leur ferait payer bien cher peut-être l'exécution des promesses dont il les berce.

M⁰ Marbaux, car c'est lui qui parlait, ajouta :

« Nous allons repasser le Corne d'or ; de la pointe du Séraï jusqu'ici, que de chemin parcouru ! Nous doutions-nous, quand nous pénétrions à travers les vieilles constructions éventrées par la voie ferrée d'Andrinople, dans les bas quartiers de Stamboul, qu'au-dessus et sur la crête des collines nous attendaient ces monuments accomplis qui forment comme les anneaux d'une chaîne merveilleuse ? Ces mosquées, dans leurs lignes principales, se sont toutes inspirées de la basilique chrétienne, leur sœur aînée ; mais quelle diversité dans les productions successives de l'art national ! Quelle élégance, quelle grâce dans l'ornementation ! Quelle simplicité, quel sérieux grandiose, pourrait-on dire, dans ces temples où le fidèle n'apporte que des habitudes et des croyances austères. L'architecture, plus que les autres arts, donne la mesure d'une nation et révèle l'âme qui revit et se perpétue dans les générations qui passent, se transmettant le flambeau de main en main :

Vitæ lampada tradunt.

« Combien diffèrent la Grèce et Rome ! La première, batailleuse, légère, amie des belles choses, se passionnant pour des riens pourvu qu'ils fussent gais, spirituels et gentiment présentés, exilant les gens qui gênaient, ne les tuant qu'à regret ; l'autre, belliqueuse, lourde, brutale, avide de sang jusque dans ses délassements, maîtresse du monde qu'elle écrase et pétrit, mais pour le refaire et l'organiser, aimant les choses solides, bien assises, définitives et, si possible, éternelles. Aussi combien diffèrent les deux architectures ! Dans toutes les deux, la force : l'architecture est la plus haute expression de la force dans l'art et, sans elle, ne se conçoit même pas. Mais que de grâces jetées par la Grèce sur ses monuments ! quelle mesure ! que d'habileté pour dissimuler l'effort ! Rome, au contraire, procède par assises énormes : elle étonne plus qu'elle ne séduit ; de grandes lignes et des blocs cyclopéens, une ornementation sobre, simple, sévère, lui suffisent, tant qu'elle n'a pas été pénétrée et amollie par la séduction de la Grèce.

« De même, dans l'architecture turque des âges

héroïques, nous retrouvons les qualités de la race : la conception est simple et lumineuse, les ornements, choisis, sont parcimonieusement distribués ; les assises sont posées sur des fondements indestructibles et les hardiesses sont rachetées par l'exagération des résistances ; c'est un peuple de conquérants qui bâtit à la façon des Romains. Mais ce peuple de conquérants est, quand il a déposé les armes, un peuple de rêveurs. Les entassements trapus et lourds des Romains ne sauraient lui suffire ; il est épris d'immortalité ; il va à la mort sans crainte, sur la foi d'amours éternelles ; il a, comme les chrétiens, un ciel vers lequel il tend et s'élève. Il est tendre jusqu'à la jalousie cruelle et sanglante, bon aux pauvres, hospitalier, fidèle aux pratiques de propreté et aux formules, il est resté primitif. Aussi ses temples sont-ils élevés vers le ciel comme ses aspirations et ses espérances ; inondés de lumière, simples dans leurs lignes, dépouillés de vains ornements, comme son âme : et comme son cœur est fort, mais aime avec passion, il veut que les faïences bleues, les marbres blancs et les dorures transforment en sanctuaires tendres, séraphiques et mystérieux les nefs puissantes où sa prière s'élèvera vers les cieux.

« Ah ! que nous sommes loin aujourd'hui de cette architecture qui se suffisait à elle-même parce qu'elle était l'expression d'une pensée simple et forte ! Nous ne savons plus faire que de jolies choses, sur le bord du Bosphore comme partout ailleurs.

« Les motifs abondent, variés à l'infini : il n'y a plus que l'idée maîtresse qui manque. Pour ne pas copier et faire un semblant de nouveau, nous amalgamons tous les genres, toutes les époques, et nous cherchons l'immortalité dans le raffinement du détail. L'art s'en va

en fusées, en soleils tournants, en pétarades, en fumée.
Et les palais qui se mirent dans les eaux bleues de la
Corne d'or ou du Bosphore sont presque aussi jolis que
les sucreries de devanture qui arrêtent la foule aux
approches du jour de l'an.

« Un peuple qui n'a plus d'architecture se prépare à
n'avoir plus d'histoire. »

LIII

ÉNIGME.

Le dîner était assez avancé quand j'ai senti derrière
moi passer un frou-frou parfumé, et une jeune femme, sur
qui tous les yeux se sont fixés, est venue s'asseoir, non
pas à côté de moi, quoique la place fût libre, mais sur
la chaise au delà. De tous les convives, j'étais seul
obligé d'attendre pour bien voir : j'aurais dû me tourner
tout à fait du côté de la nouvelle venue et montrer une
curiosité inconvenante qu'il fallait contenir.

Ma quasi-voisine étant venue au petit salon, prit une
tasse sur la table du milieu et s'assit sur le divan du
fond, près d'une fenêtre. Je m'embusquai derrière le
journal qui signalait, parmi les notabilités ayant assisté
au Sélamlick, le maître et le secrétaire, et je commen-
çai un inventaire scrupuleux.

Ce n'est plus une très jeune fille ; les vingt ans sont
passés : de beaucoup? Nous le saurons au grand jour.
Vue de face, cette jeune femme est superbe. Les cheveux sont noirs, très abondants, ondulés, avec quelques mèches bouclées au haut du front qui paraît
plus petit qu'il n'est ; les cheveux l'enserrent, l'enva-

hissent. Mais les sourcils, tracés comme au pinceau, donnent au bas du front un relief singulier. Les longs cils, les paupières à demi closes, les yeux pleins de pensée, les oreilles petites avec des flammes roses aux contours, le nez un peu fort, mais bien fait, le teint mat, qui sera peut-être un peu bistré un jour, des lèvres plutôt épaisses, sans que la bouche soit grande : tels sont les détails d'un ensemble plein de séduction. La physionomie a de la distinction, de la décision surtout, sans faire craindre la hardiesse ou trahir une ombre de vanité. Cette jeune femme inspire de la sympathie et commande le respect. Elle doit avoir reçu une excellente éducation. Dans ce salon, où elle se sent regardée, elle est aussi naturelle, simple, aisée dans ses mouvements que si elle était seule. Peut-être la présence d'une autre femme l'aurait-elle gênée davantage : deux femmes, surtout quand des hommes sont là qui regardent, engagent tout de suite la lutte pour l'existence ou la domination. Pour elles, c'est tout un.

Dois-je parler du profil ? Vu de profil, le visage est moins régulier, le menton se dérobe, le nez avance trop. La lèvre inférieure est un peu tombante, le menton a l'air de l'entraîner. Je m'en veux de critiquer de la sorte. La perfection n'est pas de ce monde, et ce qui reste, tous comptes faits et refaits, est encore suffisant pour faire tourner les têtes dans les rues à mesure que cette femme passera.

Elle serait laide qu'on se retournerait ; moi, du moins.

J'aime les femmes qui marchent bien, avec des mouvements souples et rythmés, révélateurs de formes exquises, pleines sans lourdeur, résistantes, rosées, tendues de santé et de jeunesse. Vous me le pardonnez. Vous savez mon âge.

Ma pensée indiscrète essaye d'écarter les voiles et d'atteindre les réalités en tirant au jugé. Je brûle ma poudre aux moineaux, hélas !

Or la jeune femme que voilà, remettant la petite tasse sur la table que voici, regagne gentiment sa place, en essuyant le peu de café que ses lèvres ont gardé au passage, marche bien, est souple, s'assied, se lève, prend ou quitte le journal, et ses mouvements sont toujours pleins de grâce et de naturel : c'est parfait, vous dis-je.

C'est à vous donner envie d'avoir la migraine dès ce soir, pour ne pas aller demain à Prinkipo. Non ! Le devoir avant tout ; que deviendrait M⁰ Marbaux sans secrétaire ? Il serait obligé de se mettre en migraine, par contre-coup.

Un garçon s'approche ; il dit :

— Mademoiselle, la personne que vous attendez est là.

— C'est bien, répond-elle en français ; je mets mon chapeau.

C'est M. Cordoba qui attend.

Il m'aperçoit au moment où il arrondit respectueusement son bras et, de la main libre, m'envoie un petit salut familier, triomphant. Il est dix heures du soir. Sortir à cette heure, à Constantinople, une demoiselle, avec ce M. Cordoba ! Qu'est-ce que cela veut dire ? Serait-elle israélite ? Où peut-il la conduire, ce Jules-Mardochée ? Au consulat russe, peut-être. Vorozof a donné là à sa protégée un singulier chaperon !

LIV

PRINKIPO.

Nous sommes partis exactement à l'heure. M. Ramyan est un charmant causeur, et le voyage, du pont de la Corne d'or à Prinkipo, nous a paru bien court.

Le groupe des îles des Princes se trouve au sud-est de Constantinople, dans la mer de Marmara, entre le Bosphore et le golfe d'Ismith, qui s'enfonce profondément dans la terre d'Asie. Les îles sont au nombre de neuf, quatre grandes, cinq petites, mais Prinkipo est de beaucoup la plus intéressante. Elle a huit kilomètres de tour : la faveur de la haute société grecque et arménienne l'a adoptée comme lieu de plaisance.

Les îles des Princes doivent, paraît-il, leur nom à l'habitude qu'avaient pris les souverains du Bas-Empire d'y reléguer les impératrices et les princesses qui donnaient des sujets de mécontement à la famille. Les sujets de mécontentement ne manquaient pas : demandez plutôt à M. Sardou, le véritable historien du Bas-Empire pour l'immense majorité des Français.

Nous faisons escale à Proti (la première), puis à Antigoni, joli nom, mais vilaine île, cône raviné ayant au sommet un monastère dédié à saint Georges. Nous laissons un peu plus de monde qu'à Proti ; nous nous arrêtons ensuite à Halki, qui nous prend beaucoup plus de passagers encore. L'île a plusieurs collines sur lesquelles la végétation européenne des chalets, des villas, des maisonnettes commmence à faire son apparition. Le village a un quai, une église, l'école navale ottomane, avec mosquée et minaret. Sur les hauteurs, nous voyons trois monastères, dont l'un est encore dédié à saint Georges. L'autre a été transformé en école de commerce. Le troisième, le monastère de la Trinité, fut fondé, nous dit-on, par le fameux Photius, qui, étant patriarche de Constantinople, proclama en 857 le grand schisme d'Orient.

Nous voici en vue de Prinkipo : deux collines, l'une plus élevée que l'autre et dominant les autres îles, sont séparées par une dépression profonde. Chacun des sommets a son monastères. Saint Georges, déjà nommé, a le sien sur le pic le plus élevé ; l'autre est consacré à la Transfiguration du Christ.

Ce n'est plus un village qui s'offre à nous, c'est une jolie ville bâtie en amphithéâtre. Les rues, dessinées par les rangées d'arbres qui les bordent, forment autant d'étages. Au-dessus des massifs de verdure que baigne la mer, se dressent au premier plan les hôtels, les grandes villas, les chalets les plus coquets avec terrasses et jardins. Au-dessus de ce premier plan, les maisons d'allure plus modeste tâchent cependant d'attirer l'attention par leur fraîche décoration. Plus haut, espacés et dédaigneux, de beaux chalets de construction récente ont l'air de concourir pour avoir le prix et se font valoir par une ornementation trop chargée, trop éclatante. Plus haut encore, des maisons blanches dans des enclos verdoyants. Les vergers et les vignes, avec quelques maisonnettes, sont au-dessus, tapissant la pente jusqu'à la forêt de pins qui couronne le sommet. La mer, bonne enfant, joue au pied des falaises, avec la bordure des jardins qu'on a plaqués entre les terrasses, la plupart à pic, et la grève frangée d'écume. Des kiosques, des grilles, des tables de marbre, des divinités en terre cuite, blanchies à la chaux, sur un escabeau de marbre blanc; des bassins au jet d'eau minuscule avec poissons assortis, le bric-à-brac des rues des villes d'eaux, élégantes et tapageuses trois mois de l'année, désertes et mornes les autres mois, tout étonne et égaye le voyageur qui vient de quitter Stamboul. Il ne s'attendait pas à trouver, au sortir de ce chaos oriental franchement bruyant, remuant et coloré, le mouvement superficiel et vaniteux, la vie compassée et endimanchée de ce cosmopolitisme toujours poseur, surtout quand il paraît s'abandonner et prend l'air négligé qui sied à la campagne.

Si l'on s'ennuie ici, le dimanche, c'est du moins à l'européenne, et Prinkipo, terre d'Asie, comme Scutari, semble une plage flottante, détachée de la côte provençale par une distraction d'en haut.

Au débarcadère, nous sommes reçus par M. Ramyan père, à la figure souriante et bonne, et par son fils Théodose. On nous fait asseoir sous l'énorme charpente qui arrête au passage de nombreux consommateurs, prenant le frais et buvant le mastic, cette absinthe de l'Orient. Nous prenons le mastic. L'ombre et la brise de mer, après le plein soleil du bateau, nous enrhument sournoisement. Nous nous acheminons à regret vers la rue montante qui tourne à droite et forme le premier étage de la ville.

On nous avait modestement annoncé une petite maison; les Arméniens aiment à rire. La petite maison a une terrasse fort coquette sur la rue principale, et un jardin, fort bien tenu, sur le côté opposé. Le luxe est du meilleur goût et l'accueil vaut mieux encore. Après un excellent déjeuner, nous avons statué sur les prétentions musicales qui nous divisent à l'heure actuelle. Wagner a été refoulé au Nord. Sa musique a été ajournée à notre retour à Paris, où l'hiver et ses brumes nous feront une atmosphère propice aux évocations scandinaves, et nous avons sottement admiré nos classiques, qui s'accommodent mieux des clartés de l'Orient.

Vers les quatre heures, en bons princes, nous avons fait le tour de notre île.

On a eu la bonne idée, sur cette terre asiatique qui semble rebelle aux améliorations, de faire la plus utile de toutes : une voie carrossable, taillée à flanc de coteau, et formant autour de l'île comme un anneau dont la ville serait le chaton. Nous avons fait deux stations. Nous avons pris d'abord, à l'ombre de beaux chênes, trois, pas davantage, et à quelque cent mètres en contre-bas du couvent de Saint-Georges, qui n'a qu'un moine, un premier rafraîchissement : du café, avec un grand verre d'eau légèrement ferrugineuse. Était-ce bien un rafraîchissement ? Quand nous reprenons possession de nos sièges, chacun de nous est, sur les coussins brûlants, transformé en bouilloire, et le rafraîchissement est bien vite évaporé. Les chevaux et leurs cochers auraient pris feu, grillés par les rayons obliques du soleil penchant déjà vers l'horizon ; heureusement, à un détour du chemin, le paysage change ; de l'ombre, abondante cette fois, de l'ombre pour tous : nous sommes à Diaskilo. Voitures et chevaux disparaissent ; on a dû les éteindre dans quelque écurie à l'écart.

Nous nous installons pompeusement comme des ménétriers de village rangés à la file, sur le couronnement d'un mur soutenant un terre-plein, devant lequel viennent se pavaner et pirouetter toutes les voitures, tous les ânes, tous les chevaux qui font péniblement leur dimanche à Prinkipo. Le jour du Seigneur n'est pas le jour du repos pour ces pauvres ânes que je vois trottant dans la poussière rouge des lacets qui, de la mer, gagnent les hauteurs. Tantôt c'est un Grec impitoyable, enflé en Bacchus, qui pèse sur la pauvre bête, dont les oreilles décrivent dans l'air des mouvements désordonnés en guise de protestation. C'est quelquefois une jeune femme, moins lourde, mais qui crie au moindre mouvement, ce qui froisse visiblement l'âne, sérieux de sa nature et ami du décorum. C'est toujours, en guise de valet de pied, le perfide garçonnet qui sert de cornac à la pauvre bête, et lui rappelle à grands coups de trique qu'il aurait dû choisir une autre carrière. Le jeune polisson monte sur la bête, dès que sa course est réglée, et frappe plus que jamais le coursier aux longues oreilles, qui finit par un temps de galop sa malheureuse journée.

De notre estrade, nous pouvons, sous une ombre épaisse, écouter les conversations qui se croisent, soit derrière nous, soit à nos pieds. Commencée en grec ou en turc, la phrase finit souvent en français. Le français est évidemment bien porté ; chacun l'a et le montre, comme un pardessus doublé de soie jeté négligemment sur le bras. La vue est splendide ; à notre droite, le golfe d'Ismidt fait une longue tache bleue dans les terres roussâtres de l'Asie Mineure ; à notre gauche, les îles égrenées dans la mer de Marmara, avec Constantinople au fond, se présentent comme un décor sur un alignement droit ; en face de nous, la forêt montante et le piton sur le revers duquel la ville de Prinkipo est étagée ; et, derrière nous, le pic boisé au sommet duquel Saint-Georges nourrit son moine unique. On nous dit que les cellules vides sont quelquefois occupées par des fous qu'on y expédie, et qu'ils en redescendent guéris. Ils ne sont pas assez fous, dans tous les cas, pour se faire moines, et le couvent continue à n'avoir qu'un seul hôte professionnel.

Notre estrade, placée entre les deux pics, dans une dépression qui ressemble à une selle, voit défiler, sur la plate-forme que nous dominons, le public varié débouchant par les chemins qui viennent ici se croiser. Le triage des femmes nous amuse : nous sommes dans le camp cosmopolite, dans le bois où les arbres doivent savoir parler toutes les langues à force de les entendre. Le bois en face est muet, discret ; il se remplit de formes errantes, silencieuses ; ce sont les femmes turques qui, ne pouvant se mêler aux jeux des Grecques et des Arméniennes, veulent du moins en avoir le spectacle. Elles forment, dans leurs blancs vêtements, des groupes pleins de charmes ; le lointain, le silence, la dignité et le calme de leurs attitudes, les longs vêtements flottants sous le vert sombre des pins, réveilleraient peut-être le poète qui dort au cœur de tout homme jeune. Mᵉ Marbeaux saisit le commencement d'inspiration qui va bouillonner en moi ; quelques mots, gouttes d'eau froide, arrêtent l'épanchement lyrique : « Vous seriez peut-être bien confus si, quittant leurs voiles, ces ombres vagues et charmantes vous apparaissaient emprisonnées et réduites aux durs contours de la réalité. N'oubliez pas que l'Européenne, qui s'enveloppe de fictions, ne laissant à nu que son visage, a dû inventer la voilette, de peur d'être trop bien vue. »

En descendant à la ville, nous croisons une voiture portant quatre dames turques, voilées de tulles presque transparents et blondes comme des Titien, avec des yeux et des sourcils noirs ; elles nous ont paru fort jolies. M. Théodose Ramyan, qui paraît savoir bien des choses, nous assure que toute cette coloration s'achetait à Paris, comme tout ce que portaient ces dames. La civilisation se glisse sous les féredgés : ils sont perdus.

Nous faisons sensation, parce qu'à la descente les voitures vont un train d'enfer ; j'aurais voulu qu'on fît quelque attention à nos personnes. Anes, chevaux, promeneurs, se bousculent ; les femmes crient, tremblant pour les toilettes que nous couvrons de poussière. Nous avons cru voir, se débattant dans la foule, le docteur et son ami Léonidas. A peine brossé, je cours à leur rencontre.

Ils étaient là, en effet ; arrivés après nous, ils avaient déjeuné chez madame de Novichef. On avait attendu tout l'après-midi Me Marbaux et moi. Mademoiselle de Novichef était nerveuse, et se promettait de faire une scène à mon entrée.

— Mais venez vite, me dit le docteur : nous devons vous ramener, mort ou vif.

— Docteur, lui dis-je, ne me touchez pas ; il sera toujours temps de recourir à vos soins.

LV

EN SURVEILLANCE.

Chemin faisant, nous apercevons M. Jules Cordoba ; il nous évite, il semble être en observation ; il ne veut pas être dérangé. Je retiens Léonidas, qui voulait aller à lui, et nous frappons à la porte de madame de Novichef. En entendant ma voix, sa fille paraît :

— Vous savez, me dit-elle, que je suis espionnée !

— Calmez-vous, lui dis-je, et expliquez-vous.

— Voyez-vous, reprend mademoiselle de Novichef, ce monsieur à barbe noire, petit, assez gentil, quoique ses traits manquent de finesse, il surveille les fenêtres de notre appartement depuis l'arrivée du bateau, à deux heures. Il est venu au bureau demander s'il n'y avait pas à l'hôtel deux dames russes. Suivant mes instructions, on lui a répondu négativement. Il nous connaît, ma mère et moi, il attend que l'une de nous deux se montre. Derrière le rideau, je ne perds pas un de ses mouvements. Je finirai par aller droit à lui, et je lui demanderai qui le paye. Il faut que vous ayez indiqué notre retraite !

— Permettez-moi, mademoiselle, de vous dire que vos soupçons me blessent profondément.

Et, comme je me levais pour sortir :

— Restez, je vous en conjure, me dit mademoiselle de Novichef. Je craignais que M. Vorozof ne fût de retour à Constantinople, et ne vous eût adroitement circonvenu. Comment a-t-il pu savoir que nous étions ici?

— Mais, enfin, êtes-vous sûre que l'homme à la barbe noire ait été chargé par lui de vous surveiller ?

— Venez donc dans la chambre voisine, et vous verrez mieux encore tout le mal que se donne le petit homme, qui nous connaît, mais qui n'a aucun intérêt personnel à nous espionner !

Et elle m'entraînait, et, comme par mégarde, poussait la porte qui se fermait.

Ne sachant trop quelle attitude j'allais prendre, je lui dis :

— C'est peut-être par la poste que l'on vous a sues ici. L'hôtel fait sans doute suivre vos lettres.

— Non, tous les jours un homme de confiance va

prendre notre courrier. Nous quitterons Prinkipo si M. Vorozof vient ici. Je ne veux à aucun prix me retrouver en face de cet homme.

Et, après un silence, elle continua :

— Oh ! qui pourra me défendre ? Je ne veux rien devoir qu'à vous. Ce que je vous demanderai est bien peu de chose : pas de provocations, pas de menaces, pas de rencontres sanglantes ; vous n'auriez qu'un mot à dire, et je suis sûre qu'Alexis, que M. Vorozof, veux-je dire, obéirait. C'est un homme d'honneur ; je l'ai aimé, je le déteste, mais je l'estime. Heureusement, je le tiens par l'honneur.

Et, dans un éclat de rire sinistre, elle ajouta :

— Si je veux, il se tuera.

Elle sentit qu'elle me faisait peur et que j'allais lui échapper. Sa main me retint : — Que vous êtes enfant ! dit-elle. Vous pensiez peut-être que j'allais vous mettre aux prises : je le voudrais, m'entendez-vous, que je n'y réussirais pas. M. Vorozof aurait bien vite démêlé que vous n'êtes que la violence, quand je suis la volonté ; que vous êtes séduit, subjugué, armé par moi. Il vous tendrait la main et vous plaindrait. Et, loin de moi, les promesses que je vous aurais arrachées, vous ne les tiendriez point. Vous tomberiez dans les bras de cet homme, et vous joindriez peut-être vos malédictions aux siennes contre moi. Contre moi ! Ah ! je ne vous mettrai pas à l'épreuve. Non, mon doux vainqueur, je ne vous exposerai à aucune faiblesse, pour ou contre moi, pour ou contre lui. Je vous prierai seulement de remettre à — *votre ami* — deux mots de ma main : je ne vous dirai même pas le contenu de la lettre ; je veux vous prémunir contre toute hésitation. Vous m'aurez sauvé la vie. Je serai dans vos bras : à vos pieds, si vous l'aimez mieux ainsi. Vous me relèverez jusqu'à vos lèvres... quand il vous plaira.

J'étais anéanti ; je me sentais cloué sur place. Je voulais fuir, de peur de promettre, de peur d'engager mon honneur dans une œuvre ténébreuse ; et je restais là, fasciné, honteux d'avance de ma faiblesse, et me laissant aller au bonheur d'entendre cette voix vibrante, passionnée, qui prenait mon âme par toutes les fibres de mon corps.

Elle-même n'était que trop émue.

Si elle eût joué la passion, elle m'eût laissé froid. Mais à mesure qu'elle prenait le dessus, et le sentait, elle recevait de moi le contre-coup de sa propre folie. Nous prenions, dans une certaine mesure, possession l'un de l'autre. Nous nous sentions gagner par je ne sais quoi de puissant, d'impérieux, d'irrésistible. Nous avions déjà connu cet état qui commence par une sorte d'extase ; l'âme se complaît d'abord dans le vague flottant, voisin du rêve, qui la berce et l'endort. Incapable de résistance, elle s'abandonne ; et c'est la matière, qui ne se sent plus dominée et contenue, qui va bientôt tout oser. Laure était dans mes bras.

La mère veillait.

Elle entre brusquement : « Ces messieurs, dit-elle, viennent de sortir, et attendent M. Duchâtel sur le seuil de la porte. »

Elle relevait brusquement le rideau, nous les montrait. Nous étions en pleine lumière, madame de Novichef, sa fille et moi.

Du trottoir, par côté, M. Cordoba nous avait aperçus. Il n'attendit même pas que le docteur et son ami allassent vers lui. Il s'approcha et leur tendit la main. Il n'avait plus à les éviter, sa faction était finie.

LVI

COTE D'ASIE.

En sortant de cette chambre de l'hôtel Pandolfo, qui avait failli me mettre à la merci de mademoiselle de Novichef, je sentais que j'échappais à peine à l'ivresse ; mes jambes faiblissaient ; j'avais besoin de me ressaisir et de respirer à pleins poumons le grand air. Je m'assis sur la terrasse de l'hôtel ; elle est presque à pic sur la mer, qu'elle domine d'une vingtaine de mètres. La lune attendait, pâle à l'horizon, que le soleil lui livrât la terre. L'immense décor posé devant mes yeux s'éclairait des derniers rayons du jour, qui couraient sur la mer tremblante et marquaient d'une clarté le sommet fuyant des vagues. J'étais, pour la seconde fois dans cette journée, pour la seconde fois de ma vie, tenté de rimer ! J'étais donc bien bouleversé, bien différent de moi-même ! Mᵉ Marbaux n'était pas là pour réduire à néant, d'un mot précis et juste, les chimères qui hantaient mon cerveau, troublé par les sottises de mon cœur. Ce fut le brave M. Ramyan qui me tira de mes rêveries.

— Je viens, dit-il, d'arrêter vos chambres : vous serez très bien. En vous réveillant demain matin, faites monter votre déjeuner et installez-vous sur le balcon : vous n'oublierez jamais le tableau que vous aurez sous les yeux, si le soleil se lève sans nuages. Acheminons-nous vers la maison : on serait impatient. Demain, mes fils et moi viendrons vous chercher, et nous prendrons le bateau qui longe la côte d'Asie. Ne réglez rien ;

laissez-le pour moi. — C'était l'expression favorite du brave homme qui nous avait promis pour le soir du poisson meilleur encore que celui du déjeuner : « Ça, laissez-le pour moi. »

J'ai fait, comme on peut penser, le moins de bruit possible en gagnant, en compagnie de M⁰ Marbaux, le gîte qui nous était réservé de l'hôtel Pandolfo. Nous étions peut-être très près de mademoiselle de Novichef. Trop curieuse pour ne pas s'être logée sur la grand'rue, et indifférente aux beautés de la nature, elle n'était certainement pas à côté de nous, qui avions nos chambres sur la mer. Mais un simple corridor pouvait nous séparer !

Le matin, sans nouvel incident, nous étions à huit heures et demie sur le bateau qui nous ramenait à Constantinople, avec M. Ramyan et ses deux fils. Le bateau va droit à la côte d'Asie, puis la longe jusqu'à la rencontre du Bosphore. *Prinkipo* s'éloigne rapidement et prend dans le lointain la forme d'un chapeau tyrolien flottant sur les eaux. La grande cité semble, au contraire, venir au-devant de nous : elle est revêtue des teintes lilas du matin. Le chemin de fer d'Angora (Ancyre) serre, comme nous, la côte de près : le train s'éloigne de Constantinople, tandis que c'est vers Constantinople que nous allons. Hier, nous nous allégions à chacune de nos escales; c'est tout le contraire aujourd'hui, et quand nous doublons la pointe de Fenu-Baghtché, nous avons déjà quelque peine à circuler sur le pont. Nous laissons à droite la baie de Kalamiesch, et nous longeons Kadikeuy, qui nous présente d'abord la falaise de Moda-Bournou, au sommet de laquelle s'élève, imposant comme un château fort, le vaste collège des Frères de la Doctrine chrétienne. Le terrain s'abaisse ensuite, et nous voyons éparpillés sur une immense étendue, des maisons, des villas, des châteaux même qui n'ont rien du caractère architectural musulman. On nous explique que Kadikeuy est un des points de la côte que beaucoup de Grecs, d'Arméniens et d'Européens ont adoptés et vivifiés. L'ancienne Chalcédoine, grâce à eux, renaît de ses cendres : c'est, hélas ! le mot propre, car de nombreux incendies l'ont éprouvée ; on cite notamment ceux de 1860 et de 1883. Les élégants, ceux que M. Cordoba appellerait la haute aristocratie des blés de la mer Noire, s'y donnent rendez-vous pendant la belle saison : ce n'est plus Constantinople, et c'est encore la grande ville, dont on a tous les avantages sans en avoir les inconvénients : quelques tours de roue éloignent ou rapprochent du repos d'Asie la gent affairée de la Corne d'or et de Galata.

L'ingénieur qui nous accompagne taquine à ce sujet son père et son frère, qui vont tous les soirs à *Prinkipo*, et tous les matins en reviennent. « Il vous faut, leur dit-il, deux heures à l'aller, deux heures au retour ; c'est donc quatre heures que vous perdez par jour, en bateau : il faut ajouter deux heures perdues pour aller au débarcadère, en revenir, attendre le départ, causer en chemin, etc. Six heures par jour ! soit la moitié du temps utilisable. Par mois, cela fait... » Il est interrompu par le gros rire du père : « A mon âge, dit-il, on ne dort bien que dans son lit. J'ai fait mon lit, je m'y couche. Faites le vôtre. »

Après Kadikeuy, voici le village de Haïdar-Pacha : il paraît qu'il possède une fontaine antique et célèbre : que de choses célèbres il y a sur la croûte terrestre ! que de célébrités ignorées !

Nous retrouvons Scutari : cette immense construction flanquée de tours aux quatre angles, et qui s'élève sur un promontoire escarpé dominant le Bosphore, c'est encore à Suleyman Ier qu'elle est due. Son palais du Peuplier (Karah-seraï) est aujourd'hui une caserne, occupée par la garde impériale. Non loin de là, nous apercevons un grand bâtiment rouge qui servit d'hôpital à l'armée anglaise pendant la guerre de Crimée, et le cimetière où furent inhumés les Anglais qui périrent dans cette illustre croisade. Un obélisque en granit qui n'a rien d'artistique attire cependant l'attention et fait qu'on interroge. La guerre de Crimée est bien loin. Les marrons étaient brûlants : qui les tirait du feu? Qui les croquait? Les marronniers depuis lors ont eu bien des fois des feuilles nouvelles et des marrons aussi. Qui voudrait manger des marrons devrait, aujourd'hui, les tirer du feu et se brûlerait peut-être les doigts ; Raton rirait.

LVII

CORNE D'OR ET CIMETIÈRE.

Dès notre retour de Prinkipo, nous avons, par un mot, prévenu M. Léonidas Androclès, de notre intention de remonter la Corne d'or dans l'après-midi et l'avons prié de se joindre à nous.

Nous avons frété un caïque, pour n'être point esclaves des bateaux à vapeur qui remontent la Corne d'or, mais qui, esclaves eux-mêmes de leurs escales, n'attendent pas. Le caïque passe rapidement sous le vieux pont qui relie l'arsenal (rive gauche) à Stamboul, rive droite, et nous conduit directement à la mosquée d'Eyoub. La flotte ottomane est tout entière éparpillée aux abords de l'arsenal. La Turquie paraît décidée à laisser sa flotte au repos : pouvait-elle se payer le luxe ruineux d'une transformation incessante? Des soldats, voilà ce qu'il faut à la Turquie, des soldats et des finances.

La mosquée d'Eyoub est fermée, paraît-il, à tout étranger, fût-il ambassadeur. Elle a la garde du sabre d'Othman, que va ceindre chaque Sultan à son avènement au trône. Elle est entièrement en marbre blanc; coupoles et minarets ne s'écartent point du type consacré : c'est tout ce que nous avons vu. Au milieu des arbres qui l'entourent, brille de lumières, constamment entretenues, le tombeau d'Eyoub, porte-étendard du Prophète : Eyoub fut tué en 668 sous les murs de Constantinople, dès cette époque assiégée par les Arabes.

Nous continuons à remonter la Corne d'or (onze kilomètres de longueur sur une largeur moyenne de quatre cent cinquante mètres). Les profondeurs varient de deux à quarante-cinq mètres. Nous touchons terre à l'entrée de cette vallée délicieuse qui termine la Corne d'or, et qu'on appelle les Eaux douces d'Europe : une autre vallée, sur la côte orientale du Bosphore, porte le nom d'Eaux douces d'Asie.

La vallée que nous visitons s'étend du village de Kiaghad-Kané, au-dessus de Chichli (cimetière chrétien), à celui de Kara-Aghadj, près duquel se jettent dans la Corne d'or les deux rivières de Kiaghad-Kané-Sou et d'Ali-Bey-Sou. Sur un parcours de plusieurs kilomètres s'élèvent de charmantes villas, entourées d'arbres, dans de belles prairies abondamment arrosées. Le

Sultan a un kiosque au milieu de ces élégantes demeu-
res, peuplées surtout pendant la belle saison. Mais il
n'y a rien qui mérite d'être signalé d'une manière particulière : les abords de nos grandes villes offrent, on
peut le dire sans offenser M. Léonidas Androclès qui
proteste, des sites autrement attrayants.

Nous pourrions abandonner notre caïque et remonter
sur la croupe jusqu'à Saint-Dimitri pour redescendre,
par Taxim-Pacha, dans le creux sur le revers duquel
Péra s'est étagé. Mais nous aimons mieux contempler
une fois de plus les dentelures monumentales des mosquées de Stamboul, frangées d'or par le soleil qui,
derrière elles, descend vers l'horizon. Tandis que nous
glissons sur la Corne d'or, le soleil inonde de ses
rayons, passant par-dessus nos têtes, les flancs ondulés des collines de Péra et de Galata. L'œil peut fouiller
jusque dans le détail ces deux grandes cités dont les
maisons aux vives couleurs sont comme en flammes :
Stamboul, sur notre droite, plonge déjà ses bas quartiers dans cette atmosphère bleuâtre qui précède et
annonce l'ombre de la fin du jour.

Nous quittons le caïque un peu avant le grand pont :
nous traversons, sans façon, un café installé sur le bord
même de l'eau ; personne n'y trouve à redire, et nous
débouchons tout près de la baraque indécente qu'on
appelle la Bourse. Le mieux que je puis faire, c'est de
n'en pas parler.

Nous suivons à pied les rues tapageuses et encom-
brées qui longent la Corne d'or, en lui tournant le dos :
deux ou trois ouvertures sales et puantes permettent
seules d'aboutir au bord de l'eau. Les Turcs prennent
du café, fument le narghilé, jouent aux dés, se déran-
geant lentement et sans mot dire, quand par hasard

passe la trombe humaine des hamals qui s'annonce par des vociférations.

Les portefaix turcs ou hamals suspendent les marchandises à une ou deux barres qui reposent par leurs extrémités, terminées en forme de grosses boules, sur les épaules de deux ou de quatre porteurs. Quand ils sont au nombre de quatre, ils s'arc-boutent l'un contre l'autre, en saisissant d'une main l'épaule du voisin, de l'autre main la barre ou les barres juxtaposées. Les hommes sont ainsi enlacés deux à deux. Un cri guttural commande un arrêt brusque. Du groupe qui ouvre la marche à celui qui la ferme, les marchandises sont successivement posées à terre, et les hommes soufflent quelques minutes. A un nouveau signal, faisant aussi traînée de poudre, tout le monde se redresse et repart presque au même instant. La rue est aux porteurs : il faut se ranger, ils sont trop nombreux pour qu'on songe à discuter. Une grue, sur les quais, quand il y aura des quais, et des wagonnets sur rails, feront moins de bruit et plus de besogne : mais les Turcs pensent que, ces gens-là allant très vite, le déchargement va vite aussi. En réalité, beaucoup de fatigues, petit résultat : la machine humaine vaut surtout par l'intelligence; ne lui demandez pas l'effort que le charbon et la vapeur produisent comme en se jouant.

En arrivant à l'Arsenal, qui a une grande porte et de grands murs pour abriter, croyons-nous, pas grand'chose, nous nous engageons dans une large rue, qui a un nom, Iskander, et qui, très pentée, nous conduira soufflants et haletants à Péra.

Elle laisse, sur sa gauche, ces anciens cimetières turcs qui portent le nom de Koulchouk Mezaristam (Petits-Champs). Ils étendent leurs massifs de cyprès séculaires jusqu'au-dessous des jardins de l'ambassade d'Angleterre. « Traversons ces cimetières, nous dit Mᵉ Marbaux : nous monterons insensiblement, en suivant le flanc de la colline, au lieu de faire une trop brusque ascension. »

A la rencontre de la rue Iskander et de la rue qui monte de la Banque ottomane, se trouve une sorte de rond-point taillé dans le vieux champ de repos, et, prenant à gauche, nous allons, de plain-pied, suivre la route, ou plutôt le remblai formé par des amoncellements successifs à travers les pierres sépulcrales et les cyprès. Cette sorte de chaussée due à des apports de toute nature va se continuer sur une étendue très considérable : elle est battue par les pieds des passants, et c'est tout. Nous allons, indifférents, parmi les pierres tombales, coiffées du turban, ou terminées par des coiffures qu'ignorent les dernières générations. Le sol qui porte le remblai s'incline bientôt et se dérobe à droite et à gauche. Les pauvres morts qui reposent en bas ont dû être achevés par cette énorme tranche de terre qui les a ensevelis à nouveau avec leurs orgueilleuses inscriptions.

En contre-haut du remblai, le terrain forme poche; ravin, en contre-bas. Quand, l'hiver, les eaux pluviales ou les neiges ont profondément détrempé ces terres, quel cloaque! Personne ne s'en soucie. Nous sommes au cœur de Constantinople, et nous allons passer tout à l'heure sous le magnifique hôtel que fait bâtir la Compagnie des wagons-lits et sous le jardin public des Petits-Champs. L'extrême raffinement de la civilisation et l'insouciance de l'état de barbarie se touchent là, comme sur tout le parcours. Côté Péra, l'hôtel monumental, puis la clôture en planches, trouée d'ail-

leurs en maint en droit, du jardin avec kiosque à musique, théâtres, amours fardées et parfumées qu'on peut
suivre à la trace : côté Corne d'or, talus de plus de
vingt mètres de hauteur avec les vieux cyprès émergeant, à moitié enterrés ; tout au fond, des maisons en
bois, peintes, enluminées, qui ont empiété, au profit
de je ne sais quels vivants, sur le domaine des morts.
Devant nous, la chaussée poudreuse, aux ornières
béantes, sauf sur les bords, que les détritus de la journée sont venus régulariser, en attendant la prochaine
averse qui ravinera.

Dans la partie centrale du parcours, sur une sorte de
dos d'âne, des maisons en construction prennent la
place des cyprès ; de bâtisses récentes, mais déjà habi-
tées, sortent des enfants qui jouent à cache-cache derrière des pierres surchargées qui devaient signaler
d'illustres morts. D'autres enfants jouent sur les tas de
sable des maçons près d'un bassin où l'on éteint la
chaux. De plus hardis grimpent sur un pauvre mûrier
à baies blanches, qu'ils secouent et dont ils cassent les
branches, au profit de gamins qui se gourment au pied
de l'arbre, s'arrachant les fruits savoureux. Des bœufs,
des chevaux passent, pesamment chargés. Des femmes
turques, à demi-couchées sur l'herbe roussie, cachent
soigneusement leur figure et montrent leurs jambes. Si
ces pauvres pierres, luxueusement taillées et fouillées,
pouvaient prendre la parole, que de protestations
feraient entendre ces témoins d'un orgueil bien dédai-
gné aujourd'hui et d'une foi bien compromise aussi ! Ces
colonnettes fichées en terre, hautes de un à deux
mètres, si nombreuses, par plaques, qu'on dirait de loin
les troncs d'arbres d'une forêt dévastée, n'ont pas seulement à subir l'humiliante indifférence du passant qui

ne vient là que pour raccourcir son chemin : un boucher, hier soir, avait mené paître, parmi ces gracieuses colonnettes, le troupeau qui forme le stock où puise son étal. Il était appuyé sur une pierre coiffée d'un turban superbe, et n'en avait cure : il suivait de l'œil ses brebis qui tondaient le maigre gazon brûlé par les journées déjà bien chaudes, et sifflait le chien qui était allé flâner avec quelques camarades venus pour le débaucher. Les splendeurs des morts qu'il foulait importaient peu à ce fournisseur que les vivants engraissaient. Avions-nous, plus que lui, le respect ?

Dans quelques heures, la nuit étendra ses voiles sur ces champs qui portent, en guise de moissons, des pierres sculptées, pressées, près de vieux murs, comme des épis. Des groupes errants viendront peut-être chercher la faveur de leur ombre. Les maisons voisines d'en haut, d'en bas, verseront la jeunesse et la vie dans ces champs de la mort, sous ces cyprès qui vivent de la poussière qui vécut jadis. Et les morts, qui savent le secret des choses, n'auront pas de protestation pour cette profanation dans l'ombre, après toutes les profanations du grand jour. Ils savent que rien ne meurt, et que de la mort incessante naît l'éternelle vie : leur immortalité ne se sent point blessée.

M. Androclès nous assure que le Sultan ne veut pas qu'on touche aux vieux cimetières, par respect pour le repos des générations éteintes : il me semble que des maisons, édifiées au-dessus des tombes, les scelleraient pour toujours dans le silence et la paix. Qu'il soit permis de conseiller tout au moins au Sultan l'ouverture de grandes voies bordées d'arbres : les morts n'en souffriraient point, habitués qu'ils sont à leurs vieux cyprès. Et les vivants seraient heureux d'un élément nouveau de salubrité que Constantinople n'a pas le droit de dédaigner. Il aurait ainsi tracé une ville propre, saine, bien ouverte, bien aérée; d'autres plus hardis la bâtiraient; mais ce serait la ville d'Abdul-Hamid.

Nous nous arrêtons brusquement au bruit des sonneries qui montent de l'Arsenal. Il va s'endormir à nos pieds, ainsi que la flotte que les derniers rayons du jour nous montrent trouant de noir la plaque brillante et unie de la Corne d'or. Il est sept heures quarante minutes, pour nous; pour les Turcs, les douze heures du jour sont finies, il n'est ni minuit ni midi. Les soixante minutes de la première heure de la nuit commencent et la nuit n'aura ses douze heures complètes que demain matin quand il sera de nouveau pour nous sept heures quarante minutes et quand, déjà depuis plusieurs heures, le soleil aura chassé les ombres. Allons, voilà quelque chose dont les morts n'ont pas à se plaindre : on continue à mesurer le temps comme de leur vivant. C'est absurde : cela durera longtemps encore.

LVIII

« SURSUM CORDA. »

C'est près de moi que l'on a logé mademoiselle Xenia Gashnine de Soltikoff.

Le tableau du vestibule m'avait livré son nom exact, et le garçon de corridor m'a donné, moyennant batchich, quelques renseignements qui ont piqué ma curiosité.

Ma quasi-voisine de table, ma voisine de chambre,

la protégée de M. Vorozof, allait passer ses soirées à l'ambassade, ou peut-être au consulat général de Russie; et c'était M. Jules-Mardochée qui venait la chercher et la raccompagnait à l'hôtel. Elle paraissait fort riche, ne recevait que quelques dépêches, s'était fait remettre une liste de maisons choisies pour des achats à faire et ne semblait être à Constantinople que pour ces achats. Son séjour ne devait pas se prolonger au delà de dix ou douze jours.

Je n'avais pas de temps à perdre, si je voulais ne pas rester un inconnu pour cette femme qui m'intéressait vivement. La chaise était restée vide entre mademoiselle Xénia et moi; j'ai demandé au maître d'hôtel à qui cette place était réservée. « Je parlerai ce soir même à mademoiselle Xénia Gashnine de Soltikoff, qui avait témoigné la crainte de se trouver à côté d'un importun à table », me dit le solennel maître d'hôtel qui prétend parler seize langues et qui ferait bien de ne pas trop se servir de la sienne. Obséquieux, plat, écœurant, tant qu'il parle à l'un de nous, il se relève avec dignité pour pouvoir imprégner de solennité tous les ordres qu'il daigne transmettre aux habits noirs qui servent nos vestons de voyage. Et il ne dit pas : « Fermez cette fenêtre », sans que son sourcil ait fait trembler l'Olympe de garçons qui nous servent l'ambroisie et nous versent le nectar.

— Importun, moi! lui dis-je, fort mécontent.

— Monsieur se méprend. Mademoiselle de Soltikoff s'est placée par hasard du côté où était monsieur, et c'est au dernier moment qu'elle s'est décidée. Monsieur a pu remarquer qu'en face une place avait été marquée de la même façon. Certainement, mademoiselle de Soltikoff sera heureuse...

— C'est bien ; si elle ne se rapproche pas, c'est moi qui me rapprocherai.

Quand je rejoins M⁰ Marbaux au petit salon, je trouve engagée une conversation générale qui paraissait intéresser tout le monde ; mademoiselle Xénia s'y était mêlée. A mon arrivée, elle se rapproche de mon cher maître, et c'est sur la littérature française qu'elle le défie en champ clos. « Mais, mademoiselle, lui dit après quelques passes brillantes M⁰ Marbaux, vous trouverez ici un auxiliaire : permettez-moi de vous le présenter. Mon secrétaire est plus dans le train que moi. C'est bien ainsi qu'il faut s'exprimer ? »

La conversation reprend de plus belle, et je ne suis pas médiocrement surpris d'entendre mademoiselle de Soltikoff soutenir les thèses dont on m'avait ironiquement déclaré le champion.

— Nous ne savons rien, disait-elle en substance, des causes qui ont déterminé notre entrée dans la vie ou qui nous en font sortir ; nous ne savons pas davantage pourquoi il nous a été donné de réfléchir au delà du nécessaire.

« Le fait même de notre existence emportait la faculté nécessaire de veiller à sa conservation : mais cette faculté suffisait. Étendre la pensée humaine jusqu'à la conception et à la discussion des problèmes les plus ardus ne se rattachant pas à la lutte pour l'existence, pourquoi et à quoi bon ? De nos efforts intellectuels, que reste-t-il quand nous mourons ? Rien. Ils tournent le plus souvent au détriment de notre existence, raccourcie au lieu d'être défendue et prolongée. Je me demande en particulier ce que vaut, pour le bien de l'humanité, l'effort littéraire.

« Je comprends, dans une certaine mesure, l'objet que

se donne la science, sans toujours justifier sa prétention : elle envisage les besoins de l'humanité, se préoccupe de ses développements et fait, par la politique et
tout ce qui s'y rattache, du charlatanisme bien inten-
tionné. Mais l'objet de la littérature, quel est-il?
C'est la culture des passions qui, comme les herbes
folles, n'ont pas besoin de soins particuliers pour
fleurir et porter à leur maturité des graines toujours
trop fécondes. Or nos passions sont-elles un bien ou un
mal, au regard de la seule chose qui soit certainement
digne d'être protégée, notre existence? Toute passion
est un mal certain, c'est la fièvre de notre organisme
qu'elle use. Et la littérature, au lieu de fournir le spé-
cifique sauveur, souffle sur le feu et révèle à l'humanité
toutes les jouissances qu'elle peut se procurer dans
l'ivresse des sens. Elle lui fait honte de l'attachement
aux devoirs limités au cercle étroit de la conservation de
l'espèce et l'excite au mal, c'est-à-dire au plaisir qui
détruit.

« Écrire, c'est donc corrompre; lire, c'est hâter en
soi la corruption. Les poètes et les romanciers sont des
marchands de poisons. Plus ils sont grands à la mesure
couramment admise, plus ils sont dangereux. Il faudrait
reléguer, puisque la chose est à la mode, tout ce
monde-là, sans les fleurs, dont nous pouvons faire
meilleur usage. Je demande à vivre en paix, c'est-à-
dire à arriver le plus tard possible à la dislocation de la
fin. S'il y a quelque chose de plus certain que la loi de
notre vie, reçue pour être conservée et transmise,
qu'on le dise : nous vérifierons ensemble le point de
départ. Et je serais bien surprise si nous n'arrivions
pas à repousser toujours la pensée, surmenée au nom
d'études scientifiques ou dominée par les passions,

comme une maladie nous acheminant à une mort prématurée.

— Alors, mademoiselle, vous ne lisez point?

— Moi! je ne fais guère que cela. Je vois bien ce qu'il faut éviter : loin de l'éviter, je le recherche. Il y a beau temps qu'on l'a dit en latin, une bonne fois pour toutes. Je connais les dangers de l'alcool : je l'adore. Je lis et relis Zola. Bourget est fade; Zola a le piquant qu'il faut à mon palais.

— Et vous sentez que la corruption gagne?

— Je le crois bien, je commence à mourir. Le poison entre par mes yeux, que mes lectures auront bien vite affaiblis. J'ai tué mon cœur le premier, mon âme s'enzolise, et mon corps, cette guenille qui fait encore quelque résistance, suivra. Et je mourrai prématurément, grâce à votre déplorable littérature, que tout le monde condamne, faute un peu de pouvoir produire soit mieux, soit autre chose; on vous jalouse, on vous achète, mais comme vous êtes traités, mes pauvres amis les Français!

— Mais, mademoiselle, quand le médecin sait bien quelle est la maladie qu'il doit combattre, le malade est à moitié sauvé. Vous connaissez votre mal, vous le guérirez.

— Et si je ne veux pas être guérie !

Mᵉ Marbaux lui dit :

— Mon enfant, vous avez dû beaucoup souffrir.

Après quelques instants de silence, il reprit :

— La vie vous a été marâtre, et vous lui gardez rancune : vous l'injuriez, vous n'êtes point juste pour elle. Nous ne savons pas le pourquoi de la vie, c'est vrai, mais nous savons bien que nous vivons et que nous *devons* vivre; c'est votre formule même. Si nous

nous interrogeons avec sincérité, nous voyons bien que tout en nous et autour de nous est organisé pour la vie, jusqu'à la mort elle-même qui n'est, qui ne peut être qu'une transformation. Votre matérialisme de tout à l'heure n'était pas sincère : il était le fils de la souffrance qui trouble la vue en la noyant de larmes.

« Nous ne voyons pas, dites-vous, pourquoi il nous a été donné de réfléchir au delà du nécessaire : c'est dans ce dernier mot qu'est la difficulté. Le nécessaire, pour vous, c'est la conservation ; tous les besoins qui s'y rattachent forment comme un faisceau lumineux — une évidence — entre les deux obscurités du début et de la fin. Je le veux bien : mais qu'entendez-vous conserver? Le corps? cela va de soi, c'est la demeure. L'âme, c'est l'âme surtout que vous voulez conserver, et vous nous la montriez rongée par les entraînements du plaisir ou les fatigues du savoir : vous oubliez l'élément essentiel du grand problème de la vie. Cette âme se connaît elle-même et se mesure la vie. Si elle meurt, au plaisir ou à la peine, c'est qu'elle s'est elle-même condamnée. Et c'est par là que nous sommes, sauf les accidents inévitables dans tout mécanisme, les maîtres de notre destinée. L'alcool ne tue que ceux qui veulent l'ivresse quand même et toujours.

« Vous vous prétendez, au figuré, alcoolique : vous raisonnez trop bien votre mal pour pouvoir être considérée comme un cas désespéré.

« Vous savez bien que la loi de votre conservation n'est point faite uniquement pour les molécules de votre corps ou les instincts qui sont les rudiments de l'âme; elle s'étend aussi aux aspirations intellectuelles, aux raffinements esthétiques qui sont des besoins de notre nature au même titre que les appétits grossiers que nous subissons. C'est un devoir de nourrir l'âme, comme d'alimenter le corps ; de l'exciter même, sans la surmener. Les poètes, les romanciers ne tiennent boutique de poisons que pour ceux qui en veulent acheter. Il y a plus, les poisons n'agissent que sur ceux qui le veulent et qui ont décidé de mourir empoisonnés. Tenez, vous avez pris du Zola, et vous vous en vantez : si tous ceux qu'il empoisonne se portent aussi bien que vous, je tiens Zola pour un Bourget. Il est certain qu'il vaut mieux ne pas acheter du poison ; on en fabriquerait moins si l'on en vendait peu. Mais du danger certain de nos produits littéraires conclure à la nécessité de fermer la boutique, c'est aller trop loin. L'homme peut se tromper et se laisser séduire ; c'est sa grandeur autant que sa faiblesse. Il doit se protéger lui-même, et, s'il est tombé, se relever.

« Vous vous relèverez, mon enfant. Vous avez eu un découragement profond ; vous avez pensé que tout était perdu, parce que vous sentiez que vous vous perdiez. Allons, ressaisissez-vous. Je ne voudrais pas aviver votre douleur ; mais demandez-vous si elle n'est point imputable à quelque faute, à quelque oubli, à quelque orgueilleuse décision. On est souvent l'auteur de sa propre souffrance, et c'est l'humanité qu'on en veut rendre responsable. L'âme en deuil voit tout en noir, et prédisant la mort commune se prépare à mourir et hâte effectivement sa fin. Revenez à la santé. Lisez Zola si vous voulez, mais corrigez-le par un examen sincère de vos impressions ; retenez ce qu'il a de bon, rejetez ce que vous jugerez mauvais. Ne fût-ce qu'un tel examen, quel profit ! Vous n'êtes donc pas alcoolique, ne vous en déplaise. Si je pouvais lire dans votre âme, je lui trouverais certainement le teint frais de

votre visage. Vous avez souffert, vous souffrez aujour-
d'hui encore : mais vous guérirez, — et l'humanité
vous paraîtra guérie du même coup.

— Il est vrai que je souffre, et que j'ai cherché
l'oubli. Mais peut-être vais-je renaître, ma vie se colore
d'une espérance. J'aurai, sans doute, un devoir à remplir, et dès lors mon existence ployée se redressera.
Vous serez mon confident, cher maître, si vous me
permettez de recourir à vos conseils ; et vous peut-être,
dit-elle en se tournant vers moi, mon complice. Mais
l'heure n'est point venue.

Et, nous tendant la main, elle sortit du salon et
disparut.

LIX

LE BOSPHORE.

L'affaire qui nous a amenés ici prend bonne tour-
nure : après avoir travaillé ensemble, nous ne pouvions
mieux faire que d'aller visiter le Bosphore. Nous avons
eu la chance de trouver chez eux M. Léonidas Androclès et le docteur, son inséparable ami. Nous les avons
invités à déjeuner à Thérapia : « Accepté, dit le docteur,
nous prendrons au passage, si vous le voulez bien, un
jeune médecin de la Faculté de Paris, qui me double
quand il le faut. »

« Surtout ne quittez pas Constantinople sans voir le
Bosphore. » — Cette recommandation nous avait été
faite par tout le monde, et avec une telle insistance,
que nous avions peur d'une déception, comme cela
n'arrive que trop souvent pour les choses qu'on a van-
tées d'avance, abusivement.

La réalité dépasse tout ce qu'on peut espérer.

La nature a beaucoup fait, mais les hommes ont fait plus encore.

C'est d'abord une succession de palais sur une étendue de plusieurs kilomètres. Du bateau, on les voit défiler comme dans une revue. Si nous avions une semaine à consacrer à notre visite, nous descendrions à terre et nous ferions en conscience le métier de touriste ; la côte d'Europe, seule, demanderait bien une semaine. Mais nous ne sommes pas des touristes décidés à se gorger des impressions et des notes des autres.

Nous dépassons Kabatach, et nous longeons la place et le palais du « Dolgma-Baghtché ». Dans le quai de marbre blanc sont ménagés, de distance en distance, des degrés qui se perdent dans l'eau bleue du Bosphore. Ce n'est pas un palais qui est devant nous : c'est une série de palais, mosquées ou théâtres, sur la façade desquels on a prodigué toutes les ornementations que peut rêver un architecte. L'impression générale n'est peut-être pas celle qu'attendaient les créateurs de ces merveilles. La variété et la profusion divisent trop l'attention, l'arrêtent sur les détails et laissent en résultat un souvenir défavorable. Les grandes lignes qui auraient dû donner à l'ensemble un caractère saisissant font défaut ; cet ensemble doit cependant être vu de loin, du large, et c'est par grandes lignes qu'il faut frapper la vue. Les motifs principaux ne se détachent pas. L'architecture doit être faite de force et de clarté ; je crains que nous n'ayons ici que de l'élégance et de la confusion. Dans ce cadre merveilleux que fournissait la nature, il ne suffisait point de faire joli, il fallait faire grand : c'est un chef-d'œuvre qu'on a dû commander ; on n'a livré, au prix de folles dépenses, que l'œuvre compliquée qui dénote plus de talent que de génie.

Après quoi, nous nous écrions, pour faire chorus : C'est splendide, c'est prodigieux! J'ai donné mon impression sincère ; c'est peut-être moi qui ai tort contre tout le monde.

On nous signale, en passant devant Bechiktach, le tombeau de Barberousse.

Plus loin, nous longeons Tchinger-Seraï ; nous n'accostons plus les escales qu'avec des difficultés que notre vieux capitaine sait vaincre : le courant qui verse incessamment la mer Noire dans la mer de Marmara est très fort. Les palais de marbre blanc, ornés de longues rangées de colonnes, les terrasses avec leurs balustrades de marbre, font ici un effet ravissant ; tout est clair, simple, marqué pour le repos de l'œil par de grandes lignes, monumental sans les petits paquets d'une ornementation exagérée.

A Ortakeuy s'embarque le jeune docteur Azaïrram : on lui confère à l'unanimité le titre de fourrier; à peine entré en fonction, il nous fait du haut du pont les honneurs « de la mosquée de la Validé » et nous prie d'admirer la longue suite de villas, de yalis, que les hauts fonctionnaires ou les riches négociants de Constantinople ont fait bâtir le long de la côte.

Nous n'aurions rien à dire des trois stations suivantes, si à Kourou-Tchecmi Jason n'était venu aborder avec Médée, au retour de la Colchide. Les papiers du temps manquent de précision, et cela n'est pas sûr. Mais le jeune médecin pourrait bien préparer un mémoire sur cette importante question ; il argumente ; personne ne contredit.

Roumils Hissar (château d'Europe) est une ancienne

forteresse qui dut avoir sur le sort de Constantinople une très grande influence. Ce fut comme l'avis préalable, pronostiquant la chute. C'est en 1452, un an avant la date fatale, que Méhémet II fit bâtir ces murs crénélés de dix mètres d'épaisseur, ces trois grosses tours et ces quelques tours plus petites formant l'appoint. On dévalisa, pour cette construction, tout ce qui était déjà tombé sous la main des Ottomans. Les gros canons dont on arma la forteresse lançaient d'énormes boulets de marbre ; quelques spécimens de ces grosses boules sont encore rangés au pied des murs. Le Bosphore était ainsi barré. Le jeune docteur sait aussi que Darius fit jeter au même endroit un pont qui permit de faire passer sur la rive d'Europe les sept cent mille hommes qu'il conduisait contre les Scythes : le courant ici est moins rapide. Le docteur sait encore que Xénophon, sur ce même point, traversa le Bosphore avec ses Dix Mille. J'aimerais mieux qu'on pût, au lieu d'hypothèses historiques, me parler d'un projet sérieux de pont à établir pour prolonger sur la rive d'Europe le chemin de fer de la rive opposée. Un service est organisé pour ramasser les marchandises de Scutari, de Stamboul, de Péra, de Galata, et les porter au vapeur qui les rend à la gare et charge pour les distributions du retour. Encore un état de choses absurde qui durera longtemps.

Après quelques étapes sans intérêt, nous descendons à Thérapia.

Le docteur fourrier nous conduit à l'hôtel magnifique que la Compagnie des wagons-lits a fait bâtir face au nord, à l'ombre de pins énormes qui semblent avoir été collés avec leurs hautes branches grêles contre les façades blanches et toutes neuves par une rafale descendant de la mer Noire. Tout est neuf, si bien que la cuisine n'a pas encore servi, et qu'on nous demande deux heures et demie pour préparer notre déjeuner. Le modeste hôtel d'Angleterre, tout aussi bien placé peut-être, nous offre une hospitalité mieux outillée, et nous dévorons ; nous avons deux médecins à table, nous ne pouvons pas ne pas digérer. D'ailleurs, Thérapia signifie guérison ; on se garderait bien d'y être malade. La diplomatie, dans tous les cas, s'y porte à merveille : l'Angleterre, l'Italie, la France, y sont propriétaires de palais spéciaux où les ambassadeurs se reposent, s'étant sans doute fatigués. Thérapia a un petit port spécial, des quais très propres, l'air comme il faut qui convient quand on reçoit des hôtes d'importance.

Nous allons, à pied, en suivant le bord du Bosphore, jusqu'à Beuyuk-Déré (*Beuyuk-Déré*, la grande vallée).

Nous faisons le tour du golfe, les yeux toujours fixés sur le goulet de la mer Noire. Des vapeurs montent, descendent ; ils apparaissent à l'horizon, et sont bientôt sur nous, ou remontent le courant, s'engagent dans la mer Noire et finissent à l'horizon par un petit panache de fumée. Beuyuk-Déré se meurt. Au beau temps des voiliers, sa vaste baie était remplie de navires à l'ancre qui attendaient l'ordre d'aller charger sur tel ou tel point de la mer Noire. Il y avait là le cours régulateur du fret. Actuellement, une dizaine de gros navires en bois se balancent tristement au roulis. Ils sont en vente. Ils ne trouvent pas d'acquéreur. Pour le fret, ils n'y pensent plus, les vapeurs ont tout pris.

Essuyons nos pleurs, car si le port n'a plus son antique renommée, les plaisirs de la villégiature lui font, pendant deux ou trois mois de l'année, une ceinturé dorée. C'est ici que les ambassades de Russie, d'Amérique et d'Autriche ont leurs résidences d'été. La ville s'étend le long du Bosphore, mais les villas qui bordent les quais en portent d'autres sur les épaules, avec jardins-terrasses, surmontés d'autres villas, d'autres jardins. La montagne sur laquelle toutes ces coquetteries sont plaquées gagnerait à être un peu plus penchée en arrière. Elle a, en revanche, l'avantage de mieux abriter toute sa couvée contre les bises glacées de la mer Noire, qui la prennent à revers. Somme toute, j'aimerais mieux la situation de Beuyuk-Déré que celle de Thérapia, qui n'a pas le beau dégagement du golfe, servant de remise aux bateaux sans emploi, et la vallée large et verdoyante qui semble le prolongement de Beuyuk-Déré dans un parc royal.

A l'embarcadère, où nous attendons le retour du bateau qui est allé finir sa course dans des localités sans grande importance, nous sommes obligés de nous couvrir de nos pardessus ; le courant qui vient se briser à la pointe l'enveloppe d'embruns salés et froids. Mais, une fois sur le bateau, nous retrouvons une température plus bénigne. Le jeune docteur nous donne, au passage, les indications que comporte la côte d'Asie. Je n'ai guère noté que le château de Kunkier-Iskalawi, élevé sur des terrasses superposées, offert jadis au Sultan par Ibrahim-Pacha. Puis viennent le beau golfe de Beicos, où se concentrèrent les flottes de France et d'Angleterre avant la guerre de Crimée, et Kendilli, où se trouve la fameuse promenade des Eaux douces d'Europe, site enchanteur à en juger du bord. Un kiosque impérial le domine, entouré de vastes jardins. Le jeune docteur nos assure que c'est une chose digne d'être vue ; nous l'ajournons, désireux de revenir et d'avoir quelque chose à découvrir à notre prochain voyage. Voici enfin le palais de Beylerbey, entouré d'un parc en terrasses s'étendant sur les flancs du mont Boulgourlou. Du côté de la mer il est, comme Dolgma-Baghtché, situé presque en face, bordé d'un quai de marbre blanc coupé de degrés descendant dans les flots. L'architecture me paraît appartenir au genre fleuri. Bâti en marbre, le palais est éclatant de blancheur. Il n'est plus habité. Il fut longtemps la résidence préférée du sultan Abd-ul-Azis. Il fut mis à la disposition de l'impératrice Eugénie en 1869, pendant son séjour à Constantinople. Le docteur Junior, qui l'a vu, assure que l'intérieur présente un ensemble éblouissant. Le vaste péristyle du rez-de-chaussée, orné de colonnes, pavé de marbre, et l'escalier qui conduit au premier étage, sont surtout dignes d'être remarqués, même à Constantinople.

En 1869, l'impératrice Eugénie ; en 1889, l'empereur et l'impératrice d'Allemagne. *Sunt lacrymæ rerum.*

Le docteur Azaïram, qui aime beaucoup la France, voudrait bien être renseigné, maintenant qu'il a épuisé la côte d'Asie. Les malheurs dignement supportés de cette noble femme, qui a pu tomber, non déchoir, forment un contraste violent avec des bonheurs trop récents encore et qui n'ont pu s'asseoir, se tasser, prendre l'aspect des choses définitives. Le docteur Azaïram, qui voit de trop loin, quand nous voyons de trop près, voudrait qu'on tirât l'horoscope et qu'on lût dans l'avenir.

M⁵ Marbaux lui répond ironiquement :

« Vous me tâtez le pouls, docteur, mais je ne me sens pas malade ; c'est tout ce que je puis vous dire. Je crois que la santé est générale et qu'ailleurs on se porte aussi bien que chez nous. On vous appellera quelque jour : on aura besoin de beaucoup de médecins, et les officiers de santé eux-mêmes seront requis. Qu'elle soit éloignée de nous cette heure funeste !

« Pour le succès, qui pourrait le prédire ? Nous sommes sages ; qui l'eût cru ?

« L'histoire de l'humanité a des surprises qui peuvent faire tout craindre et tout espérer. Ne sortons pas de Constantinople : le Bas-Empire a mis des siècles à mourir. Que de fois on avait jeté sur lui le suaire, le croyant mort ! Ceux qui sont venus enfin l'étrangler furent d'abord la terreur de la terre. Puis ils ont tremblé à leur tour. Et si la dernière consultation qui eut lieu à Berlin n'a pas tué le malade, c'est que les médecins ne purent pas s'entendre sur l'opération. Il va, depuis, de mieux en mieux. La Grèce, la Grèce de M. Léonidas, veut jouer à la grande puissance : elle a la maladie contagieuse des peuples qui ont plus de souvenirs que de ressources. Quel est l'avenir qui lui est réservé ? *Chi lo sa ?* diraient nos bons amis les Italiens. Le passé de la race lui permet toutes les espérances : mais qu'il soit bien entendu que ce sont des espérances seulement ; c'est à force de sagesse qu'on en fera des réalités.

« Or je crois les Grecs capables de tout, même de sagesse.

« J'ai toujours eu pour eux la plus vive sympathie ; ne serait-ce que par reconnaissance, nous devons nous intéresser à leur avenir. Ils ont, avec une autre race, bien pauvre, de la vieille Terre, fait la fortune de l'humanité. De la Judée pierreuse, presque stérile et grande, à ses beaux jours, comme deux de nos départements, est venue la plus grande lumière qui ait éclairé le monde : l'histoire n'a jamais eu à enregistrer de pareille surprise. Jérusalem voit encore ses livres sacrés servir de fondement, peut-on dire, à la morale universelle. Les nations vont pieusement s'agenouiller devant elle et couvrent d'or sa nudité d'esclave. Et jusqu'à la poussière de ses ruines, tout en elle participe de la divinité qu'elle a portée dans son sein.

« La Grèce, si elle était plus grande, n'était guère plus riche que la Judée. On y faisait des lois pour défendre l'exportation des figues : le peuple en vivait. C'est ce peuple, fils d'Homère, qui a mérité qu'un des âges les plus brillants de l'humanité portât le nom d'un de ses citoyens; qui a eu des penseurs comme Socrate, Platon et Aristote ; des historiens comme Thucydide ; des poètes comme Eschyle, Sophocle, Euripide et Aristophane ; des artistes dont l'humanité ne se lasse point de reproduire les chefs-d'œuvre ; des orateurs comme Démosthène et Périclès. De petites cités, qui n'auraient pas en France l'honneur d'une sous-préfecture, donnaient au monde des héros dont la grandeur d'âme et la simplicité nous étonnent et nous humilient. Les Grecs, marins audacieux ou montagnards irréductibles, avaient dans leurs cités comme un approvisionnement inépuisable d'artistes, de poètes, d'écrivains, de philosophes, d'orateurs, d'hommes d'État, de généraux ; ils atteignaient les limites extrêmes et la perfection, tandis que le restant du monde, encore dans l'enfance de la barbarie, balbutiait et faisait les premiers pas.

« Et c'est pour cela que je parle toujours avec respect des Juifs, souhaitant que tous les Juifs soient dignes de mon respect, et que j'ai pour les Grecs des paroles d'admiration, d'encouragement et d'espérance. La Judée, comme la Grèce, devrait secouer ses chaînes ; il y va de l'honneur du monde.

— Docteur, dit M. Léonidas Androclès à M. Azaïram, j'espère que vous vous souviendrez. Misérable Arménien, vous n'êtes pas digne de dénouer les cordons de mes souliers.

Nous rîmes de bon cœur de la boutade ; le docteur Azaïram se borna à dire :

— Ces petits Grecs sont toujours prêts à chausser l'antique cothurne ; ils feraient mieux d'avoir de bons souliers et de les payer, *per Bacco !* à l'italienne, s'ils ne peuvent mieux faire.

Nous étions groupés sur le tambour, vitré à l'avant, d'une des roues du vapeur, celle de gauche. Le capitaine, à la descente, se tenait sur le tambour de l'autre roue. Nous étions tournés vers l'avant, pour jouir du spectacle que nous offraient successivement les deux rives : nos voix étaient rejetées, par le vitrage du tambour, en arrière et par côté vers le pont, qui petit à petit avait fourni un public d'auditeurs attentifs. Nous n'y avions point pris garde. Quand nous traversâmes cette foule pour descendre à terre, tous s'effacèrent respectueusement. Nous lisions dans leurs yeux l'espoir et le désir de leurs âmes. Puisse l'histoire se rouvrir aux surprises de la grande nation qui a du cœur ! *Gesta Dei per Francos*.

LX

MADEMOISELLE XÉNIA GASHNINE DE SOLTIKOF.

M. Azaïram, que nous n'avions pas débarqué à Ortekeuy, a été retenu par nous à dîner avec ses deux amis. Me Marbaux, fatigué, rentre de bonne heure dans sa chambre. Nous n'avons qu'une crainte : tandis que nous nous attardions dans notre coin de la salle à manger, mademoiselle Xénia de Soltikof n'aura-t-elle point disparu du petit salon ?

Elle était encore là ; les présentations faites, la conversation s'engage.

— Vous avez peut-être trouvé, me dit-elle tout bas, quelque pédanterie dans mon attitude ; je n'étais pas fâchée de faire causer M⁰ Marbaux. Si vous me trouvez trop différente de moi-même aujourd'hui, n'oubliez pas que la femme de l'autre jour compte seule ; celle que je vais vous montrer s'amuse. Puisque aucun de ces messieurs n'est marié, je vais passer une autre toilette à mon âme slave, presque une toilette de garçon. Mais c'est pour rire ; c'est si triste, de toujours avoir les larmes aux yeux !

C'est M. Androclès qui ouvre le feu.

Tout le bien qu'on lui a dit de mademoiselle Xénia de Soltikof lui fait regretter qu'elle n'ait point été sur le bateau pour donner la réplique au maître.

— De quoi parliez-vous donc ? dit-elle.

— Des Grecs. Je suis Grec, mademoiselle, répondit M. Androclès ; des Grecs et des Juifs. M. Cordoba, que nous connaissons tous, eût été enchanté s'il avait été là. S'il venait ce soir vous enlever, laissez-nous-le quelques instants, afin que je puisse lui répéter tout le bien qu'on a dit de lui, quoique absent.

— Vos finesses grecques sont cousues de fil blanc ; vous voulez savoir si je sortirai ce soir. Eh bien ! je ne sortirai pas. M. Cordoba d'ailleurs n'aura plus besoin de me venir prendre ; je sais le chemin, à présent, et j'irai demain soir seule au consulat de Russie, où je suis invitée à passer la soirée. Pour cette nuit, je reste chez moi à écrire, comme vous voyez.

— Nous avons affaire à forte partie, messieurs, dit le brave Androclès. Docteur Azaïram, à vous la main.

Celui-ci, pour occuper les loisirs de mademoiselle Xénia, met à sa disposition les dernières productions littéraires de Paris.

— Je me tiens au courant, dit-il ; je lis en ce moment le *Docteur Pascal*.

— Je l'ai lu deux fois, répond mademoiselle de Soltikof. C'est presque mon histoire. Je vois à l'attaque oblique du jeune docteur que l'on a déjà dénoncé mon zolisme ; je ne suis pas de celles qui renient leur Dieu. Je ne pardonne pas à l'Académie française de n'avoir point encore élu Zola. Je lis Bourget et bien d'autres ; mais je les grignote, je m'en confesse ; je ne m'en nourris pas. Je les Octave-feuillette plus que je ne les lis. Zola est un puissant créateur, en même temps qu'un subtil analyste. Pour les femmes, il les connaît aussi bien que qui que ce soit. Il les démonte, les examine à la loupe, mais il ne les arrange pas, en laissant le soin à d'autres horlogers. Il nous rend la montre telle qu'il l'a vue, signale le défaut de sa fabrication ou la cote à sa valeur, mais il dédaigne d'enlever la poussière qui la fait s'arrêter. Zola crée et voit.

— N'ajoute-t-il pas au besoin un peu de poussière ? De méchants esprits prétendent que cette poussière ajoutée n'est que de la boue desséchée, et que votre auteur va à la boue par goût naturel et, pour s'en excuser, tâche d'en faire une règle de l'art.

Le docteur Perrin venait ainsi de croiser le fer : la riposte ne se fit pas attendre :

— Vous voulez attaquer *mon auteur*, vous ! Vous l'avez lu, sans doute, puisque vous en parlez ; c'est vous qui devriez le défendre ! Ses analyses devraient vous charmer ! Ne sentent-elles pas le charnier de vos anatomies de l'école ? Vous voulez juger en penseur et vous n'êtes qu'un spécialiste ! Vous traitez les gens, monsieur, madame et l'enfant, sans vous préoccuper de l'homme, de ce qui domine en lui, de ce que vous n'osez appeler ni esprit ni matière : car vous êtes un spécialiste — flottant. Par profession, vous êtes tenu d'avoir une opinion à la minute et pour tous les cas ; vous donnez votre avis suivant votre humeur ; vous prenez dans la poche du gilet que voilà le porte-crayon en argent, prêt à faire l'ordonnance et à recommander le pharmacien. Au fond, vous ne savez pas ; vous venez de vous poser en spiritualiste, mais je ne vous fais pas l'injure de vous croire sincère ou tout au moins bien arrêté dans votre sentiment. Vous devez être plus souvent l'avocat de la matière, d'un maniement plus facile; les documents et les observations dûment numérotées abondent. Le spiritualisme, bien plus séduisant, bien plus comme il faut, a le tort d'être peu consistant, d'être insaisissable aux pinces de la trousse ; on n'en hasarde l'anatomie que dans les revues et dans quelques chaires à amphithéâtre désert. Votre tour d'esprit professionnel fait que vous avez une opinion à toute heure sur la littérature, mais cela ne veut pas dire qu'elle ne soit pas variable : *contraria contrariis*. Vous venez d'en avoir une sur Zola, c'est celle de la bourgeoisie d'en haut. Demain, vous aurez peut-être celle de la bourgeoisie d'en bas ; en réalité, c'est celle-ci seule que vous devriez avoir. Si votre spiritualisme va dans le monde et y est bien reçu, vous n'êtes, au lit du malade, qu'un vil matérialiste. L'âme n'existe alors que pour la facilité des explications, et vous ne croyez qu'à l'action de vos drogues ; vous notez les cas, jamais un état d'âme.

Vous n'ajoutez pas de la boue desséchée, mais vous ne purifiez pas ; vous nettoyez, tout au plus. Vous êtes médecin, comme on est orfèvre ; des ecchymoses du corps vous élever aux meurtrissures de l'âme, ce n'est pas votre affaire. Vous n'y songez même pas. Vous n'êtes donc, vous aussi, qu'un faiseur d'analyses. Vous pourriez, de vos documents, de vos observations, faire tout comme un autre un livre bourré, compact, scientifique. Seriez-vous lu ? Tout est là : Zola est lu.

— C'est dire qu'on doit juger du mérite littéraire au nombre de mille qui figure sur la couverture !

— Non. La langue qui réussit le mieux est la langue de tout le monde ; ce n'est donc pas la bonne. Mais connaissez-vous beaucoup d'écrivains qui aient une langue à eux ? On dit : la langue de Voltaire, la langue de Bossuet. Si l'on prenait à la lettre les engouements contemporains,

Il en est jusqu'à cent que l'on pourrait nommer.

Mais que d'écrivains de qui l'on peut dire : qu'ils passeront comme la fleur des champs ! Je crois que la langue du roman ne peut qu'être banale, comme est banale la matière fournie par la vie commune. Je ne cherche ni à former mon style ni à m'instruire, quand je lis un roman : je cherche à m'amuser, comme en ce moment, à me distraire. Si je suis un peu plus corrompue après la lecture, tant pis. Le roman et le théâtre sont avec l'amant contre le mari ; c'est au mari à se défendre. Le mien — je parle du candidat — est prévenu ; je dois épouser un homme qui m'aime. Nous avons pris deux ans pour nous préparer. C'est long, et c'est court. J'ai d'ailleurs de la marge devant moi :

Balzac met à la trente-cinquième année le maximum de rendement de la femme ; que rendrais-je maintenant? Je ne sais. Le docteur qui m'épouse dans deux ans de date est mûr, plus que mûr peut-être : il divorce pour l'amour de moi. Il a beaucoup aimé déjà. J'ai dû faire le vide autour de lui; sans cela, je ne sais trop ce qu'il aurait pu m'apporter en mariage.

« Moi, je ne l'aime point. Il est célèbre à Saint-Pétersbourg, et c'est sa célébrité que j'aime. Il est si épris qu'il me trouve belle : franchement, je ne le suis pas. Il ne sera probablement pas heureux avec moi, et je ne compte pas être heureuse avec lui. Nous ferons un très mauvais ménage ; je le lui dis : il veut en avoir le cœur net. Il se fie trop à un restant de jeunesse dont nous ne ferons qu'une bouchée. Il est bien averti, et, quoi qu'il arrive, il ne pourra pas dire qu'il ait été trompé.

— Il me semble que vous vous fuyez déjà ! De Constantinople à Saint-Pétersbourg, il y a toute la distance...

— De la coupe aux lèvres. J'ai la permission de ma mère; de la sienne, je n'ai pas besoin ; je ne sais pas si je ne retirerai pas mes lèvres. Ma mère me passe toutes mes fantaisies, il faut bien que le docteur en fasse autant : c'est la règle du jeu. Je ménage à tous les deux une surprise. Je me suis fait photographier en Turque : je vous montrerai la chose, dès que je l'aurai. Le photographe de la rue de Péra m'a procuré les vêtements d'une femme turque : sans lui, je n'aurais jamais pu m'habiller.

— Comment, le photographe vous a aidée !

— Bah ! c'est un Turc. Me suis-je assez moquée de sa maladresse ! Il tremblait, — oh ! pas de froid.

Voyez-vous ce photographe troublé, tandis que je lui éclate au nez ; il cherchait à reprendre le sérieux de sa profession, mais je lisais sur sa figure piteuse le désir de transformer l'incident en interpellation ; il rêvait la chute du ministère ! J'ai témoigné le plus profond dédain pour sa troublante convoitise. Habillée tant bien que mal, photographiée à la grâce de Dieu, j'ai dû me déshabiller encore avec le concours de l'homme de l'art. Il était d'une maladresse ! Il me faisait pitié ; j'aurais pu lui faire l'aumône d'un baiser : mais un Turc ! L'exercice de la photographie, dans de telles conditions, est dangereux pour les photographes. Ils s'oublient, ils doivent se borner aux images, les réalités leur sont interdites.

— Mademoiselle, hasarde le docteur Perrin, qui aime le péril y périra.

— J'adore le péril, répond mademoiselle de Soltikof ; y périrai-je ? C'est possible. J'ajouterai que si je péris, et que cela m'amuse, je ne regretterai rien. L'essentiel, dans cette vallée de larmes, c'est de faire aux larmes la plus petite part. Le droit au plaisir, le droit de jouir, nous l'inscrirons à la prochaine édition des droits de l'homme. N'est-ce pas, messieurs les Français ?

— Et le repentir ?

— Cela fait partie du lot des larmes : il faut se repentir le moins possible.

— Puisque nous sommes entre hommes, presque, vous me répondrez franchement. La célébrité du docteur Pascal vous promet-elle le plaisir que vous recherchez ?

— Eh ! monsieur, je me tâte. Je l'ai ajourné, votre savant confrère. Si j'avais été parfaitement sûre, je serais déjà mariée.

— Le mariage, l'austère mariage lui-même, doit vous apporter le plaisir, ou bien gare !

— Que de femmes le pensent : moi, je le dis.

— Au docteur Pascal ?

— Je crois bien : et c'est pourquoi il se réserve tant qu'il peut.

— Mais faites-vous de même ?

— Vous espériez m'embarrasser ! je vais vous répondre sans détour. Je suis heureuse ici, je suis seule. Je ne pleure pas, je ris; en Russie, je pleure sans cesse. J'ai dépensé six cents francs ce matin : je jette l'argent. Je vais repartir sans un centime : j'ai mon voyage de retour payé, parce que je me connais. Ma mère m'a télégraphié de rentrer : ce serait vainement, si j'avais de l'argent. Les meilleures folies sont les plus courtes. Et le bonheur que me donne la pleine possession de ma liberté ne pourrait que se gâter en se prolongeant. Je vais donc partir. Mais je ne partirai qu'à demi satisfaite. J'aurais pu tirer meilleur parti de mon temps. Vous m'aurez amusée, mais je ne vois personne qui songe à me compromettre.

Et, promenant un regard calme sur le petit cercle qui l'entourait, mademoiselle Xénia ajoute :

— Eh bien ! tant pis pour vous !

Et, sur ces mots, elle nous serre la main et se retire.

Pour des raisons diverses, nous restons silencieux quelques instants. Je pensais à ce que m'avait dit mademoiselle Xénia au début de l'entretien. Le brave Androclès relevait, peu après, toutes les hardiesses voulues de cette conversation brûlante. Le docteur Perrin, « rétablissant les faits », disait qu'il n'y avait dans tout cela qu'un jeu d'esprit, masquant un état d'âme qu'on entendait dérober à notre curiosité. Le jeune docteur Azaïram était, au contraire, tout feu et flamme et ne songeait qu'à « compromettre », puisqu'on l'en avait défié.

— Je vous invite tous à dîner demain soir, dit-il : je tâcherai d'obtenir de mademoiselle Xénia qu'elle n'aille pas à la soirée annoncée. Si elle reste parmi nous, je me sacrifice, puisque je suis le plus jeune, et je vous jure qu'il en sera parlé.

Moi, je dessinais des profils de Turcs, des fez, des yeux brillants sous le féredgé : la marge des journaux éparpillés sur la table était remplie de mes croquis. Je me bornai à dire au jeune Arménien :

— Eh bien ! soit : à demain. Vous voulez écrire un chapitre de roman ? Il ne suffit pas d'en avoir beaucoup lu.

LXI

LAURE CONTRE XÉNIA.

Le maître d'hôtel, l'homme aux seize langues, m'a fait l'honneur, ce matin, de m'attendre au moment où j'allais entrer au petit salon : « Monsieur, m'a-t-il dit, méfiez-vous de votre voisine : elle sera près de vous ce soir, puisque vous y tenez absolument ; mais voici ce que j'ai appris. Depuis quelques jours déjà, madame de Novichef et sa fille font prendre leur courrier à l'hôtel par un homme de confiance : elles l'ont chargé de se renseigner sur mademoiselle Xénia de Soltikof. Il paraît qu'il y a quelque chose : elle chuchote mystérieusement avec M. Cordoba ; ils ont l'air de conspirer. M. Vorozof arrive demain : il est en correspondance avec mademoiselle Xénia, nous avons bien reconnu l'écriture de M. Vorozof, dont nous portions les lettres à la poste. Mais, rassurez-vous, j'ai tout fait savoir aux dames de Novichef.

— De quoi vous mêlez-vous? lui ai-je dit.

— Ah ! monsieur, il n'est rien que je ne sois disposé à faire pour vous être agréable : j'ai bien vu que mademoiselle de Novichef en tenait pour vous. »

Je lui ai tourné le dos.

Nous sommes allés, M⁰ Marbaux et moi, faire quelques visites. Son intervention a eu l'heureux résultat qu'en attendait son client. Notre présence ne sera plus nécessaire, si, comme tout permet de l'espérer, les traités sont signés dans les premiers jours de la semaine prochaine.

Nous avons revu la boutique de M. Ramyan. Nous ne nous sommes pas assis. C'était le tour des cordes de violon à gauche, et des accordéons à droite. Toute la place était prise.

Nous avons été reçus par M. le consul général. M. Gagé nous a accueillis par ces mots : « Voilà une dizaine de jours que je vous attends; M. l'ambassadeur m'avait annoncé votre visite. » M. Gagé n'est pas seulement un homme aimable. Il est fort intelligent, et les questions qu'on traite avec lui sont simplifiées et comme raccourcies : il est l'homme des phrases courtes, claires, et des raisons décisives.

Nous revenions à l'hôtel, quand on a annoncé qu'un incendie venait d'éclater au haut bout de Péra. Nous nous trouvions sur le passage des pompiers : nous n'avions qu'à attendre leur arrivée ; nous avons grossi la foule qui s'entassait sur les trottoirs.

Aux sons stridents d'une trompette, débouchent

bientôt des rues latérales qui s'embranchent sur la grande rue de Péra, des agglomérations hurlantes d'hommes à demi vêtus, se ruant, comme dans un accès de folie, les uns sur les autres. En tête, on distingue une sorte de chef courant et hurlant comme ceux qui entourent la pompe minuscule, haut placée dans une espèce de bâti sur brancards. Des épaules nues, noires, trempées de sueur, supportent l'appareil, qui est comme ballotté dans cette énorme vague humaine. A cette cohue, une autre succède, puis une autre, une autre encore. On leur dit : « Il n'y a plus de feu » ; rien n'arrête l'invasion. On ne se dispersera qu'après avoir paradé à grand bruit dans le quartier où l'incendie était annoncé. Le retour des pompes et du personnel hurlant autour de chacune d'elles se fait dans les mêmes conditions. La poussière à la fin est telle que la foule se disperse, les trottoirs se dégarnissent, le bruit et les vociférations sont comme noyés dans une atmosphère épaisse qui ne permet de distinguer que des masses flottantes.

C'est là ce qu'on appelle les pompiers libres.

Beaucoup de constructions sont en bois, et le souvenir des incendies, qui ont détruit des quartiers entiers, fait qu'on est encore tolérant pour ces manifestations et pour ces manifestants. On dit cependant que le feu est moins dangereux que ces pompiers libres : les meubles de valeur sont sauvés, mais ce n'est pas toujours au profit de leurs légitimes propriétaires.

Il y a bien un corps officiel de pompiers : ceux-ci avaient éteint, et avaient regagné leur caserne. Les autres avaient heureusement trouvé besogne faite, sans le moindre prétexte à désordre et à pillage. Les franchises de ces singuliers sauveteurs sont un legs du passé. Il y a tant à faire, qu'on n'a pas eu le temps encore de songer à supprimer les services de ces émeutiers, embrigadés dans les divers quartiers de la ville et se recrutant assez mal pour faire craindre le secours à l'égal de l'incendie.

Je trouve, sur ma table, en rentrant à l'hôtel, la lettre suivante : elle vient de Prinkipo :

« Vous vivez dans l'intimité d'une femme qui m'a fait espionner par ce Juif que je vous ai montré dimanche dernier, faisant le guet sous nos fenêtres. Je le sais, à n'en pouvoir douter, c'est M. Vorozof qui est derrière l'un et l'autre.

« Je vois bien que vous êtes plus l'ami de M. Vorozof que le mien, mais je crois devoir vous avertir, afin que votre loyauté ne soit point surprise, et que cette femme, dont je ne puis encore deviner les projets ténébreux, soit par vous tenue à l'écart, comme elle le mérite.

« On la dit jolie. Je sais bien que cela est sans importance pour vous ; mais on la dit plus habile encore, et mes amis sont déjà les siens, formant à cette intrigante une petite cour.

« Si vous venez, j'aurai bien des choses à vous dire.

« Je m'attends à chaque instant à voir arriver M. Vorozof. Il n'obtiendra rien. S'il le faut absolument, ma mère et moi, nous repartirons pour Paris. Quand comptez-vous y être de retour ? »

Le soir même, avant de me mettre à table, je recevais de M. Vorozof une lettre très courte m'annonçant son arrivée pour le lendemain. « J'ai à vous entretenir : serez-vous libre dans l'après-midi ? me disait-il. Un mot, que je trouverai en arrivant à l'hôtel, me dira l'heure que vous voudrez bien me réserver. »

Répondrai-je à mademoiselle de Novichef? Ce ne sera, dans tous les cas, qu'après avoir vu M. Vorozof.

L'hôtel est sens dessus dessous. Je ne sais quel grand-duc vient de faire son entrée. Il y avait, depuis quelques jours, un prince romain, qui nous amenait à déjeuner et à dîner l'état-major du stationnaire italien. Le prince va passer étoile de deuxième grandeur. Des officier turcs en permenance, des salons réservés, des dîners de gala en perspective ! Le maître d'hôtel en perdra le boire et le manger.

LXII

LE CONFESSEUR.

En passant dans le petit salon, mademoiselle Xénia prit, hier soir, le bras de M⁰ Marbaux :

— Je suis confuse, lui dit-elle, d'avoir osé discuter avec vous. Ne conservez pas de moi un trop mauvais souvenir. Je ne vous verrai peut-être plus.

— Vous nous quittez déjà ?

— Demain, peut-être. Vous avez deviné que je portais au cœur une blessure profonde. Dans quelques heures, la blessure sera-t-elle devenue inguérissable ? Je le crains. Vous ne me refuserez par votre pitié.

M. Cordoba entrait au même moment.

— Êtes-vous prête ? dit-il à mademoiselle de Soltikof.

Celle-ci répondit :

— J'ai peu de temps à passer à Constantinople : je serais heureuse de donner une soirée de plus au consulat, mais peut-être ne le pourrai-je pas. Vous m'excuserez auprès de ce monde si aimable et si accueillant. Je me sens mûre, ne riez pas, pour une confession générale de ma vie : voici mon confesseur. Il emportera le secret loin, bien loin, et je me sentirai fortifiée par ses conseils ; heureuse de son pardon, si je dois le demander.

Mᵉ Marbaux était visiblement touché.

Après quelques mots échangés à voix basse, M. Cordoba se retira. Je l'accompagnai, bien décidé à laisser toute liberté à mon cher maître et à sa pénitente. M. Cordoba me dit qu'il reviendrait chercher mademoiselle Xénia, qui peut-être se déciderait à passer au consulat le restant de la soirée.

J'avais à peine quitté M. Cordoba que je m'entendis appeler : je reconnais la voix joyeuse de M. Azaïram. Le docteur Perrin et M. Androclès étaient avec lui, de l'autre côté de la grille des Petits-Champs que je longeais. Je dus les rejoindre.

— Avez-vous préparé, me dit M. Azaïram, mademoiselle de Soltikof à accepter le dîner de garçons que je dois vous offrir ?

— Elle est en train, répondis-je, de conter sa vie à un docteur qui n'a pas les charmes périlleux de la jeunesse, comme vous, en qui elle aurait bien tort d'avoir confiance. Quand vous aurez grisonné des maladies des autres, vous pourrez être choisi comme confesseur. Aujourd'hui c'est Mᵉ Marbaux qui, d'avocat, devient juge. Elle plaide devant lui : pour toute femme, se confesser, c'est plaider. On n'a pas eu besoin de prononcer le huis clos en vertu du fragment — la seule chose qui reste — de la constitution de 1848 : je me suis éloigné, sans même regarder sournoisement derrière moi.

— En s'allégeant du passé, fait observer notre jeune docteur, mademoiselle Xénia de Soltikof aura fait place nette ; tant mieux, nous serons plus à l'aise.

— Pour de nouveaux péchés ? dit ironiquement le docteur Perrin. Mon ami, l'observation des faits est la base de toutes les connaissances. J'ai observé avec soin mademoiselle de Soltikof, et je ne la connais point encore, n'ayant que quelques observations insuffisantes. Mais je vous conseille de vous défier d'elle et de vous. Elle aime peut-être à pécher moins qu'elle ne le dit, moins surtout que vous ne le souhaitez.

— Qui vivra verra, conclut sentencieusement M. Léonidas, qui avait gardé le silence à notre grand étonnement. Restons tous dans notre rôle : mon ami Perrin observera, notera, diagnostiquera et mûrement délibérera ; M. Camille Duchâtel sera et demeurera l'amoureux flottant et indécis, Tantale qui meurt de soif, ayant l'eau à portée de sa main. Azaïram, vous, soyez calme : vous êtes docteur, vous tuerez vos malades si vous êtes toujours aussi pressé. Vous voulez brusquer : vous serez brusqué et vous nous prêterez à rire. Laissez-moi prendre la tête du mouvement ; un vieux garçon comme moi ne peut qu'inspirer confiance. Azaïram, soyez calme.

Quand nous entrâmes dans le petit salon, M⁰ Marbaux avait encore quelques mots à dire. Nous voulions nous retirer, il nous fit signe amicalement de rester, et en quelques paroles brèves, à voix basse, il compléta son œuvre de bon conseiller. La pénitente était comme transfigurée. Sans avoir la moindre préoccupation de notre présence qui eût pu l'embarrasser, elle tendit ses deux mains au maître et le remercia. « Je ferai, dit-elle, ainsi que vous le voulez. Je ne frapperai point. Je vivrai et je laisserai vivre, pour défendre la mémoire du mort et le venger.

— « Le venger » est de vous, mon enfant, dit Me Marbaux.

— Eh ! quoi ! je laisserais impuni...

— Seule, la société doit punir ; l'homme, qui est petit, se venge ; Dieu, qui est grand, pardonne. Rien n'est beau comme le pardon, une des formes de l'amour apporté dans notre humanité par le divin Martyr : priez, et vous pardonnerez, vous oublierez... »

Ce que nous avions pu saisir de cette conversation d'un caractère religieux faisait peser sur nos âmes une sorte d'oppression.

Me Marbaux ne tarda pas à prendre congé de nous. Il sembla qu'il emportait avec lui la gêne et la contrainte. Le jeune docteur, que nous voyions affaissé, se redressa le premier, respira longuement et reprit l'assurance et la gaieté qui sont le charme de la jeunesse. Mademoiselle de Soltikof, qui sentait tous les yeux fixés sur elle, se secoua à son tour ; en quelques instants, nous vîmes s'évanouir la pâle pénitente qui, tout à l'heure, discutait son devoir et débattait son avenir. A sa place, renaissait la charmante et hardie jeune fille qui avait poussé la liberté de ses allures jusqu'au défi, jusqu'à la bravade.

— Il faut que j'aille au consulat, dit-elle ; qui m'aime me suive !

LXIII

UN MÉDECIN TROP PRESSÉ.

— Au consulat, soit ! dit M. Léonidas Androclès, mais de là vous venez avec nous finir la soirée aux Petits-Champs.

— Vous ne savez donc pas que j'étais souffrante? Il doit m'en rester quelque chose. Que dirait-on au consulat, que dirait M. Cordoba, si l'on apprenait que j'ai fait une apparition, à l'heure où tout se remarque, dans le jardin des Petits-Champs, en compagnie des mousquetaires de mademoiselle de Novichef? L'armée turque est avantageusement remplacée par Aramis.

Et elle désignait le jeune Azaïram, qui rayonnait.

— Soyez calme, disait à celui-ci le bouillant Léonidas ; vous voyez bien que je conserve mon sang-froid. Laissez-moi faire. — Et se retournant vers mademoiselle de Soltikof, il continua : Si vous voulez venir prendre avec nous, trop nombreux pour vous compromettre, quelques rafraîchissements aux Petits-Champs, nous vous accompagnerons au consulat, et nous obtiendrons de la maîtresse de maison, femme charmante et dont j'ai l'honneur d'être connu, de vous relever de votre indisposition. Cordoba, qui l'a annoncée et s'en est porté garant, fera piteuse mine : cela ne me déplaira pas.

Androclès offre son bras, et nous voilà, à une heure indue, courant les rues et enjambant les chiens qui n'ont pas encore fini leur premier sommeil.

Je ne sais qui fait observer à mademoiselle Xénia qu'elle a une robe blanche, à petits plis, formant des reflets variés. Et la voilà transformée en Loïe Fuller. Elle se balance, de-ci de-là, faisant flotter et tournoyer sa robe. Ses éclats de rire arrêtaient les passants. Nous étions gênés ; nous cherchions l'ombre, tandis qu'Androclès et elle étaient en pleine lumière, Androclès grave comme s'il la présentait au public, elle rieuse, tapageuse, endiablée ; mais, par moments, des nuages passaient sur cette physionomie d'emprunt. C'est une gageure, semblait-elle dire, excusez-moi.

Nous restâmes sur la porte, devisant de cette singulière créature qui se montrait si diverse et si chan-
geante. Androclès disparut avec elle. Au bout d'un
quart d'heure, nous voyons reparaître la danse serpentine éclairant le fond sombre de la cour de sa robe
blanche et de ses enjambées tourbillonnantes.

Nous étions, peu après, installés autour d'une table
aux Petits-Champs : Aramis, — c'est désormais le
nom d'Azaïram, — faisait la roue, et poussait vivement
ses avantages. Nous eussions vainement tenté de lui
ouvrir les yeux. Le sphinx l'attirait : il était sûr de lui
arracher son secret.

Nous quittions le jardin, quand allait s'éteindre le
dernier bec de gaz.

Vers la fin, la conversation, légère et hardie au début,
était devenue sérieuse, et mademoiselle Xénia faisait
briller, non plus le vêtement changeant qui couvrait
son corps, mais la finesse de son esprit, riche d'inépui-
sables réserves. Aramis s'engageait de plus en plus ; il
dévorait obliquement des yeux cette chair parfumée et
se taisait, par calcul. Il voulait endormir les observa-
teurs qui l'entouraient. Après quelques manifestations
qui témoignaient de son ardeur plus que de son bon
goût, il avait affecté, tout en buvant beaucoup, de se
détacher de la conversation, et la migraine avait fait
son apparition de commande. Androclès l'en avait plaint
paternellement. Mademoiselle de Soltikof l'avait ras-
suré ironiquement, insinuant que le mal était de la
même famille que son indisposition de tout à l'heure.
« Vous avez tort de me plaisanter, répliquait Aramis ;
Ah! si j'avais de l'antipyrine! — Taisez-vous, lui dit
à voix basse le docteur, j'en ai sur moi. »

Aramis était trop souffrant pour qu'il pût nous

quitter. Il ne se fit pas prier pour rester. Mademoiselle de Soltikof entra d'abord au bras de M. Léonidas, qui, pour l'hôtel collet-monté, la ramenait du consulat, et peu après nous faisons notre entrée, Aramis et moi. « Ah ! quelle migraine, me disait-il. Je vais m'étendre avec bonheur dans mon lit. »

Il s'y étendit et dut y rester.

Vers deux heures du matin, il grattait à la cloison. La chambre qu'on lui avait donnée, et qu'il s'était assurée d'avance par un batchich intelligent, était contiguë à celle occupée par mademoiselle de Soltikof; j'étais à l'orient, il était à l'occident. Les coups discrets obtiennent, après quelque hésitation, une réponse discrète. Il y a une porte de séparation, il n'aura qu'à tourner la clef, il verra bien s'il peut pousser plus loin son attaque nocturne. Mais la clef a disparu. Nouvelle conversation à petits coups sur la cloison. Il songe au mouvement tournant, ce triomphe de la stratégie moderne ; il pénètre dans le corridor et entrera doucement par la porte de la chambre, puisque la petite porte est fermée. Fermée aussi la grande porte du corridor ! Les petits tambourinements d'appel demeurent infructueux. Il attend, en chemise sans doute, que la divinité daigne s'attendrir. C'est un éclat de rire qui met fin aux appels amoureux du pénitent, à qui il ne manque plus que la corde au cou. Pour comble de malheur, un veilleur de nuit arrive, attiré sans doute par le bruit, et le pauvre Aramis est obligé, par dignité, de feindre un besoin irrésistible. Le veilleur de nuit, qui circulait dans l'hôtel en l'honneur du grand-duc fraîchement arrivé, comble Aramis en l'accompagnant lui-même à l'endroit désiré et l'y installe : « Voici, dit-il en le quittant, le système pour l'eau. »

Ce fut au tour d'Aramis, le matin venu, de faire sa
confession, car il était convaincu que le malencontreux
veilleur avait mis tout le monde au courant de son
équipée. Il était venu la veille, dans l'après-midi, et
avait tout réglé. « Or, à ce moment, la clef était sur la
porte de communication, disait-il, et de mon côté, j'en
suis bien sûr; quelqu'un a dû l'enlever depuis. »

C'était vrai.

Montée avant nous, Loïe Fuller avait déjoué les
projets qu'elle lisait clairement dans les yeux d'Aramis : elle avait enlevé les clefs après s'être enfermée à
double tour, et avait attendu avec calme, derrière ces
fortifications. Elle nous a elle-même fourni toutes ses
explications quand elle est venue ce matin, pendant le
déjeuner, nous faire ses adieux. « J'aurais dû me
fâcher, dit-elle à Aramis, vous avez agi envers moi
comme vous eussiez fait avec la femme de chambre de
votre mère ; mais j'avais fait la folle et autorisé bien
des folies. Tout n'a été qu'un jeu. Vous me connaissez
mieux maintenant. La fin la moins prévue de nos rapports, trop courts, c'était une séparation sincèrement
émue, un adieu respectueux. J'emporte votre respect. »

Quand Azaïram raconta à nos amis le docteur et
Léonidas sa déconvenue, Léonidas lui rappela qu'il lui
avait bien des fois, mais en vain, recommandé d'être
calme. Le docteur, plus sévère pour la jeune fille, conclut ainsi : « Les faits sont rétablis, l'incident est clos.
Entre nous, cette femme est une déséquilibrée. » Mais
Mᵉ Marbaux, qui avait été enchanté de la bonne tenue
de sa pénitente, répondit au docteur : « Ne portez pas
de jugement téméraire. Connaissez-vous bien cette
femme ? Avez-vous lu dans son âme ? Avant peu, peut-
être, son secret vous sera livré. Pareille à l'aiguille

aimantée, tremblante et folle, mais invariablement tendue au nord, cette pauvre enfant s'agite, mais une seule idée la mène. Plaignez-la : vous l'admirerez peut-être quand elle vous aura montré la grandeur de la tâche qu'elle s'est imposée. Vous êtes troublé dans votre diagnostic, docteur : derrière la matière il y a l'âme ; derrière le fini, l'infini. Ne jugez pas sur la vue du masque. Attendez. »

Nous voulions accompagner mademoiselle Xénia au bateau ; elle nous a priés de n'en rien faire, pour ne pas ajouter, nous dit-elle, à ses regrets. — Mais quel bateau aura-t-elle pris ? Ce n'est pas aujourd'hui que part le bateau d'Odessa.

LXIV

ALEXIS VOROZOF.

M. Vorozof a été exact au rendez-vous, fixé à cinq heures du soir.

— Vous ne partez pas encore, m'a-t-il dit, vous pouvez me rendre un dernier service. Soyez dimanche prochain à Prinkipo. Vous connaissez l'hôtel Pandolfo : les dames de Novichef y sont descendues, et j'ai écrit que j'allais les rejoindre. Je veux une explication définitive, mortelle peut-être pour moi. Vous devez, si je disparais, être, pour quelques heures au moins, le protecteur...

— De mademoiselle de Novichef?

— Non, mademoiselle de Novichef n'a rien à craindre. Le conseil qu'a donné M⁰ Marbaux sera entendu. Mais la pauvre enfant qui se dévoue pour moi restera seule en face de ces deux femmes sans pitié. C'est elle, c'est Xénia, que vous devrez protéger, arracher de leurs mains. Je vous confie mes dernières volontés. Si je meurs, j'appartiens tout entier à mademoiselle Xénia de Soltikoff. Seule, elle devra disposer de mon avoir, et puisqu'à ses yeux les restes mortels de celui qui l'a méconnue sont plus précieux que sa fortune, seule elle devra disposer de cette dépouille périssable. Qu'une autre main que la sienne ne se pose pas sur mon cœur, quand je l'aurai brisé : il recommencerait à battre d'indignation et d'horreur.

« Voici mon testament.

« Triste souverain, j'abdique : j'aime mieux briser la couronne que régner par la terreur. Je veux que l'éclat de ma chute soit une leçon. Vous serez le témoin et le juge. Une victime suffit : vous ne pourrez plus être trompé par cette femme astucieuse qui vous aimerait malgré vous et se détournerait bientôt de votre amour qu'elle saurait faire naître; elle volerait à de nouvelles victimes et vous vouerait à la mort, si vous la gêniez.

« Ai-je trop présumé de vos forces, de votre affection pour moi? »

J'ai pris la main de Vorozof : « J'accepte, lui ai-je dit. Je serai là à l'heure suprême. Mais pourquoi faut-il que cette heure soit si proche? Seule, la nature aurait le droit de frapper. Il sied mal de parler de lâcheté à un homme de cœur qui envisage avec tant de calme la mort qu'aucune force étrangère ne lui impose. Mais encore faut-il vous rappeler que nous ne devons pas déserter le poste qui nous a été confié. Nous devons être relevés. Vous, fuir? vous, lâcher pied? Vous êtes le dernier de qui on pût attendre pareille faiblesse.

— Je ne meurs pas, on me tue. »

Cette réponse me mettait brusquement en mémoire la mission que mademoiselle de Novichef avait voulu me confier : ce mot qu'elle avait voulu me charger de remettre, était-ce donc un ordre de mort?

Je n'osais pas insister : mais M. Vorozof avait besoin de s'épancher. Il souffrait cruellement et trouvait à le dire un soulagement amer. Il n'avait d'ailleurs plus rien à ménager, ayant fait le sacrifice de sa vie. Son corps était de ce côté-ci ; mais son âme prenait les devants et sondait déjà l'autre rive, lumineuse et attirante.

— Je serai passé bien près, dit-il après quelques instants de silence, de ce que les hommes appellent le bonheur. En épousant mademoiselle Xénia de Soltikof, j'aurais eu, dans le lot de ma vie, un cœur d'or et une intelligence d'élite. Entre elle et moi s'est dressée l'autre, et dans l'ombre de celle-ci disparut à jamais mon bonheur, s'effaçant par degrés. Je me livrai, on me prit avec violence ; je me sentis asservi, dès que je fus devenu le maître. Ma chaîne d'abord me parut légère, aimant mon bourreau. Mais bientôt je pus mesurer toute l'étendue de mon erreur irréparable. Dans un jour de découragement, je fis le serment, pour retrouver les caresses des jours passés, de mourir s'il plaisait jamais à cette femme sans cœur de donner à sa jeune férocité le spectacle de ma mort. J'eus les caresses folles. Mais l'ivresse fut bientôt dissipée, et je sentis passer la mort dans le dernier baiser que j'ai reçu. Laure et sa mère partaient pour Nice. Elles sont allées de là à Paris ; je n'ai plus eu, à leur retour, que les miettes de la table. Plus d'amour! En me faisant une part étroite dans les amitiés banales qui se grou-

paient autour de l'infidèle, on espérait me décourager.
Vains calculs : j'aimais; j'aime encore. Et c'est à ma
mort qu'on a dû songer. Je suis un embarras : plus
encore une honte. Seule, la mort muette peut rendre
la liberté et l'honneur, mon ami, l'honneur! Les plus
viles natures en sont avides et n'en saisissent que
l'ombre. Un crime ignoré le leur promet-il? Le crime
ne les effraye pas : par le crime, l'honneur!

« Lisez. »

Je parcours en frémissant les quelques lignes suivantes, d'une écriture que je ne connais que trop :
« Oui, nous sommes à Prinkipo. Le petit Juif du bateau
a dû vous dire qu'il était inutile d'avoir une surveillance
à l'hôtel. Nous n'aimons pas les persécutions. Je ne
suis pas d'humeur à me tuer de désespoir, j'aime mieux
fuir. Nos intérêts nous appelleront à Paris, pour peu
que vous le désiriez.

« Mais je vous sais homme de cœur et de parole.

« Ne cherchez pas à renouer des liens qui sont à
jamais rompus. Je n'entends pas traîner votre existence attachée à la mienne. Personne n'est indispensable en ce monde : beaucoup sont inutiles, quelques-
uns gênants. S'il en est parmi ces derniers qui aient
engagé leur parole, il suffit de la leur rappeler. L'homme
d'honneur, dût-il lui en coûter la vie, n'oublie jamais
son serment. »

Je restai muet d'indignation et d'horreur.

— Quoi! vous obéirez, dis-je à M. Vorozof, à cette
infâme sommation?

— J'obéirai! me répond-il. Que ferais-je désormais
sur cette terre? J'étais aimé; je l'ai su, quand déjà j'étais
irrémédiablement perdu pour cet amour chaste qui
viendra m'assister à la dernière heure, comme le prêtre,

tremblant, soutient de son âme l'énergie du condamné en lui montrant le ciel. J'aime, et je fais horreur à celle que j'aime. La mort simplifie tout. Pauvre Xénia ! Elle voulait frapper et mourir avec moi : elle vivra. Je la plains. Ah ! si je pouvais l'aimer ! Peut-être alors consentirais-je à vivre !

« Je compte sur vous. Soyez dimanche à l'hôtel Pandolfo.

« Je vous laisse un souvenir. Ne m'oubliez pas. »

Vorozof se jeta dans mes bras. Je pleurais ; ses yeux étaient secs.

M⁰ Marbaux entra chez moi sans façon, comme il faisait d'habitude. « Laissez-nous, me dit-il doucement : je rallumerai peut-être l'espérance à ces cendres mal éteintes. »

LXV

L'ADIEU D'IRÈNE.

Tandis que ma pensée attristée a peine à se détacher des trois personnages du drame qui va se dénouer, dans le sang peut-être, je vois se relever la fenêtre boudeuse qui depuis plusieurs jours était restée baissée, dans sa gaine de rideaux. Irène apparaît. La chaleur est encore supportable : la toilette du matin, toute simple, est d'une exquise propreté. Les cheveux sont relevés d'une fleur rouge. Irène, dans sa modeste robe blanche, envoie à mon âme brûlante comme une sensation de fraîcheur. Sa naïveté, cette jeunesse du cœur, donne à sa physionomie une grâce pudique, d'un charme pénétrant. J'oublie tout, en un instant, pour ne songer qu'à elle, — si oubliée ! Telle est la nature humaine. J'étais, tout à l'heure, tout entier plongé dans les plus tristes pensées, comme ces spectateurs assombris par la tragédie qui déroule devant eux ses douloureuses surprises. Un rayon de soleil pénètre brusquement dans la salle et fait pâlir les lumières : les acteurs qui s'agitent sur les planches prennent l'aspect de spectres sans vie : ils se précipitent hors de la scène, et disparaissent dans la nuit qui l'entoure. Ainsi, la vue de cette enfant, apparition lumineuse, avait chassé la tristesse de mon âme, usée, vieillie en quelques heures, au contact de la haine et de la douleur.

Je renaissais à la jeunesse : des paroles brûlantes se pressaient déjà sur mes lèvres.

D'un geste, Irène m'impose silence. Elle recule de deux ou trois pas, de façon à n'être vue que de moi, et jette dans ma chambre une petite boule de papier. Elle se rapproche ensuite de la fenêtre, afin sans doute d'être dégagée de la demi-obscurité de la pièce ; je vois ses beaux yeux remplis de larmes. Elle les fixe sur moi, puis les lève vers le ciel. Un seul mot sort de ses lèvres : « Adieu ! » La fenêtre glisse doucement, les rideaux tombent. Tout est fini.

Les quelques lignes que je lus, je les mouillai de larmes, je n'aimais point : je n'avais donné à cette petite aventure aucune importance, et c'était bien pour passer le temps « que je l'avais fait ». D'où venaient donc ces pleurs ? Une émotion sincère et tendre m'avait touché du bout de son aile, et j'étais remué jusqu'aux moelles. J'aurais follement aimé, engagé peut-être mon avenir, dans cette heure d'entraînement. Les sentiments simples sont les plus puissants. Les complications des romans d'aventures nous laissent froids, et quelques feuillets de *Paul et Virginie*, de *René*, sont immortels. Il n'est pas un homme, attentif à sa propre pensée, qui n'ait retrouvé dans ces pages admirables un instant douloureux de son existence.

La simplicité et la naïveté d'Irène faisaient avec les sentiments impérieux et la cruauté de Laure, avec les tragiques complications du caractère de Xénia, un contraste violent, ajoutant un charme de plus à ces grâces pudiques qui venaient de se voiler pour toujours !

Je transcris le billet ; je n'ajoute, je ne retranche rien.

« Vous êtes venu troubler ma vie ; d'autres ont troublé la vôtre. Je sais tout, parce que vous êtes au milieu d'indiscrets. Celle-ci vaut mieux que la première, si méchante pour le service, qui s'est vengé en contant tout. Mais ne vous fiez ni à l'une, ni à l'autre. Elles sont audacieuses toutes les deux, et le calme les fuit. Or le calme est un grand bien.

« Je me permets de vous donner des avertissements, parce que ces femmes pourraient vous retrouver à Paris, et parce que je vous aime.

« Il m'est doux de vous le dire, puisque vous partez, et que mon secret qui me pèse, ne pouvant le confier, sera pour vous seul.

« Quand vous serez parti, le calme reviendra. Si jamais vous trouvez sur vos pas une autre Irène, détournez-vous ; ne jouez pas avec le cœur d'une enfant. J'ai failli me donner la mort, honteuse de n'avoir pas su mieux me défendre. Mais je suis nécessaire aux miens. Vous penserez quelquefois à moi, n'en riez pas ; car j'ai souffert, et je souffrirai encore, mon amour étant sans espoir. Adieu.

« IRÈNE. »

Pauvre petite Irène !

Puisse-t-elle être heureuse, et échapper aux orages qui vont fondre sur Laure et sur Xénia !

LXVI

VAINS PROJETS.

A table, Mᵉ Marbaux m'avoue qu'il n'a pu détourner Vorozof de son funeste projet. Il m'engage à me faire accompagner à Prinkipo par le docteur Perrin et par ce brave Androclès dont l'intervention, au dernier moment, peut être fort utile. Vorozof est déjà parti : il va rejoindre mademoiselle Xénia, afin d'arrêter avec elle sur les lieux les dernières dispositions. Ce soir même, Vorozof passera la soirée auprès des dames de Novichef : peut-être une réconciliation interviendra-t-elle !

Si mademoiselle Laure de Novichef ne témoigne aucun regret de la lettre indigne qu'elle a osé écrire, Vorozof, dans la nuit de dimanche à lundi, parlera haut et clair. Il mourra, s'il le faut, mais non pas sans avoir arraché le masque sous lequel mademoiselle de Novichef a jusqu'ici caché les plus vilains calculs et la bassesse de ses instincts.

Mᵉ Marbaux me recommande de protéger mademoiselle Xénia contre elle-même. « J'ai sa promesse, me dit-il, mais une femme ne peut pas toujours, quoiqu'elle le veuille, rester fidèle à la parole qu'elle a donnée, et qu'elle viole, emportée par la passion et par le délire. »

Je n'avais plus qu'une pensée : mettre le docteur et son ami Léonidas au courant de la situation et comploter avec eux le sauvetage de ce malheureux Vorozof que nous voyions prêt à se jeter dans le gouffre.

Le docteur Perrin m'écouta, mais s'écouta surtout. Tandis que je parlais, il se faisait dans son esprit un travail parallèle. Il se démontrait qu'il avait tout compris, tout deviné, tout prévu, et que ce qu'on lui révélait était su par lui de science certaine, depuis longtemps déjà. L'œil brillant, non pas d'émotion, mais de contentement intime, le docteur se félicitait d'avoir su si bien déduire les conséquences de ses observations. « Bien établir les faits, les rétablir au besoin, mon cher ami, c'est le grand secret, me dit-il. — Tenez, dans cette circonstance, docteur, lui ai-je dit, il s'agit moins de raisonner, en quoi vous excellez, que d'agir. Sauvons un homme d'honneur, s'il se peut, un ami. S'il faut que le médecin ait son tour, l'ami doit le premier faire tout ce qu'il pourra. — C'est bien ce que je voulais dire », répondit le docteur.

En le quittant, je cours chez Androclès.

Là, du moins, j'étais sûr de trouver plus de résolution et moins de syllogismes : non pas qu'Androclès n'aimât à discuter, mais sa discussion était toujours de l'action et faisait le coup de poing avec son contradicteur.

— Comptez sur moi, me dit-il, nous verrons M. Vorozof dès notre arrivée. Le pauvre garçon est pris dans une épouvantable alternative : se réconcilier ou périr. Se réconcilier, c'est périr encore, mais à petit feu. S'il ne se laisse point prendre ce soir dans les anneaux des deux serpents, nous l'empêcherons demain d'affronter de nouveau le monstre à deux têtes. Nous l'inviterons à dîner. A table, nous le déciderons à vivre ; il faudra qu'il jure de vivre pour ses amis, comme il avait juré de mourir pour cette coquette sans pitié. Puisque mademoiselle Xénia est à Prinkipo, laissez-moi le soin de l'associer à nos projets.

Nous débarquions à Prinkipo, le dimanche soir, vers quatre heures.

Sous le vaste hangar, à droite de la jetée, s'entassent les consommateurs qui viennent chercher les caresses de la brise de mer, tandis que le mastic, à la teinte opale, leur brûle l'estomac. Au premier rang, deux ombrelles, posées de façon à rompre les rayons obliques du soleil, appellent notre attention. Elles s'agitent à notre approche.

— Venez donc par ici, nous crie mademoiselle de Novichef. Si vous faites encore quelques pas, vous allez être happés au passage par M. Vorozof. Asseyez vous vite; s'il vous voit, il viendra à nous, et alors...

— Alors? dis-je.

— Oh! alors, nous quittons la place, et nous vous laissons aux prises avec cet insupportable rêveur, qui distille l'ennui.

Nous étions prévenus, dès les premiers pas sur la terre de Prinkipo! Point de réconciliation : parviendrions-nous à arracher Vorozof à ses sinistres projets? Une espérance, mais bien faible, nous restait encore.

— C'est précisément M. Vorozof que nous cherchons, dit le docteur, ayant à lui faire une communication urgente.

Et nous nous éloignons. Nous entendons la mère proférer en russe contre nous des propos que le docteur ne veut point traduire textuellement. Il les résume ainsi : « Tous ces gens-là sont contre nous, et ton Français maudit vaut encore moins que les autres. »

LXVII

LE DINER.

Vorozof se leva à notre approche,

Nous devions éviter toute allusion à la situation. Vorozof, invité à s'expliquer, se fût certainement enferré à fond. Il eût pris à nouveau devant le docteur et Androclès l'engagement de mourir à la fin du jour. Nous devions l'en détourner et nous réserver la possibilité de le sauver malgré lui.

— Nous dînons ensemble, dit Androclès, et fi de la tristesse! Prinkipo est la ville des plaisirs bourgeois. Fêtons notre dimanche, comme si toute la semaine, au coin d'une boutique achalandée, nous avions dépouillé ces bons Turcs qui sont nos maîtres. Nous dînons chez Pandolfo, au champagne! Par précaution, j'ai amené le docteur, mais vous verrez que c'est lui qu'il faudra soigner. Réglez votre petit compte, mon cher Vorozof, et allons promener. Quand nous reviendrons, nous aurons faim et soif. Laissez-moi le soin de veiller en passant à notre menu.

Tandis que Vorozof prenait dans sa poche quelques paras pour régler sa consommation, Androclès lui dit :

— Nous avons connu ces jours-ci à l'hôtel une femme charmante, mademoiselle Xénia de Soltikoff, votre compatriote : me permettez-vous de l'inviter? Le docteur nous apprenait tout à l'heure qu'elle est à Prinkipo.

Vorozof releva la tête, et ses yeux profonds trahirent les secrètes angoisses de son âme. Puis un sourire triste vint à ses lèvres.

— Invitez-la, dit-il, et priez-la, de ma part, d'accepter. Pauvre enfant !

— Elle est à l'hôtel Pandolfo ?

— Oui, vous nous retrouverez en suivant la rue que voici ; nous la remontons lentement.

— Voyez, nous disait en marchant Vorozof, combien est belle cette fin de journée. Le soleil descend rapidement derrière les îles Halki, Antigoni, Proti, rangées en avant de celle-ci, et les enveloppe de lumière tandis que l'ombre des îles se dessine en larges taches dans l'immensité bleue qui tremble et scintille. Les premiers plans de la côte d'Asie sont laiteux, tant sont nombreuses les traînées blanches formées par les villages, les petits ports, les villas, les embarcadères. La côte s'arrête à notre gauche, devant la barrière de palais et de mosquées qui semble s'élever du Bosphore, et se perd, à notre droite, dans les profondeurs du golfe d'Ismidt. Au-dessus de nos têtes, la verdure est tachée de blanches maisonnettes, jusqu'au sommet assombri par les pins que le soleil dore d'arêtes vives, mais qu'il ne pénètre point. Que tout cela est beau, et quel gage d'immortalité ! Qui pourrait croire à la mort devant cette intensité de vie ? Nous sommes les hôtes immortels d'une demeure périssable. La demeure serait trop belle pour un maître destiné à périr après quelques instants de possession. Nous passons, mais nous ne périssons point, et nous devons nourrir l'espérance d'un monde encore plus beau pour l'âme purifiée. Cesser d'être ici-bas n'est pas mourir. Nous n'avons pas épuisé, pour en avoir joui dans un premier essai, les merveilles de la création. Que serait donc cette poussière de mondes qui flotte sur nos têtes, si les âmes ne devaient y trouver les étapes successives d'un perfectionnement sans fin? De quel monde suis-je venu, jeté sur ce grain de sable, et vers quels horizons nouveaux le souffle de vie va-t-il m'emporter? Si l'âme, dans son enveloppe terrestre, peut embrasser, avec la connaissance d'elle-même, les plus redoutables problèmes de la science et de la philosophie, que ne doit-elle pas attendre d'une enveloppe moins grossière et de milieux de plus en plus féconds et révélateurs? Dieu ménage de nouveaux espaces et de nouvelles pensées à l'âme éclose à de plus hautes destinées.

Nous écoutions avec respect, le docteur et moi, sans oser troubler d'un mot, d'un doute, cette consolante lecture dans le grand livre de la Création, ouvert devant les yeux d'un mourant.

— Mademoiselle Xénia ne sera pas des nôtres, dit Androclès en nous rejoignant. Je l'ai trouvée vêtue de noir. « Je porte, m'a-t-elle dit, le deuil de ma jeunesse, et ce vêtement je ne le quitterai plus. »

Nous cheminons longtemps en silence. Nous sentons que l'un de nous fait effort pour se détacher de la vie; dans un dernier embrassement, il se serre contre la terre pour lui demander la force de la quitter. Tel un fils se jette dans les bras de sa mère et, plus fort, s'éloigne sans se retourner, de peur de faiblir.

Quand nous revenons de la montagne, de cette charmante station où nous avions, il y a quelques jours, trouvé la fraîcheur et les troublantes visions des ombres turques, la lune brille dans un ciel sans nuages. Le calme de la nuit semble descendre dans nos âmes, comme sur la terre; tout, en nous comme au dehors, est silence et recueillement.

Androclès, fidèle à son programme, feint de tout ignorer; il voudrait égayer notre repas. Ses efforts sont

vains. Vorozof, plus que nous, a fait honneur au dîner :
il veut, à la fin, nous offrir quelques cigares choisis
qu'il tient en réserve. Pour les atteindre au fond de sa
poche, il est obligé de déplacer un objet qu'il pose sur
la table. Tandis que les cigares s'allument, l'objet
sinistre, sous l'enveloppe qui le trahit, va disparaître
dans la poche de Vorozof, quand Androclès lui dit :

— N'est-ce point un pistolet que vous avez là ? Pen-
siez-vous en avoir besoin à Prinkipo ?

Et Androclès étendait déjà la main pour s'en em-
parer.

— Ne touchez pas à la hache, dit Vorozof. De tous
les amis qui m'entourent, celui-ci est le plus sincère ;
vous conspirez ma vie, il conspire ma mort ; il veut me
rendre la liberté.

Vorozof, ayant remis le pistolet dans la poche, lève
sa coupe remplie de champagne :

— Je bois, dit-il, aux dieux libérateurs ! Comment
se fait-il que je pense à Socrate mourant, moi le
fils racheté de la divine religion chrétienne, sur ce
sol où les deux civilisations issues du Judaïsme se
sont tant de fois heurtées ? N'oubliez pas, dit-il à ses
amis, que je dois un coq à Esculape. Quelle fut la pensée suprême de ce grand précurseur ? Nous ne pouvons
pas lui faire l'injure de croire qu'il avait ce que nous
appellerions aujourd'hui la foi : les quatre mille dieux
qu'a comptés un de vos poètes n'avaient pas un athée ;
on croyait à tous, c'est dire qu'on ne croyait à aucun.
Le ciel était rempli de la monnaie de billon de la Divinité, et il n'y a eu, à vrai dire, de religion que du jour
où un Dieu unique a balayé du ciel les fantômes impurs
que l'homme avait créés à son image. Socrate voyait
au delà de l'Olympe encombré, comme il voyait au delà

de l'humanité athénienne ; c'est pour cela qu'on le faisait mourir. Quel est donc le sens de ce qu'on pourrait
prendre pour un acte de foi suprême ?

« Il ne songeait point à mourir drapé et théâtral. La
simplicité de ses derniers moments nous a valu une des
pages immortelles que les hommes se passeront avec
recueillement de génération en génération, tant que
penser et écrire sera le plus noble des privilèges.
Socrate n'a pas eu la pensée de finir par une affirmation
étroite au profit d'un demi-dieu. Il a peut-être voulu
montrer qu'il ne faisait aucun mépris de la forme religieuse dans laquelle il avait été enveloppé en naissant,
comme l'enfant dans ses langes. Il n'est pas, je pense,
d'esprit sincère qui ne reconnaisse des rapports nécessaires entre la créature et le créateur : nous sommes,
donc il est. Ces rapports, qui les réglera ? La forme
peut varier à l'infini ; le fond seul doit rester immuable
et hors des atteintes de la déraison. La forme, elle importe peu. Ici, je serais mahométan ; je suis orthodoxe,
étant né Russe. Je n'admets ni l'effort pour imposer
aux autres une forme qui leur répugne, ni l'effort pour
sortir de celle que la tradition familiale a choisie pour
nous. Et si je devais un coq à Esculape, je vous prie-
rais d'en décharger mon compte, à la façon de nos
jours. Je ne dois rien.

— Vous devez la vie, répliqua vivement Androclès.
Je ne suis pas un grand discoureur, j'aime mieux vaquer
à mes affaires que philosopher sur des riens difficiles.
Mais j'ai réfléchi quelquefois, et je me suis attaché à
donner à ma vie une base large, unie et bien assise. Je
l'ai trouvée en moi-même, en vrai fils de ce Socrate
dont le bon sens fut du génie. Créé, sans avoir été
consulté, en vue d'un intérêt supérieur qui m'échappe,

je serai, sans être consulté davantage, chassé de l'existence, mis violemment à bord, pour une destination
inconnue. Mais si je ne sais le pourquoi de mon commencement ni de ma fin, je sais que je vis, et il dépend de ma libre volonté d'user sagement ou d'abuser
du capital-vie qui m'a été confié. Tout me dit que ce
capital doit être défendu ; bien plus, transmis. C'est se
mettre en état d'infériorité coupable que de gaspiller
les richesses dont nous sommes dépositaires. C'est
pourquoi nous méprisons chez les autres et, si nous
sommes sincères, chez nous-mêmes tout ce qui tend à
affaiblir prématurément notre corps ou à tarir notre
pensée.

« Mais nous sommes autrement sévères pour qui n'af-
faiblit pas seulement, mais tue. Ce n'est plus alors
cette lassitude et ces abus que la passion ou les malheurs excusent dans une certaine mesure : c'est une
indélicatesse et la violation d'un dépôt ; c'est une
lâcheté ; c'est un crime contre nature qui n'a pas
même l'excuse d'un plaisir décevant.

« Pour un homme tel que vous, c'est plus encore :
c'est une odieuse brutalité. La société se demande si
elle a le droit d'attenter à la vie, quelque coupable que
soit le misérable qui l'a défiée. Et les plus hideux
tyrans doivent l'exécration de la postérité à l'abus
qu'ils ont fait de l'existence humaine. Et vous n'auriez
pas honte, vous esprit fin et distingué, humain jusqu'à
vous détourner peut-être pour ne pas écraser inutile-
ment une humble fourmi, de devenir grossier et brutal,
au prix d'un plaisir, non, d'une souffrance, et aux dépens de vous-même? de casser, avec l'insolence aveugle
de la force, avec l'imprévoyance de l'enfant, l'instrument merveilleux dans lequel Dieu a enfermé l'exis-

tence et qu'il a confié à votre honneur, à votre dignité? Allons, cette vie, vous devez la rendre; ne la brisez pas. Faites contre vous-même l'effort que vous feriez pour arrêter le bras d'un assassin. Ne finissez pas par un assassinat. »

Vorozof reste quelques instants sous le coup de cette vive attaque, mais il se remet bientôt et répond :

— Je me frappe, non sans regret. Mais ai-je le droit de river à une autre existence pleine de force et de jeunesse mon existence de paralytique? Attiré, j'ai aimé, et j'ai cru que le bonheur de vivre serait doublé à jamais : mais le bonheur a fui, la gêne et le regret sont venus sournoisement se glisser à sa place, pour toujours. J'ai franchi la porte fatale au delà de laquelle l'espérance n'est plus. Je suis descendu jusqu'à l'enfer de la haine. L'âpreté de mon amour, toujours renaissant sous la morsure, comme si j'étais attaché au rocher visité par le vautour, est un crime de plus. Des yeux dans lesquels j'ai lu les tendres abandons d'un premier amour m'ont supplié de mourir; ils me l'ordonnent aujourd'hui : je meurs. Ma dernière parole serait une malédiction, si je ne sentais en moi l'amère grandeur du sacrifice.

— Vous vous sacrifiez, réplique Androclès, et pour qui? Le sacrifice ne mérite ce nom qu'à la condition de n'être ni une duperie, ni un enfantillage.

Après un long silence, que nous n'osons interrompre, Vorozof nous ouvre enfin le fond de son âme.

— Le sang, dit-il, ne sera point répandu en vain. Xénia voulait venger sur l'heure ce qu'elle appelle le crime d'une rivale abhorrée : il importe que Xénia vive et que, remords vivant, elle soit sans cesse présente quand je ne serai plus là. Elle continuera l'œuvre de préservation. Je me suis permis, le pauvre ami qui m'assiste me l'a pardonné, de le détourner de la route funeste où l'attendaient l'embûche et, peut-être, la mort. Xénia barrera cette route à jamais. Je me vengerai, par delà la tombe, en stérilisant la férocité d'un amour qui épuise tout, jusqu'à la haine. Que je sois au moins la seule victime et que cette vestale impudique ne puisse plus condamner, d'un revers de main, le gladiateur qu'elle aura aimé.

LXVIII

XÉNIA CHASSE LAURE.

J'ai retrouvé, en rentrant à Constantinople, les deux lettres que j'écrivis, l'une le soir même, l'autre le lendemain matin, à M⁰ Marbaux. Il attendait, dans une cruelle perplexité, des nouvelles de Prinkipo. Les deux lettres envoyées par exprès, les voici :

« Dimanche soir, dix heures.

« MON CHER MAITRE,

« Nous n'avons rien obtenu. L'explication suprême aura lieu cette nuit, en présence de la mère. Il sera dès demain présenté comme le fiancé, — ce pauvre Vorozof, — et il emmènera les dames de Novichef en Russie, ou bien il se tuera.

« Ce que doit faire mademoiselle Xénia, nous ne le savons qu'à demi.

« Elle ne doit rentrer à l'hôtel Pandolfo qu'à onze heures. Elle a passé son après-midi à l'église ; je ne sais pas si elle a pris quelque aliment ce soir. Elle s'est assise non loin de l'embarcadère, au bord de la mer, dès que la nuit est tombée, et nous a suppliés de ne pas troubler son douloureux isolement.

« Après notre dîner, de joyeux convives causent et rient, sur la terrasse de l'hôtel, au sortir de la table d'hôte. Nous avons été attirés sur le balcon qui domine la terrasse par leurs éclats de voix. Nous avons pu voir et entendre sans être remarqués. Mademoiselle de Novichef avait, comme toujours, une petite cour autour d'elle. Sa mère, dans un fauteuil, près de la balustrade au-dessous de laquelle la mer vient mourir dans les vieilles laves roulées et polies par les flots, fumait une grosse cigarette, brillant dans l'ombre.

« La voix claire de mademoiselle de Novichef montait souvent jusqu'à nous.

« L'air est tiède et plein du parfum des fleurs. Le plaisir de vivre fait dans l'âme, doucement bercée, comme un vide délicieux. Seule est rebelle à ce vague assoupissement de toutes les forces autour d'elle mademoiselle de Novichef, impatiente du silence et du calme. Elle est nerveuse, provocante ; elle pique, comme d'un aiguillon, tantôt l'un de ses adorateurs, tantôt l'autre. Les cigares, dont la fumée monte jusqu'à nous, sont fumés dans une religieuse immobilité, et c'est par politesse qu'on leur fait infidélité un instant pour répondre à mademoiselle de Novichef. Les efforts de celle-ci finissent par détacher un jeune homme qui vient se placer auprès d'elle. Le sable de la terrasse crie sous le fauteuil qu'il traîne après lui, et la conversation à voix basse se faisant plus intime entre eux, nous n'entendons que le rire argentin qui, de temps en temps, éclate dans le silence de la nuit. Ce rire, nous ne le connaissons que trop.

« Pauvre malheureux enfant ! Je veille sur toi. Tu
« seras sauvé, peut-être, par un inconnu. Et avant que
« le soleil ait reparu au-dessus du golfe d'Ismidt, tu
« auras horreur de l'enchanteresse que ta jeunesse a
« tentée. »

« Sur ces tristes paroles de Vorozof, nous rentrons
silencieux dans le salon, où nous retrouvons les cristaux brillants et la table chargée de fruits et de fleurs.
Jamais, sans doute, de plus tristes convives n'étaient
venus s'asseoir là : un condamné à mort, et les amis
qui soutiennent ses derniers pas et vont recueillir
pieusement son dernier souffle ! A quelques mètres de
celle qui, joyeusement, a ordonné la mort et qui,
rieuse, attend l'heure !

« Nous jetions anxieusement des regards sur les
aiguilles de la pendule, et chacun de nous essayait de
dérober aux autres sa poignante curiosité.

« Seul, Vorozof était calme. Il jugeait son œuvre
avec sang-froid, ne témoignant ni hâte, ni regret d'arriver au bout. « Ma mort sera utile, disait-il ; je rends
« la liberté à cette femme trop aimée. Elle croit trouver
« le bonheur dans ma perte, et me pousse du pied dans
« l'abîme, soit ; je me sacrifie. Mais mon souvenir
« survit et, comme l'ombre vengeresse, viendra s'as-
« seoir entre elle et la victime qu'elle aura choisie. Le
« remords et l'abandon rongeront le cœur que la pitié
« n'a pu réussir à entamer.

« Mais ma vie aura été vaine !

« Vaine mon enfance, sans parents, sans baisers
« maternels ; vaine ma jeunesse, sans amis et rou-
« lant, comme la pierre du torrent, dans une stérile
« agitation ; vaine ma science, qui se desséchait comme
« la plante dans l'herbier, alors que j'allais cueillant le

« savoir sur tous les chemins ; vaine la force de ma
« trentième année, car je n'ai su ni ouvrir les bras à
« l'amour dévoué qui venait à moi, ni me vouer au ser-
« vice austère de ma grande patrie. A toi, Russie, aux
« splendeurs de ton avenir, à ton immortalité, je bois
« les dernières gouttes dans lesquelles auront trempé
« mes lèvres ! C'est du vin français. »

« Mademoiselle Xénia entre. Il est onze heures. Elle
tend sa coupe, la vide d'un trait et s'assied, calme, en
face de Vorozof : « Si tu meurs, chère âme, je te ven-
« gerai. Je le jure. Emporte mon serment. »

       « Lundi, huit heures du matin.

« Tout est fini.
« L'homme qui vous remettra cette lettre pourra
vous donner de vive voix quelques détails qui ont pu
m'échapper.
« Après l'arrivée de mademoiselle Xénia, toutes les
lumières furent éteintes. Les deux portes vitrées étaient
ouvertes et laissaient pénétrer, avec l'obscure clarté,
la fraîcheur de la nuit. Était ouverte aussi la porte qui
faisait communiquer notre salon avec la chambre voisine : c'était celle que mademoiselle de Novichef
occupait.
« Dès que la mère et la fille furent dans le corridor,
le pauvre Vorozof embrassa longuement chacun de
nous. Xénia resta longtemps appuyée contre son cœur.
Quand il s'éloigna d'elle, après l'avoir baisée au front,
il marcha bruyamment vers la porte de la chambre,
frappa et entra. A la lumière qui l'enveloppait dans
l'encadrement noir de la porte, nous pûmes voir une
larme trembler dans son œil ; larme unique vite séchée.

Elle n'eût pu tacher de rouille cette nature de fer !

« — Maman, c'est lui ! Ne me quittes pas, dit mademoiselle de Novichef, d'une voix qui tremblait.

« — Rassurez-vous, mon enfant. Je ne vous ai pas toujours fait peur. Quant à votre mère, nous sommes de vieilles connaissances, elle ne me gênera en rien.

« — Est-ce que cette porte restera ouverte ?

« — Elle restera ouverte.

« — Je vais la fermer, dit la mère.

« — Vous vous en garderez bien.

« — Alors, maman va sonner. Nous sommes chez nous, après tout.

« — Si votre mère bouge, je l'enferme dans sa chambre, qui ne s'ouvre que sur celle-ci. Ne me forcez pas à rudoyer votre mère ; sa présence est utile. Je viens chercher une réponse.

« — Mais ma fille n'a pas de réponse à vous faire.

« — Je m'adresse à mademoiselle de Novichef. Quelque affection que vous m'ayez témoignée jadis, je ne puis plus compter sur votre bienveillance, madame ; puis-je au moins compter sur votre silence ? Il me semble que vous devez vous taire, car je me tais, moi. Je vous prie donc, Laure, de me dire simplement si vous entendez rentrer à Constantinople avec moi, au bras de votre fiancé, à qui vous avez donné des droits que vous ne sauriez, après réflexion, méconnaître.

« — Vous n'avez qu'à vous retirer, monsieur ; j'ai pu montrer pour vous une bienveillance que je regrette, puisque vous l'invoquez comme un droit. Mais vous n'avez jamais été, vous ne serez jamais mon fiancé. Vos illusions, que je croyais dissipées, me font pitié.

« — Laure, c'est bien vous qui avez écrit cette lettre ? Vous ne l'avez ni datée, ni signée ; mais l'enveloppe a été conservée par moi. C'est la dernière lettre que vous m'aurez écrite. Je l'enlève, comme vous voyez, de la liasse des autres lettres, datées et signées, celles-là.

« — Comment, dit la mère, il les a ! Ne t'avais-je pas dit qu'il fallait les lui reprendre, à tout prix ?

« — Pour les ravoir, il eût fallu jouer une comédie à laquelle il ne me convenait plus de me prêter. Ces lettres vous amusent donc, que vous les gardiez sur vous ? Elles ne vous amuseront jamais autant qu'elles m'amusaient, quand je les écrivais.

« — Laure, je vous aime, et je ne m'oublierai pas, quelque cruelles que soient vos plaisanteries.

« — Oh ! je sais que vous êtes un galant homme ! Vous allez me rendre mes lettres ou les brûler, comme vous voudrez. Dès que nous nous expliquons, vous n'avez plus le droit de les garder.

« — Vous ne m'avez pas répondu, Laure : cette lettre, non signée, est bien de vous ?

« — Elle est de moi.

« — Et vous ne me la redemandez pas ?

« Un silence glacial se fit. Nous étions oppressés, nous respirions à peine. Vorozof reprit :

« — Vous n'aimez pas seulement le plaisir, Laure : vous aimez donc le sang aussi ? Je remets sur mon cœur vos lettres, toutes, la dernière, qui vous a peut-être moins amusée, et les autres. Tant qu'il battra, mon cœur viendra les caresser de ses pulsations, et la dernière lettre ne sera pas la moins caressée. Celle-ci dénoue, les autres avaient enchaîné. Celle-ci vous rend la liberté, mais elle brise aussi mes liens. Vous auriez pu, Laure, si vous l'aviez voulu, me traîner dans la vie comme un esclave ; vous aimez mieux me tuer, soit! sur mon cœur, j'avais aussi cette arme!

« — Maman, il veut me tuer! il a un pistolet à la main.

« — Alexis! mon cher Alexis! s'écrie la mère. Qu'allez-vous faire? Vous savez que je vous ai toujours aimé! Ma fille réfléchira. Je vous en conjure, laissez-lui le temps. Alexis! mon cher Alexis! Souvenez-vous de ce que ma fille a été pour vous!

« — Votre fille a du moins la pudeur de se taire. Ses dents claquent de peur, mais elle ne s'abaisse pas jusqu'à me supplier. Arrière donc! Arrière!

« — Grâce, Alexis, pour ma fille. Frappe-moi plutôt.

« — Arrière! te dis-je; ne sens-tu pas combien je te méprise! Tu n'as rien à craindre.

« Et nous entendîmes le bruit sourd d'un corps se laissant tomber sur un canapé.

« — Laure, reprit Vorozof, ne craignez rien pour votre vie. Vous m'avez condamné à mourir, je vous condamne à vivre, côte à côte avec cette femme, qui a tué son mari, qui me tue de concert avec vous, qui vous tuerait si vous osiez l'abandonner. Où iriez-vous sans elle, votre complice, le témoin de votre vie? Elle ne serait point d'humeur à s'effacer comme moi. Elle et mon souvenir, voilà ma vengeance.

« — Alexis, mes lettres! Si vous êtes venu pour me les rendre, je vous rends la vie.

« — Il est trop tard! Ces lettres ne m'appartiennent plus : je les lègue à qui vous les rappellera. Le moment viendra où il sera bon de les rappeler, de les montrer peut-être.

« — Alexis! mes lettres! Souvenez-vous de notre amour!

« — Vous m'avez donné votre virginité, je vous donne ma vie. Nous sommes quittes.

« Un coup de pistolet retentit.

« — Prends les lettres, cria la mère.

« Mais déjà mademoiselle de Soltikof avait bondi du salon, où nous étions dans de mortelles angoisses, jusqu'au milieu de la chambre, et recevait dans ses bras le malheureux Vorozof.

« Nous nous précipitons après elle ; le docteur met la main sur le cœur :

— Xénia, dit-il, il vit encore ; voyez ses yeux, ils vous cherchent : son dernier regard est pour vous.

« — Courage, mon pauvre ami, dit Xénia. C'est bien moi. Tu meurs dans mes bras. Sois content. Je te vengerai. C'est par moi que ces deux femmes seront châtiées. Leur déshonneur est dans mes mains.

« Madame de Novichef et sa fille s'étaient enfuies dans la petite chambre contiguë, occupée par la mère.

« — Par pitié, docteur, dit celle-ci apparaissant sur le seuil, venez au secours de ma fille. Ma fille est évanouie. Oh ! mon Dieu !

« — Il est mort, dit le docteur, après un instant de silence.

« Nous prîmes le corps et l'étendîmes sur le lit de mademoiselle de Novichef. Tandis que le docteur fermait les yeux de notre malheureux ami, Xénia priait à genoux au pied du lit, les deux mains du mort dans les siennes, sans verser une larme.

« — Docteur, dit-elle, allez donner vos soins à mademoiselle Laure de Novichef : celle-là ne doit pas mourir. Je l'ai promis.

« — Ce n'est rien, dit quelques instants après le docteur ; un peu d'eau froide a suffi. Que faire maintenant ?

« — Les chasser ! dit mademoiselle de Soltikof. Et

s'avançant sur le seuil de la porte de communication, elle ajouta :

« — Votre place n'est pas ici, sortez. Le mort vous chasse. Je vais sonner pour qu'on porte ailleurs tout ce qui vous appartient.

« Au premier coup de la sonnerie, la porte de l'appartement s'ouvre toute grande : le corridor était plein de monde. Personne n'avait osé entrer.

« Écartez-vous, dit Xénia, laissez passer ces deux malheureuses. Docteur, veuillez bien les accompagner.

« Et nous assistâmes à ce spectacle lamentable : madame de Novichef, hautaine et pâle, traînait après elle sa fille, qui s'accrochait à la porte, aux meubles, à nous tous, suppliante, les cheveux épars. Elle devait, pour sortir de cette chambre fatale et gagner la porte du corridor, marcher vers le lit. Le corps était couché sur le côté, les bras pendants, comme si les mains de Xénia les retenaient encore. Le visage était éclairé par les flambeaux : les paupières s'étaient relevées. Oh ! ces yeux, je ne les oublierai de ma vie. Laure se rejetait en arrière. Oh ! ces yeux !

« Comme le lit était plus proche, la mère abandonne brusquement sa fille, qu'elle avait traînée jusque-là, et se place le dos tourné au lit, de façon à masquer le cadavre. « Passe », dit-elle à sa fille. Tout le monde s'écarte, et dans la trouée disparaît la fille. La mère se retourne avant de quitter la chambre et promène sur nous tous un regard de défi : un geste lui répond. Xénia, le bras tendu, lui montre la porte, puis marche sur elle. Nous la retenons, tandis qu'à son tour la mère disparaît ; voulant fuir, elle s'embarrasse dans ses vêtements et va tomber dans les bras de sa fille, qui pousse des cris déchirants.

« Quand la porte de la chambre est refermée, Xénia se penche sur le cadavre et prend dans la poche voisine du cœur la liasse de lettres qui était tout à l'heure dans la main de notre ami : « N'ai-je pas le droit de les prendre ? dit-elle en se tournant vers moi. — Mademoiselle Xénia, voici le testament qui vous lègue tout. Je vous le remettrai quand vous voudrez. » La pauvre enfant nous dit : « Le jour ne tardera pas à paraître ; les nuits sont si courtes ! Laissez-nous. J'ai quelques heures à peine à passer auprès de lui. Soyez à côté, pour que personne ne vienne troubler ma veille. Il sera plus à moi quand je serai seule. »

« Nous fermons doucement la porte de communication. Bientôt s'élève pleine de tendresse la voix de Xénia. Elle parle au bien-aimé qui ne l'entend plus. Elle lui rappelle quel jour elle l'a vu pour la première fois. Elle lui raconte son amour, ses douleurs. « Je t'aimai, dès que je te vis, lui dit-elle : tu ne l'as compris que plus tard : trop tard, hélas ! maintenant, tu ne seras plus aimé que par moi, et c'est moi seule que tu aimeras désormais. Quand nous serons réunis, tout près l'un de l'autre, dans le tombeau, où je ne descendrai qu'après t'avoir vengé, tu me retrouveras aimante et toujours fidèle : je n'aurai vécu que pour toi. Et nos âmes, d'un vol égal, remonteront aux cieux immortellement unies. »

« Sous la lumière des lampes rallumées scintillaient devant nous les fleurs, les fruits, les cristaux, sur le linge blanc comme la neige : presque tout était intact : pas le moindre désordre : l'impression poignante d'un deuil irréparable se dégageait de cet ordre et de cet abandon. Des coupes de champagne, une seule était vide, celle de Xénia. Les autres, à moitié remplies de la liqueur rosée, achevaient de mourir : quelques bulles d'air s'élevaient à peine à la surface. Peu de minutes avaient suffi pour étendre un voile de deuil sur toutes ces choses, comme sur nos âmes. Les draps parfumés qui attendaient, entr'ouverts, la belle fille sans cœur n'étaient plus que le suaire taché de sang dont son amant, fantôme redoutable, allait s'envelopper pour les nuits sans sommeil. »

LXIX

MÉMENTO.

Nous n'avons plus qu'une pensée : quitter Constantinople.

Le drame auquel je me suis trouvé mêlé est l'objet de toutes les conversations.

Mademoiselle Xénia de Soltikof nous a fait hier ses adieux sur le vapeur qui ramenait à Odessa la dépouille mortelle entourée par elle de soins jaloux. Elle a promis de nous écrire. Elle doit m'envoyer une relique précieuse : Vorozof témoigne, dans son testament, le désir que j'aie dans ma bibliothèque son portrait, dû au pinceau d'un grand artiste français qui fut son ami.

La vérité s'est vite répandue à Prinkipo. Madame de Novichef et sa fille ont dû fuir en toute hâte à Constantinople, d'où elles sont reparties pour une destination qu'elles ont tenue secrète.

Nous avons réuni une dernière fois, à notre table, nos amis, et nous ne pouvons nous lasser de parler de l'infortuné Alexis Vorozof. Se peut-il qu'une telle intelligence, un si noble caractère aient pu périr en un clin d'œil sous la pression de quelques grammes de plomb? La nature veille avec sollicitude à la reproduction des espèces : et le platane au large feuillage envoie, loin de son ombre, ses graines ailées chercher le soleil et la vie. Les germes de toutes choses trouvent pour se développer le milieu que leur a préparé une prévoyance infinie. Seule la pensée, ce fruit de l'homme, meurt tout entière; de l'homme naît un autre homme qui pensera sans doute, mais l'insouciante nature n'a rien fait pour conserver, avec l'espèce, la pensée que, seule dans la création, cette espèce produit et vivifie.

— C'est bien vrai, dit le docteur. L'intelligence la plus haute vient-elle à s'éteindre, rien n'est prêt pour recueillir et transmettre le capital intellectuel, d'une valeur inappréciable, qu'elle avait accumulé. Chaque homme est condamné à tout recommencer : son corps, qu'il bâtit jour par jour, et son âme qui successivement balbutie, épèle, lit et meurt savante, emportant sa science chèrement acquise et dont rien ne survit. Pourquoi en est-il ainsi? A quelle hauteur aurait pu parvenir l'humanité, si la mort n'avait pu lui ravir les richesses entassées dans les cerveaux puissants que sa main osseuse prenait, écrasait et rejetait dans les éternelles réserves des choses, sans plus d'égards que pour les cerveaux d'un rustre illettré ou d'un idiot! Je voudrais qu'on héritât de la fortune intellectuelle, du savoir, de l'expérience, des erreurs même et des rêves caressés, de l'ambition et des espérances d'un mort, comme on recueille ses titres de rente, son mobilier, sa maison et ses terres, sous bénéfice d'inventaire, bien entendu.

— Vous fourniriez là, mon cher ami, fait observer Androclès, une base nouvelle à l'impôt; les nations pourraient encore augmenter leurs armements et créer de nouveaux fonctionnaires. Quelle ressource pour les budgets !

— Mais qui taxerait ? fait à son tour observer Mᵉ Marbaux. Quel commissaire-priseur fixerait les prix ? On risquerait fort de payer des droits pour des non-valeurs et de se croire riche quand on n'aurait en portefeuille que des assignats. La pensée n'a peut-être pas, si on la considère dans l'individu, l'importance que lui attribue le docteur. Il est naturel que la fonction cesse quand l'organe meurt, alors surtout que l'espèce a profité.

« Tandis, en effet, que l'individu a vécu, il a communiqué aux autres et échangé les produits de sa propre intelligence et de la leur : si le soldat tombe, l'armée reste. Et ce qui importe, c'est l'accroissement, le développement, l'enrichissement de la pensée humaine. Il se fait, dans l'humanité, un travail d'élimination pareil à celui qui permet à nos organes, puisant dans le sang au passage ce qui leur est nécessaire, de rejeter ce qui leur est inutile ou nuisible. Quand on est au pied d'une montagne, on ne peut se rendre exactement compte de sa hauteur : si l'on s'éloigne, elle se dégage des sommets voisins, forme faîte et domine, quelquefois se dérobe, s'affaisse et disparaît. Ainsi s'affaissent bien des œuvres que les contemporains ont exaltées, et dont il reste peu de chose. Songez au petit nombre de livres qui sont la fortune intellectuelle de l'humanité. Dans sa marche en avant, elle réduit au strict nécessaire le poids du bagage et rebute le reste. Homère et Virgile, pour ne pas s'arrêter trop près de nous et ne froisser aucune préférence, ont-ils beaucoup de camarades de route ? Vingt-cinq, trente au plus. Les connaissances humaines forment, comme les astres du firmament, des constellations diverses qui ont leurs étoiles de première grandeur, leurs splendeurs moindres, et leur champ de nébuleuses. Il est donné à un bien petit nombre de briller dans une de ces constellations : il nous faut nous résigner au rôle de nébuleuses, qui est pour le commun.

« Visons néanmoins le but le plus élevé. Si nous ne l'atteignons point, nous aurons, du moins, le mérite de l'effort, et le profit; car toute force déployée par l'un de nous est un profit pour tous. La pensée humaine est une résultante. Si ceux qui se sentent hantés par le désir d'écrire désespéraient d'atteindre les hauts sommets entrevus et laissaient tomber la plume avant d'avoir osé, le fonds commun des connaissances humaines demeurerait stationnaire. Les grandes visées ne font pas toujours les chefs-d'œuvre; c'est déjà beaucoup que de vulgariser et répandre. Ne crée pas qui veut. Nous devons à nous-mêmes et aux autres de donner tout ce que peut atteindre notre effort. « Si je puis empêcher un « coin de beurre de fondre au marché, je me tiens « pour satisfait », a dit Montaigne.

« Croyez-vous perdu et stérile l'adieu à la vie de notre ami Alexis Vorozof?

« Il s'est sacrifié, parce qu'il aimait, et qu'il avait peur moins de sa propre souffrance que de celle qu'on lui imputait à crime; mais il a puni aussi, parce qu'il était juste, et condamné, parce qu'elle était coupable, cette femme trop avide de victimes nouvelles. De telles leçons profitent à tous, et nous nous sentons moralement enrichis par une telle mort.

« Conservons pieusement le souvenir de notre ami. »

LXX

PARIS.

Les jours se suivent, douloureux toujours.

Quand nous passions en voiture sur le pont de la Corne d'or, le paquebot des Messageries, ancré non loin de là, mettait son pavillon en berne.

L'épouvantable assassinat du Président était donc un fait accompli! Nous avions refusé d'y croire.

Les trois couleurs, noires de fumée, semblaient voilées de deuil. C'est à l'étranger qu'on mesure toute l'étendue que la France occupe sur cette terre. Il n'y avait qu'un cri d'indignation, et on nous serrait la main, comme quand meurt un parent, un ami. « Pauvre France! nous disait-on, quelles épreuves Dieu lui réserve-t-il encore? »

Nous revenons vers elle, le cœur attristé, mais l'âme sereine. La France a connu d'autres tempêtes : *fluctuat, nec mergitur*.

Nous retrouvons nos amis à la gare : notre malheur national les touche autant que nous.

Nous échangions la triste promesse, si souvent vaine, de nous retrouver. Vorozof, hélas! nous fera toujours défaut, si jamais nous pouvons nous réunir de nouveau autour d'une table amie des causeries intimes : pauvre Vorozof!

Tandis que, moyennant batchich, nous cherchons à nous installer *avantageusement*, suivant l'expression du docteur, on vient nous avertir que le train sera encombré : on télégraphie de Sophia pour retenir un wagon tout entier pour des voyageurs d'importance que cette capitale nous tient en réserve : de là, refoulement et accumulation, dans les deux wagons qui restent, des voyageurs sans importance.

C'est un négociant en vins qui m'est échu : il sera mon premier étage. Il m'explique qu'on vend et qu'on achète du vin à Constantinople, grâce au choléra. Le Sultan a décidé qu'on peut rester croyant, sans s'abstenir du vin proscrit par le Prophète. Le dernier choléra a fait une variante dans le Livre sacré. Et voilà un bouchon sur la porte ; à Péra, il est vrai. Galata, puis Stamboul suivront. Scutari ne se décidera que plus tard.

M⁰ Marbaux a, au-dessus de lui, un ministre serbe.

Cette Excellence n'a jamais dit un mot ni à nous, ni au service, ni à la douane. En mettant au net les notes prises en route, je me rappelle qu'au réveil, le ministre serbe s'était habillé sans bruit, s'était ganté, avait furtivement glissé de son hamac et s'était installé au salon-fumoir, où nous l'avons retrouvé paré, ganté, boutonné, immobile et demi-dieu de la tête aux pieds.

Ce doit être un instituteur gonflé de son avancement inattendu.

Nous pensions voir apparaître quelque bout de portefeuille. Les ministres sont tout neufs, les portefeuilles doivent l'être aussi. Pas de cuir de Russie, par exemple : c'est Vienne qui les fournit. Si l'homme ne parle pas plus que cela, il ne sera jamais renversé sur un mot malheureux.

Quand nous arrivons à Sophia, notre entassement s'explique.

Le wagon retenu ne sera provisoirement occupé que

par la petite princesse et sa suite : la nounou, belle
fille, berce l'enfant sur le quai, tendu d'un tapis, de la
vieille chanson française : « Il était une bergère ».
Nous partons, sans que le tapis ait été foulé autrement, devant nous du moins.

La galanterie du prince Ferdinand n'a pu se résou-
dre à quitter à Sophia l'enfant et la mère. Il a fait
organiser un train spécial qui nous a rejoints à Tzaribrod, et le couple princier a franchi avec nous la frontière de la Serbie. Le wagon, qui a pris la tête, a bien
toutes les marques extérieures de la royauté, et les
couronnes brillent en saillie. C'est un acompte sur la
royauté future : il n'y aura rien à changer au wagon.
Tzaribrod est la gare douanière. Un peu plus loin, nous
croisons le train venant de Salonique, et le prince s'est
alors arraché des bras de son auguste moitié. « Auguste » est encore un acompte.

Elle est peut-être jolie, cette Altesse qui a la mo-
destie de la violette, de Parme comme elle : nous ne
l'avons pas vue. Quand une femme se voile à ce point,
j'ai peur. Le prince se montre, s'étale au contraire.
C'est un bel homme. Si jamais ils sont roi et reine, il
y aura toujours assez de flatteurs pour trouver la reine
jolie.

Profitons des résistances de la [Russie pour dire
que l'Altesse, tout de noir enveloppée et fuyant le
regard, était petite, maigre, et penchée. Elle nous a
paru glisser, et ne pas même oser marcher. Le ministre
serbe a dû se dire qu'il l'avait intimidée.

A Belgrade, nouveau tapis sur le quai de la gare :
Son Altesse ne descend pas. On offre un bouquet, au
nom de la royauté à deux têtes qui trône en Serbie.
En ce moment, le roi en titre fait voile pour Constan-

tinople, et le roi doublure se prépare à quiter Saloniqu[e]
pour Nisch.

A peine le train s'est-il ébranlé que la pluie com[-]
mence : elle nous accompagne, Altesse, petite cour e[t]
petite bourgeoisie, sous le même toit roulant, jusqu'[à]
Vienne.

Le voyageur qui a quitté Constantinople l'avant
veille se sent heureux en retrouvant à Vienne des rue[s]
bien alignées, bien bordées, bien pavées, bien lavées[.]
Mais que de statues! Il y en a à pied, à cheval, e[n]
fauteuil, sur les gouttières, sans compter les bustes. I[l]
me semble qu'on en a ajouté pendant notre absence[.]
Une telle profusion pourrait faire croire que nou[s]
sommes en France. A chacun des monuments, on de[-]
vrait attacher une pancarte en trois langues, anglais[,]
allemand et français, qui donnerait, comme les avis de[s]
corridors d'hôtel, les renseignements indispensables su[r]
le bronze ou le marbre de l'Immortel qu'on a entour[é]
d'une grille et d'un jardinet.

Et demain, nous reprendrons la route de France[.]
Et magnum cras iterabimus æquor!

On servira le gâteau, pendant que nous roulerons [à]
travers l'Allemagne. A qui la fève démocratique? Sera[-]
ce Dupuy qui recevra désormais à l'Élysée, en atten[-]
dant la statue? Il me semble, à voir ses dernière[s]
dépêches, qu'il en est sûr. Sera-ce Brisson, austèr[e]
croque-mort? Il me ferait peur, si je m'appelais « l[a]
République ». Sera-ce Casimir-Périer? — Il hésite[,]
dit-on; hésiter, c'est accepter. Il est si facile de dire[:]
non !

Il acceptera et fera bien. Des faits, du calme, e[t]
moins de verbiage !

M. Ramyan père est d'avis que les Français remuent
trop et sont toujours occupés à tout changer, « et c'est
ce qui leur ôte la confiance ».

On nous remet, au moment du départ, la dépêche
suivante :

« Vous retrouverez à Paris madame de Novichef et
sa fille. J'y serai, moi aussi, dans huit jours.

« XÉNIA. »

FIN.

TABLE DES MATIÈRES

FIN DE LA TABLE DES MATIÈRES.

PARIS

TYPOGRAPHIE DE E. PLON, NOURRIT ET Cie

8, rue Garancière.